孝感文化遗产集萃

马口窑

——汉川马口窑址群考古工作报告

湖北省孝感市博物馆 编

WUHAN UNIVERSITY PRESS
武汉大学出版社

图书在版编目(CIP)数据

马口窑：汉川马口窑址群考古工作报告/湖北省孝感市博物馆编. —武汉：武汉大学出版社，2022.8
孝感文化遗产集萃
ISBN 978-7-307-22324-0

Ⅰ.马⋯　Ⅱ.湖⋯　Ⅲ.窑址(考古)—考古发掘—发掘报告—汉川
Ⅳ.K878.55

中国版本图书馆 CIP 数据核字(2021)第 092369 号

责任编辑：胡国民　　　责任校对：李孟潇　　　整体设计：涂　驰

出版发行：**武汉大学出版社**　(430072　武昌　珞珈山)
(电子邮箱：cbs22@whu.edu.cn 网址：www.wdp.com.cn)
印刷：湖北金海印务有限公司
开本：889×1194　1/16　印张：18　字数：502 千字　插页：2
版次：2022 年 8 月第 1 版　　2022 年 8 月第 1 次印刷
ISBN 978-7-307-22324-0　　定价：328.00 元

编　委　会

序

　　系马口①陶器，相信每个湖北人对其都有印象，在印象里可能仅仅是一个烛台、一个烘笼，或者一个泡菜坛子……虽不起眼，但它曾在我们的生活中真实存在过，它构成了我们永远无法忘怀的记忆中的一部分。

　　但由于种种原因，烧造马口陶器的汉川马口窑一度被人遗忘，窑址也逐渐废弃。直到2008年湖北省文物考古研究所联合孝感市博物馆、汉川市博物馆等多家考古单位对马口窑址群中的黄家窑遗址进行考古发掘，这才逐渐受到文物收藏界、陶艺界以及学术界的青睐，并转而影响普通大众。

　　可喜的是，随着社会对马口窑陶器的逐步重视，关于马口窑陶器的论著也越来越多，各位研究者从其产生、发展、繁荣、衰落过程，以及胎料、釉料、构图形式、纹饰题材、口号文字、刻划技艺及工具等诸多方面进行了探讨，为我们了解、认识、研究系马口窑陶提供了初步资料。受一些特殊原因影响，作为经正式考古发掘的黄家窑遗址相关资料却未能及时出版发表。

　　令人欣慰的是，作为地方文物管理研究收藏展示机构的孝感市博物馆，始终关注马口窑陶器的研究，并在其新建成的馆舍内单独设立了"窑火陶韵马口窑"的基本陈列栏目，宣传展示马口窑陶器独特的文化艺术魅力，并成为孝感市的一张文化名片。

　　同时，经孝感市博物馆多方筹措，文物调查和考古发掘资料得以继续整理。更重要的是，研究人员从文物考古的角度对马口窑陶器进行综合型式划分，为我们进一步研究马口窑陶器提供了另一个角度，这具有填补空白的意义。此外，研究人员从地方文献、家谱、档案信息等方面着手，对马口窑的兴起、发展、衰落，以及烧造流程、收藏特点等方面进行了深入考证与探讨。更为重要的一点是，为全面了解马口窑陶器的类别，该书不仅收纳马口窑陶器中的坛、罐等马口陶器精品，还将普通日用陶器如油壶、茶壶、虎子等器物也一并收入，此外，还收入不被关注的工业用陶、建筑用陶等器物，为我们进一步深入研究马口窑陶器的历史开辟了新的方向。

　　相信该书的出版，将对马口窑陶器的研究起到巨大的推动作用。

　　是为序。

---

　　① "系马口"旧为"马口"之旧称，后文皆称"马口"——编者注。

目　录

目录

第一章 马口窑概说

一、位置与地理环境

马口原名系马口，是汉川市辖境内一个繁华的水乡古镇，全镇现有面积58平方千米，下辖6个居民委会、36个村，总人口8万余人。马口镇与汉川市城区隔汉水相望，北依汉江，东与武汉市蔡甸区毗邻，南临白石湖，西为平川，其地形独特，风光绮丽，平均海拔26米。地理位置处东经113°48′~113°50′，北纬30°22′~30°34′。镇东南多丘陵，其间山岗、小丘林立，湖泊星罗棋布，以龙霓山、梅子洞、白石湖等湖光山色地貌构成了马口独特的自然景观(见图1-1)。

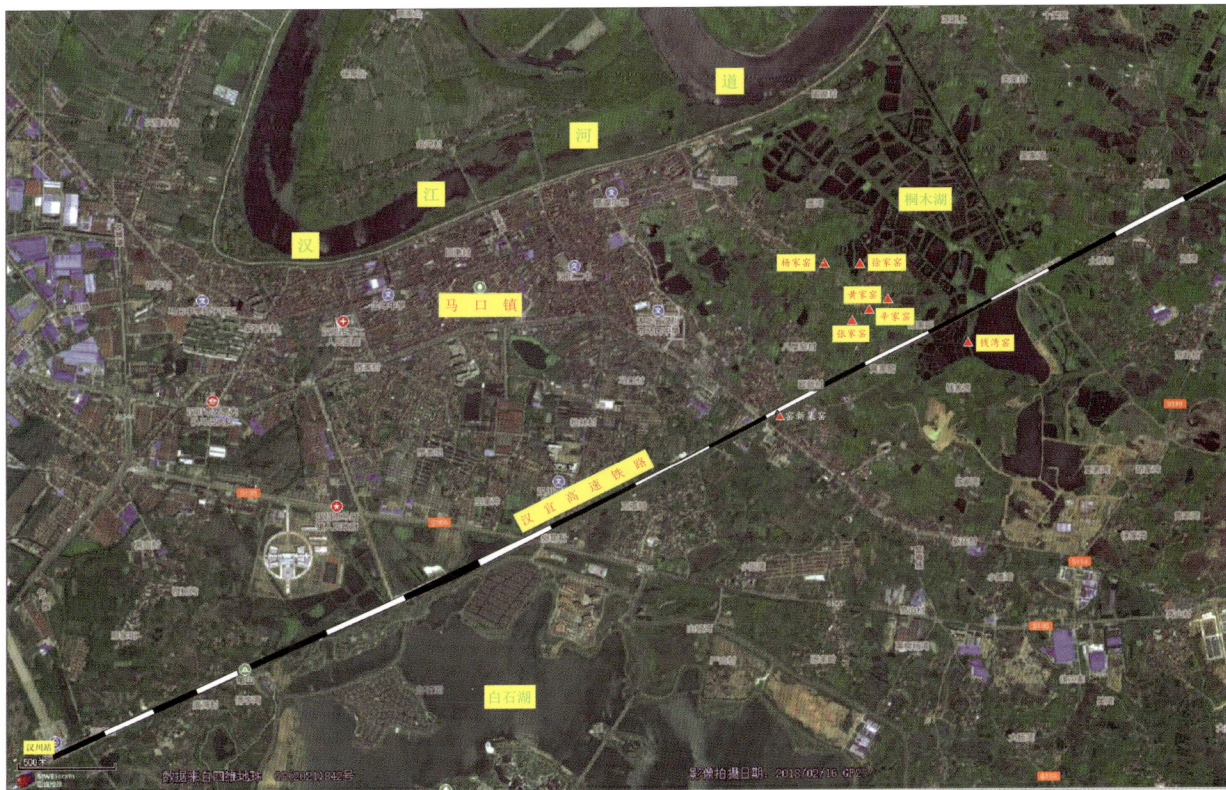

图 1-1 汉川马口卫星影像图

关于马口这个地名，也颇有一些来历。据明嘉靖《汉阳府志》记载："蜀先主败于长坂坡，斜趋汉津，与关羽会船，得济沔于夏口。"关羽路经此地系马休息，故名系马口，简称马口。此外还有另一种说法：相传马口最早叫"洗马口"，传说此地宛如一匹骏马躺在河边，而岭上一汪清泉常年不断地从马口中流出，当地人称之为"洗马口"。又传，三国时关羽从荆州途经洗马口，牵马到河中饮水后，将马系在一块大石上，洗马口从此改成了"系马口"，今马口镇还留存有关帝庙，其地称"关圣村"。当然，有关"洗马口"的传说也不止一处，附近一些地方还另有一说，今武汉市汉阳区(即汉阳老城区)，还保留有"洗马长街"的地名与传说，但"系马口"这个地名却是永久地留存于汉川了。历史上关于系马口的记载，清同治十二年(1873)对全县33个主要集市的统计表明系马口为本县最大的集市；民国初期，系马口与同属汉川的集镇田二河，商业盛极一时，称为"金马银河"。

系马口窑(后皆简称"马口窑")因位于马口镇而得名，马口镇位于湖北省汉川市境内，是江汉平原地区一个山川秀美、人杰地灵且又有着上千年历史的古镇，地理位置十分优越，它坐落在现代化大都市——武汉市的西侧，从汉水入长江口即今武汉市汉阳区的龟山北麓(对岸即为著名的汉口汉正街)起计算，若是沿着曲曲弯弯的水路乘舟上溯，仅50千米；若是从今武汉市中心地带的汉口"六渡桥-江汉路"出发，即使是徒步，亦不过一日的陆路行程。如是以新建的现代化高速公路里程计量，则马口镇与武汉外环线的直线距离更不足20千米了。再论其具体位置，马口还可称得上武汉的远郊，较之今武汉市辖区内之江夏、黄陂区属的诸多边远乡镇，则距离实在是太近了，仅仅是今天的行政区划不隶属于武汉市而已，"马口窑址群"便坐落在这濒临汉水的汉川市马口镇境内(见图1-2)。

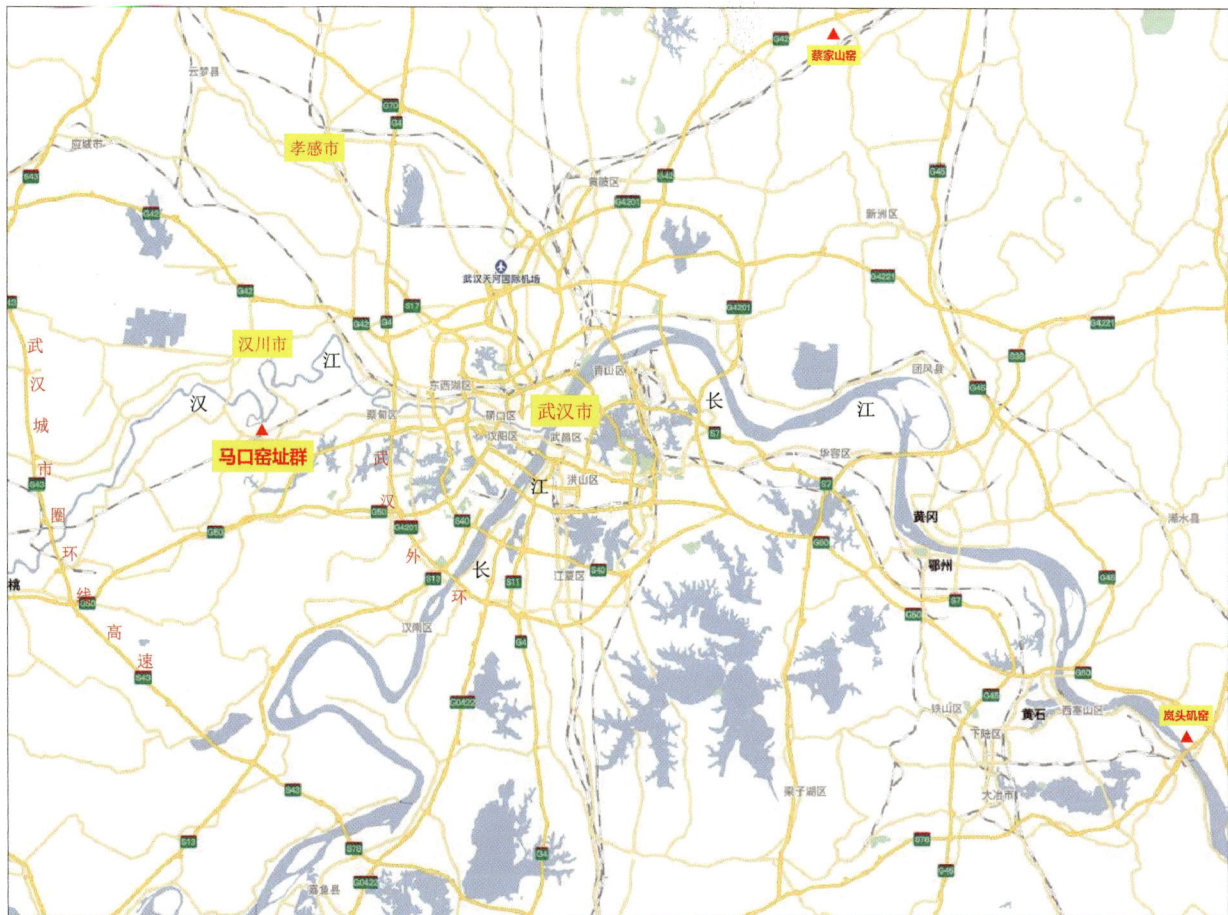

图1-2 汉川马口窑址群地理位置图

马口镇所在的湖北省汉川市，地处长江中下游平原之江汉平原腹地，域境跨汉水两岸，境内大部分地方地势平坦，一般海拔在23～26米，全市国土面积约1660平方千米，其中平原就占了1200多平方千米，此外还有水面200多平方千米，低山丘陵近100平方千米，总人口约110万。境内除南部少许低矮山丘外，整个地势呈现出西北高、东南略低的态势。长江最大的支流——汉水经由西南向东北穿境而过，把汉川分为汉水以南和汉水以北两大片自然区域，马口镇所在的汉水以南片区，面积约占全境的四分之一，境内山脉除仙女山在汉水北岸外，余皆分布于汉水南岸，即与今武汉市蔡甸区（原汉阳县）交界的地带，山地高程一般在 100 米。汉川境内河湖众多、水网密布，主要河流有汉水、天门河等，主要湖泊有汈汊湖、沉湖、白石湖等，汉川市属亚热带季风气候，雨量充沛，气候温和，四季分明，年平均气温 16.1℃，无霜期 230 天。

汉川因汉水流经市境而得名，其建县始于北周保定元年（公元 561），隋大业末，废县为镇，并入汉阳县。唐武德四年（621），县恢复，因汉水流经县境而改名汉川县。以后治所与辖地多有变迁，其隶也曾分属汉阳郡、沔州、鄂州、安州所辖。宋建隆元年（960），大宋建国，以竟陵义水流入县西，更名为义川县，属荆湖北路。宋太平兴国二年（977），因避宋太宗赵光义讳，以汉水横贯县境，改名汉川县。有宋一朝，几度废兴。元代，各地改设行中书省，汉川属湖广行中书省汉阳府。明代改制，设承宣布政使司，汉川属湖广布政使司汉阳府，明洪武九年（1376），汉阳府降为州，汉川改隶武昌府，1380 年，复隶汉阳府。清康熙三年（1664），湖北、湖南分治，汉川隶湖北布政使司汉阳府。民国元年（1912），废府设道，汉川属江汉道。

民国时期，汉川几度出现国、共两党两种政权并存的局面。1949 年 5 月，汉川全境解放，县人民政府建立，隶属鄂中专区，同年 8 月，改隶沔阳专区。1951 年 7 月，沔阳专区撤销，改隶孝感专区。后孝感专区改名地区，汉川隶属孝感地区。1959 年，因孝感地区撤销而划入武汉市，至 1961 年还属孝感。1994 年，孝感撤地区设市，汉川县属孝感市管辖。1997 年 3 月，国务院批准撤销汉川县，设立汉川市，仍由孝感市代管。

汉川市东临武汉，南接沔阳（今仙桃市），西靠天门，北濒云（梦）应（城），穿境而过的悠悠汉水在境内逶迤流经 90 余千米，自古以来就是极为重要的水路交通要道，即便是在陆路交通已十分发达的当下，汉水仍然起着不可替代的作用，往上溯过鄂西北重镇襄阳能达（四）川陕（西），顺流而下经汉口入长江可直抵宁（南京）沪（上海），其水路交通之便利可见一斑。市境中部的汈汊湖，纳涢水（府河）、汉水（天门河）、溾水（皂市河）、温水（五龙河）、富水（应城河），注入汉水，成为江汉平原沟通鄂北各地的又一重要通道。如今，（武）汉—宜（昌）高速铁路、沪（上海）—渝（重庆）高速公路、318 国道等一批四通八达的干支线公路从马口镇及其附近越城而过，现代化交通更是带来了通畅和便捷（见图1-3、图1-4）。

汉川市境内资源物产十分丰富，人居环境舒适，土地肥沃，耕地养分高，素有"江汉明珠"和"鱼米之乡"之美誉，境内大小河湖塘堰不计其数，森林、河湖、荒滩、草场皆备，主要矿产有高岭土、石灰石、石英岩和煤等，工农业生产条件极其优越。马口镇及周边地区，丘陵及沿湖地带蕴藏着丰富的红黏土资源，是一种含钾、钠、钙、铝、硅等不同化学成分的泥土，特别是英子山、猫子山附近的红黏土，当地俗称窑子泥（也称糙泥、黄腊泥和胶壳泥），其质地特别细腻密实，且不含沙粒，是理想的制陶原料。这种特有的红黏土，土层埋藏浅，地底下一米处便可挖取，藏量十分丰富。采用这种黏土烧出的陶器坚固耐用，不怕酸碱，贮存食物，不腐、不烂、不变味，据传一度远在千里之外的四川（今属重庆）涪陵榨菜，也曾专门采用马口生产的陶器坛子作为盛装腌制榨菜的器皿。此外，沿湖宽阔水域生长的芦苇、附近山丘上茂密的松枝，都是当年大规模烧窑时取之不竭的燃料，为数百年来马口窑陶器生产的长盛不衰提供了充裕的物质保证。马口窑陶器需要最好的化妆土，其产地亦在相距不远的汉阳陡埠头（今武汉市汉南区政府所在地——纱帽山）。丰富的红黏土，以及取之不尽的燃料、化妆土，构成了马口窑生产坚实的物质基础。

图 1-3　马口窑在湖北省地理位置图

图 1-4　马口窑在孝感市位置图

二、马口窑的历史记载与民间影响

(一)文献及传说中的马口窑

关于马口窑的文献记载,实不多见,目前见到最早的文字记述是清人田宗汉所撰《汉川图记征实》,更早一些的文献材料目前尚未见到。

1. 地方文献记载

马口生产陶器的历史可谓源远流长。清同治年间(1862—1874)出版的《汉川图记征实》中有这样一段记载:

> 凡缸、坛、瓮及大小缶器,泥作而火成者,俗曰"窑货",邑南境系镇多业之。其器较他处为坚,其法得自前明隆庆间,有应山老人来镇授之,惜未记其姓字。历经三百有年,工日益精,往者岁货远方,归金数万计。籍资生活者二、三千人。

此载如若不误,则马口窑烧造的历史距今当有450年了(见图1-5)。

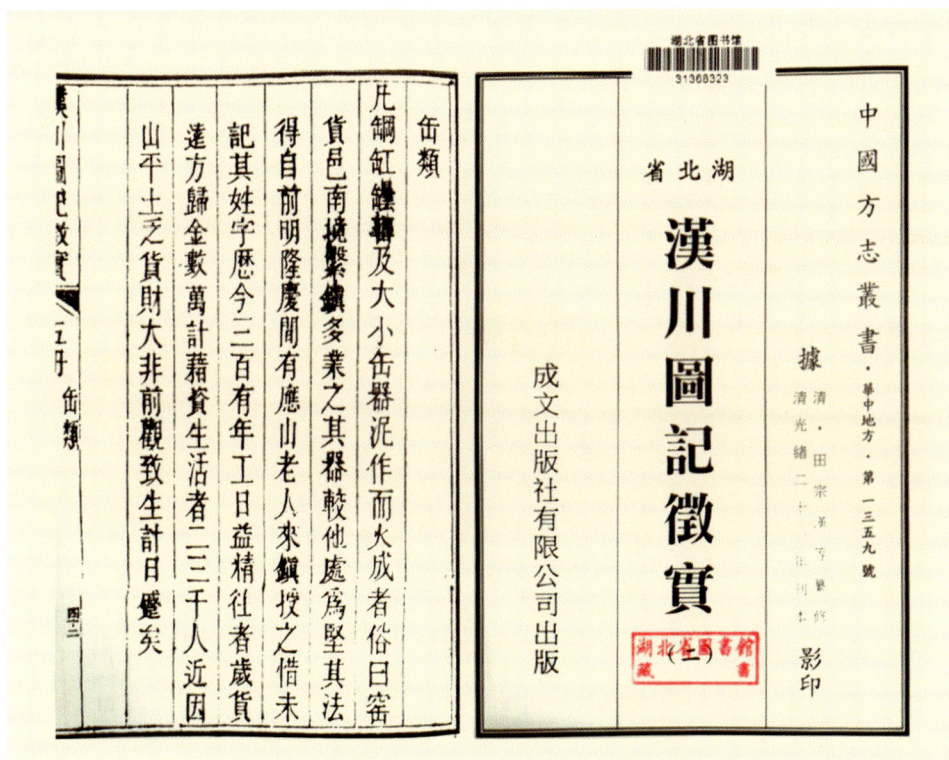

图1-5 《汉川图征实》中关于马口陶器的记载

史载自明嘉靖(1522—1566)以来,特别是万历(1573—1619)年间,首辅张居正推行一系列改革措施,对明朝后期商品经济的发展起到了较强劲的推进作用,客观上促进了手工业的发展,提高了社会生产力。明代手工业的迅速发展,纺织、冶炼、陶瓷、建筑、造纸、印刷等行业生产力水平不断提高,使得我国在与国民经济相关的众多生产技术领域已处于世界上的领先地位。对当时马口窑业的盛况，从20世纪90年代出版的《汉川县志·乡土地志》的描述中可见一斑：

镇东里许有缸窑多至十余座，专造缸、坛、壶、炉诸什器，傍晚烟云四塞，夜间火光烛天，开窑取货，积累如山，器本家用必需，因之销路甚广，黄陂、孝感、天门、应城、云梦、安陆，远及潜江、钟祥皆其行销处。

2. 家谱、档案信息

在我们对马口窑及其生产的马口陶器进行调查、收集与考古发掘的工作过程中，陆续寻访到多家当地居民及老窑工等的家谱，通过对其祖籍、移民、迁徙、居址、职业、时间等的了解，亦获取了不少相关信息。

(1)马口镇金河村黄家台汈汉湖《黄氏宗谱》序记载：

我祖黄玄公，自宋宅住江西饶州府余干县枯树大湾，诗书传家，丁丁有声焉，迨元季，红巾贼起，肆行猖獗，祖族等百有余人尽室而逃，一逃于湖广德安府应山县，一逃于汉阳府沔阳洲汩江村。吾祖上初公则逃于汉阳县湘二里罗家渡居焉。初公生子三，(长)福龙(次)福洪(三)福明。福明公复归故里，奉明宣德五年(1430)庚戌科进士，福洪公旋亦他往，不知所向，唯福龙公独居罗家渡，子孙蕃衍代有文人，已而迁居汉川晒网台后改为黄家台(今马口镇金河村黄家台)，此百族分派所滋来也。清康熙丙午(1666)冬修谱。(见图1-6)

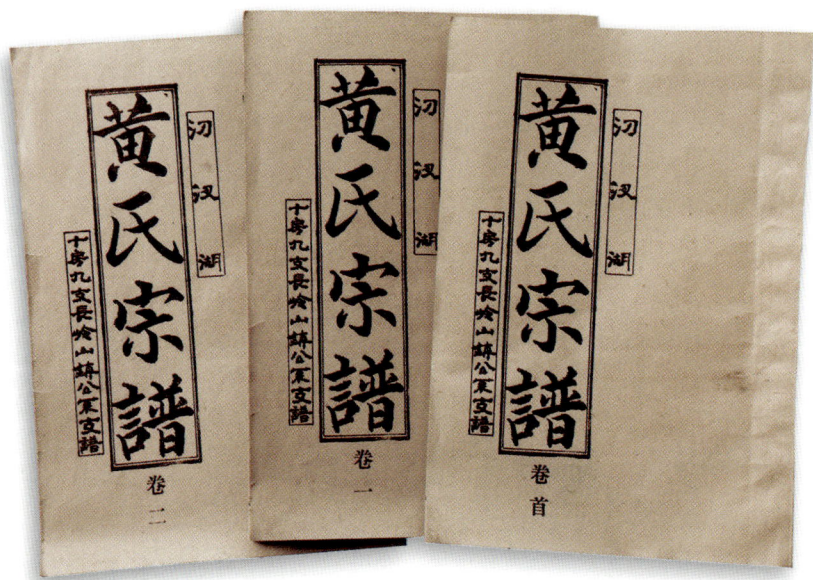

图1-6 《黄氏宗谱》书影

(2)《萧氏宗谱》记载：

元末明初，是改朝换代之时，江西萧氏源源外迁。当时湖广荆楚大地，是朱元璋、陈友谅战之域，战后人烟寥无，这是拥挤的江西人的向往之地。我祖兰先公于明正统十年(1445)来汉川莲祂卜居，哀先公，维先公明景泰四年(1453)世铭公(振先六子)明景泰六年(1455)相继迁汉川西江亭，白沙土(现接师桥北)车柱口(湾潭幸福村)定居。先期江西祖，继可公二子景显、景贤从江西万安学堂里迁汉阳纱帽山，居五代，道先公从纱帽山迁茶山头定居。一百多年后，明正德十四年(1590)显颜公从江西万安县迁汉川西江集定居。

在明代我们的祖先来莲祂等地后，创业更新，在清代两大特点，一是人丁剧增，二是读书盛行、人才辈出，舜昌会考第29名，出任顺德府令。舜昌公第五代孙，林武公科考乡试解元出宰山东。清初我族七大先公之裔，在莲祂萧家脑、八屋台建祠续谱定堂号"师俭堂"，从兰先公始迁莲祂至今560年，在莲祂建祠续谱280余年(自康熙五十九年起。)(见图1-7)

图1-7　萧氏《刘氏宗谱字谱》书影

(3)《刘氏宗谱》记载：

本族三处祖籍，五次迁徙，六修谱牒，请让我愚昧后裔逐一道来，本族祖籍山东武定府滨州，有数十传，始有启祖景德公，于1126年或1127年，提举督学于福建，漳州即成为本族第二个祖籍地，1152年，本族皆居于此。1219年元朝征灭南宋，次年，漳州人陈吊眼起兵反元，一度占领漳州达两年之久，景德公后裔，也就是我一世祖仲敏公先祖这一支，为避兵乱，迁徙至江西省泰和县，泰和县成为本族第三个祖籍地。居住三代以上方称祖籍。

二世祖灿英公，为本族居泰和县第五代传人，1280年或1281年避兵难来泰和，1374年或1375年，得中五品，离籍去长沙善化县代理知县。谱载世祖纪略：祖"幼潜心稽古，具经济才长。"谓不但道文佳好，还具备经济管理能力，为官的基本条件和能力，圆满具足。只可惜生逢明初的乱世时期，军事治安能力欠缺，机遇太差，以致代理善化知县(现长沙市)更一载。即解组奉养归，因乱兵阻隔，无法回江西原籍，只能乘船由洞庭湖入长江，由于事发突然，可能连盘缠皆无，船家只有将你丢在汉阳县的长江边，连草都不生长的黄土山坡，此地距汉阳九真山尚有20余里路程，寄籍九真山，是否得到汉阳知府援助和庇护，无考，想来应该有，毕竟属朝廷落难的官员，寄籍此地大约30年，待到二世祖的四位孙子，鼎、显、仪、扬四位先祖，长大成人，皆能独立自主，自立门户。于永乐二年(1404)，迁徙定居汉川，至今已600余年。本族五次迁徙，二世祖以其后半生经历，饱尝三次不幸苦难。三世祖兄弟三人，三份谱牒中没能找出任何文字交待，此绝非疏忽和漏记，或许有异常伤心难言之苦衷，此谜或永远不得其解。

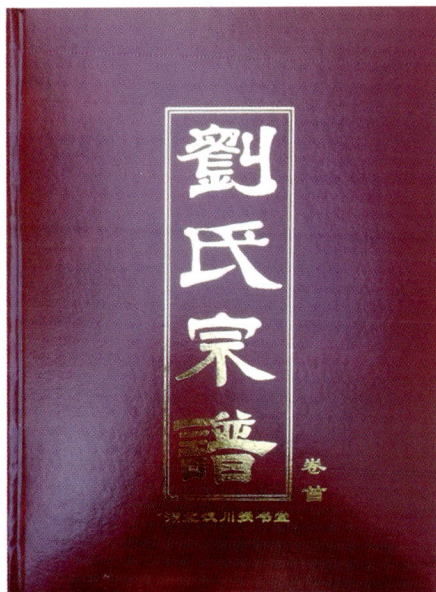

图1-8　刘氏《刘氏宗谱字谱》书影

定中公宗谱告成跋载：本宗通谱，宋元前无徵已明，初谱毁于明季兵燹(鲜)，初谱当然就是一修谱。所谓一修之初谱，并非完整的谱牒，代传世系源流而已，启祖景德公名讳，应为初谱所载，从景德公至一世祖仲敏公，大约六至七代人，其名讳和业绩也应载于此初谱中。只可惜初谱于明朝末年毁于兵火。后世八世祖青云公暨十世祖国秀公，根据先祖们口头叙说方式将源流部分记入二修之中，先祖们即使将初谱读熟了，但时间长了不一定十分清楚，不清楚不能杜撰故只有"宁失勿乱"，故六、七代人的名讳业绩无法沿续。初谱作于元末明初，应该是二世祖善化上任前撰写，上任时随身带来汉川。(见图1-8)

(4)《胡氏宗谱》记载：

据原族谱记载吾辈始祖起源于江西南昌后因种种原因，迁居湖北大江南北，我八房祖先最后又定居汉川系马口新庄堡窑新会家岭八屋湾繁衍子孙。先辈们辛勤劳作，安居乐业将吾族吾房精神和文化一代代传递至今，我八房先辈大多从事陶瓷事业为生。(见图1-9)

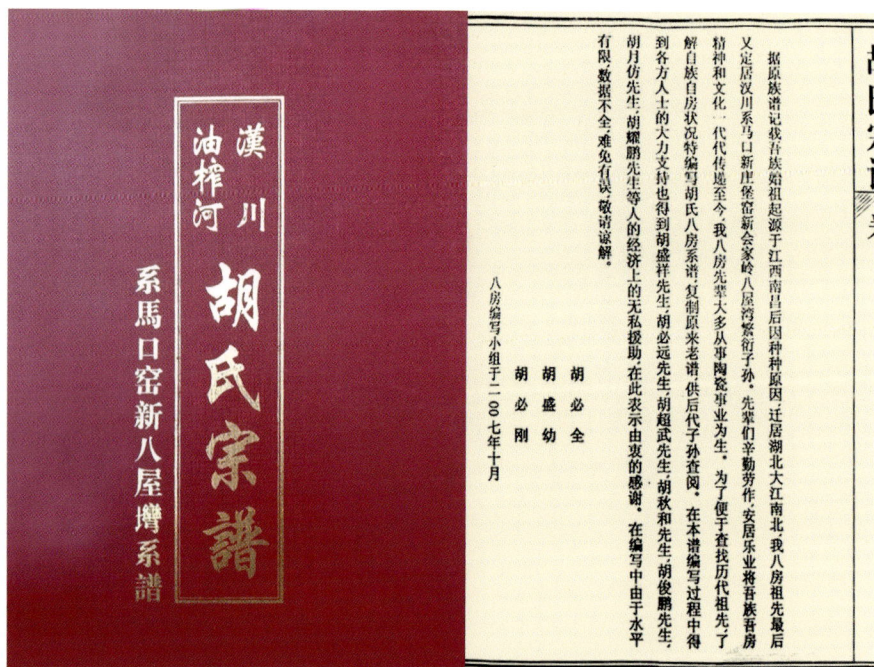

图1-9　胡氏宗谱书影

上述黄、肖、刘、胡四姓家谱分别提到的江西余干县、江西万安县、江西泰和县和江西奉新县，古今地名无多大变化，指向的却是一个相同的区域——江西，明白无误地告诉了我们一个事实，即马口现有居民中有相当一部分家族是从江西迁徙过来的。从家谱记载的时间推算，大概也就是明清时期，这与史书记载及民间传说中的明清两朝"江西填湖广"遥相呼应，《黄氏家谱》中还涉及"湖广德安府应山县"、《肖氏家谱》中提及的"汉阳纱帽山"等，这些名字无一不与后来的马口窑有着千丝万缕的关联。

2006年10月，原马口陶瓷厂唯一的8级工肖俊堂师傅接受笔者采访时说：

我今年84岁，祖上原籍江西，我家到汉川已经有六七代人，祖上一直是在窑场帮工。我十四五岁的时候，大约是日本侵略中国的那年，就在窑场工作；开始我学的是手工拉坯，我的坛子拉坯活做得最好。我们那个窑场是个老窑，是有名的喻家窑。那时候，我年轻能干，什么事都要做、都要学，从取土、练泥、上化妆土、刻花、施釉、装窑、烧窑，全套制陶工艺，我都可以熟练完成。解放后，汉川马口制陶业逐步公私合营，成立了马口陶瓷厂，我一直在厂里工作。1979 年，我 58 岁，因儿子要进厂顶职，我才退休。

《萧氏宗谱》即是肖俊堂老师傅的家谱。

肖师傅还介绍说，马口窑以生产各类坛子著称，故又称"坛子窑"，境内有旧俗称"女儿"为"坛子"，女儿出嫁前男家要送一坛酒、女方陪嫁的食品也往往以各类坛子装盛，"坛子"因此成为女儿的代称。

(二) 马口窑业发展状况

1. 清代、民国时期的手工作坊

20 世纪 90 年代出版的《汉川县志》①，对马口窑业有以下记载：

> 根据宣统元年(1909)的统计，马口有商户 208 家，从业人员 812 人。清末民初，汉川本县的商户，除坐商外，尚有行商 500 户左右，经营范围遍及上海、九江、武汉、宜昌、万县、重庆、湖南、广东等地，其中经营陶瓷器的就占了 20%。产生了专门经营马口窑的陶器坊。(第 346 页)
>
> 清末民国初，汉川县境内从事水上运输的木帆船大多成立有帮会组织，在外地名声较著者为马口瓷器帮，该帮的大船较多，船主雇工，营运经商，在长江沿岸的上海、南京、武汉等地均设有货栈、座船。在汉口武圣庙至裕字巷一带，有座船十二只，在江西景德镇和波阳(原文如此)一带，亦设有马口公所、代办处，为其招揽货源。(第 263 页)

另据生活在马口本地的老人说，几十年前，马口街道上店铺鳞次栉比，汉江码头桅杆林立，基本上都是装窑的货船。

《汉川县志》载：

> 清末，系马口赖此业维持生计者二三千人。民国期间，马口窑新集周围的龙窑最多时可达 36 条，均由私人合股经营，每条窑的股东多则 30 人，少则 5 人。解放前夕，有喻家窑、王家窑、刘家窑、熊家窑、张家窑、杨家窑、八屋窑、惠家岭窑等地龙窑 12 条，产坛、壶、钵、罐、缸、盆、烘炉等日用陶器。(第 235 页)

在马口老街，至今还保留着一条石板街和几栋百年老屋，走近观察，这些老屋的外观已经十分破旧，但建筑质量却非常好，迄今仍然可见砖石结构的外墙与幽深的天井、木质的梁架与雕花门窗，几栋老房子是清末民国时期的榨油作坊所在。作为汉川主要的油料加工基地，据传马口老街最多时有私人榨坊 14 家，日产食油 35 吨，从业者 200 多人，其中的王家榨油坊等遂成为当地的老字号。马口当地的老字号还有如"潘同春豆瓣酱"等，江苏人潘同春于清朝末年来此做生意，从开杂货铺始，后以生产酱菜和

---

① 湖北省汉川县地方志编纂委员会. 汉川县志[M]. 北京：中国城市出版社，1992，后文皆用此版，仅标明页码。

糕点成名，榨油作坊、酱菜生产以及其他相关产业的生产需求也为马口窑业的兴盛增添了活力，上述记载和传说本身也见证着马口窑业的发展。

马口紧邻汉江，即使是在今天陆路交通已十分发达的情况下，汉江的水路交通作用仍然不可轻视；且自古以来水路交通就是主要的运输方式，特别是运输像陶器这样的大宗商品，水路交通必然是最佳的选择。马口得汉水之利，由交通带来了商业的兴盛。早年的马口甚至和汉口一样，有一条繁华热闹的汉正街。由于地处汉水边，当地人叫它"正街"，也称"老街"，马口也因此像湖北地区许多工商业发达的小城镇一样有了"小汉口"之誉。抗日战争时期，马口一度成为抗战后方，不少外地商人蜂拥而至，使得此地商业更加兴旺，马口陶器远销国外的说法就是从那个时期开始的。

2. 中华人民共和国成立后至改革开放前生产经营状况

中华人民共和国成立后，马口一方面继续生产传统的日用陶器，另一方面也在为适应城市建设和经济建设的需要，开始大规模生产陶质的"下水管道"等，还一度成为化工硫酸缸的生产基地。在政府的扶持下，马口窑业先后走上了合作化生产道路，经过了联营、公私合营和国营等多个历程，并陆续对传统工艺和设备进行了革新改造，使得产量大增，质量也相应提高，成为马口窑业史上又一个重要时期。

1951 年，王家窑的两条龙窑率先组成新生窑货联营工厂。1952 年，所有窑业均组成窑业联营工厂，分别为振新（喻家窑）、新民（刘家窑）、合利（熊家窑）、群生（张家窑）、群利（杨家窑）、生生（八屋窑）、群合（惠家岭窑）。1954 年，新生、振新联营工厂与马口协利土产商店组成建新陶器工厂，1955 年改为公私合营。同年，全部窑业联合工厂实行公私合营，并入建新陶器厂，该厂是当时孝感地区的首家国营企业，也是湖北省规模较大的陶器制造业工厂之一。1957 年，转为汉川县国营陶瓷厂，成为汉川唯一的陶瓷企业。20 世纪 60 年代，厂里更新设备，用机械逐步取代人工碎土、和泥、拉坯等繁重的体力劳动。1970 年以后，将延续了数百年的传统龙窑逐步改为可连续生产的隧道窑、推板窑和倒焰窑，制坯工艺亦改变了传统的手工做法，采用石膏翻模、泥浆浇注、沉淀、干燥等新技术，缩短了生产周期，提高了产品质量，此时还并相继开发了工艺陶、建筑陶、特种工业陶 3 个系列的诸多新品种。

有退休老师傅称，外贸部门曾在"文革"前派人来马口镇，要求生产比较有特色的"半幅銮驾"题材坛；国家轻工部曾下过订单，购买了专供出口的"半幅銮驾"图案装饰产品近千件，还有西游记故事、九龙坛等"八仙坛"类产品近万件，1966 年后该类产品停止生产；1972 年，外贸部门又下订单要求恢复生产，直到 1975 年，累计生产了用于出口的陶器产品数万件，其中最受喜欢的是西游记题材类产品。

3. 改革开放后的马口窑业

改革开放以前，马口地区的支柱产业一直以制陶业为主，作为主要的产业部门，马口窑业支撑了当地几十年的经济发展，并极大地满足了周边地区人们生产生活的需要。产品除行销湖北各地外，还远销到湖南、江西、安徽、四川等邻近省份，这一时期生产的坛、缸等产品，不仅是日常生活的必需品，逢年过节、婚丧嫁娶，还是周邻地区普通人家须臾不可缺少的家什。

改革开放初期，马口窑从制造工艺到生产销售，都发生了较大的变化。此时，马口陶瓷工业已逐步改造了生产工艺，从传统的手工拉坯生产改变为以机械化灌浆成型制坯，从"龙窑"烧制转变为流水线式"隧道窑"烧制。20 世纪 80 年代初，马口陶瓷厂两条"隧道窑"日夜生产烧造，产品仍然供不应求。1984 年，时任湖北省委书记关广富视察马口陶瓷厂，指示"要把汉川马口建成湖北的陶瓷生产基地"。1985 年，从江苏宜兴陶瓷厂专门请来技术人员，改良工艺，指导生产。从 1992 年到 1994 年，马口陶瓷厂主要生产酒瓶等，三条生产线作业，产品仍然供不应求。"孔府宴酒""五粮特曲""园林青"等许多外地知名酒厂等在马口订货，由汉川县统购统销，稍次一点的产品才能供给县下面单位和个体销售，许多个体经营户需日夜排队才能拿到货。《汉川县志》记载：

> 1985 年，马口陶瓷厂占地面积达 75999 平方米，建筑面积 31510 平方米，拥有隧道窑、推板窑和倒焰窑各两座，制陶专用机械 127 台，职工 584 人，生产 4 个类别 90 余个品种的陶器制品 100.75 万件。（第 236 页）

此时已进入马口陶瓷工业的鼎盛期，生产工厂根据产品类别的不同被细分为日用陶瓷厂、工艺陶瓷厂、特种工业陶瓷厂和建筑陶瓷厂等。

从 20 世纪 80 年代中后期起，传统的日用坛类陶器开始逐渐滞销，直至生产停止。到 1989 年，马口陶瓷厂生产了一批有工艺特色的泡菜坛，但好景不长。究其原因，一方面是现代社会的发展，传统的手工制品较容易被新兴的现代化产品取代；另一方面，马口陶器在生产工艺、技术、设备等没有跟上时代发展的步伐，今天的马口陶瓷厂，这也是目前还在生产的工厂，系原汉川县规模最大的企业——国营陶瓷厂演变而来，改制后成为股份制企业。笔者在采访陶瓷厂负责人林松阶时，他有些伤感地说：

> 现在的马口陶瓷厂为我们六个股东所有，资金周转非常有限，从人力和技术上讲，我们已没有能力进行企业的发展和工艺的改进。目前，厂里基本上没有年轻人来接班，我们都快到了退休年龄。从传统的手工制陶到现代工艺的灌浆制坯，我们是马口窑最后的一批传人，如果我们这个厂子关闭了，马口的薪火传承实际上就消失了。但客观上讲，陶器的性能是塑料制品不可能全部取代的，马口陶应有其生存发展的空间。许多地方，如景德镇、宜兴的陶瓷产品越做越好、越做越精，而我们这个有几百年历史的传统名窑却越做越小了。

在产品的变革中，古老的生产方式也渐次遭到淘汰，一切以效率和功用为最高原则。如今，马口窑已经完全淘汰了古老的生产方式，掌握着传统技艺的老艺人、老工匠、老师傅，也渐渐地离开我们，规模化、标准化的生产线正在代替精雕细刻的作坊技艺。最具毁灭性的是，其他质地的日用产品在现实生活中已无处不在逐渐替代陶器产品，使得马口陶器丧失了日常使用的基础而走向末路。20 世纪 90 年代以来，受市场经济迅猛发展的冲击，传统日用陶器正面临着令人遗憾的消亡危险。2000 年以后，延续数百年的马口传统陶器产品已基本上不再规模生产，由于塑料、搪瓷、玻璃、金属等材料制成的日用工业品的广泛兴起和大规模应用，加上现代瓷器的大量涌入，代表传统经典手工工艺的马口陶器已雄风不在，渐渐淡出了人们视野，马口制陶业逐渐衰落。

三、相关地名及方言俗语

依当地习惯，一般自然村落多以山水地貌或某姓为主的居住地命名，称作"某某湾、某某冲、某某嘴、某某岗"等，马口周边则不同，在方圆 6.5 平方千米范围内，自明清窑业兴起以后，地名纷纷别出新意，多依姓傍"窑"而定名，且一直沿用至今，足见陶窑文化影响之深远。据近年出版的《马口镇志》记载，马口镇迄今仍然保留有许多带"窑"字的地名，如喻家窑村、窑新村、八屋窑等，同时还衍生出相关的一些区划地名、自然村湾名以及机构单位（表一），如窑新人民公社（1958—1972）、窑新乡（1973—1982）、窑新管理区（1983—2001）、窑新村（1575 年至今）、八屋窑村（1570 年至今）、杨家窑（今八屋窑村4组)、黄家窑(今八屋窑村6组)、老窑小学(建于1952年,地属窑新村,2000年撤并入马口小学)、窑新中学(建于1971年,地址窑新路,1987年为中学,后为单独初中)、窑新学校(地址窑新路,2000年易名,为九年一贯制学校,2009年改为完全小学)、窑新砖瓦厂(建于1968年,地址窑新集,马口镇办企业,2000年改制后停办)、窑新油厂(建于1969年,地址窑新集,马口镇办企业,1984年更名为窑新钢改厂,2000年停办)。

此外,当地还因窑业的兴盛而引出一些相关的方言俗语,流传至今。

如"谣言":清末民初,马口窑业十分兴旺,窑新集周边6.5平方千米范围内,共有龙窑125口。每当开窑点火,马口一片烟火,特别是在夜晚远观,周边十里八乡的人们看见窑烟升起、火光一片,戏称曰:"系马口'发火'——谣言(窑烟)。"

"乱谈":马口窑业兴盛时期,到处都是破碎的陶片,其中尤以破损的坛坛罐罐为多,人们将其捡回家中码砌院墙或围墙,形成一道特有的风景,因"坛"与"谈"发音相同,故被人们戏称为:"马口的院墙(围墙)——'乱谈'(乱坛)。"

"淘气":马口窑产品多为民间陶器。因"淘气"与"陶器"是同音字,故人们每当看见孩子们调皮时,就借用"陶器"的谐音戏说:"系马口的窑货——淘气(陶器)。"

"坛子":在江汉平原东部的一些地方,有方言把女孩了叫作"坛子",此方言就源于马口。原来,马口窑陶中的"八仙坛"是农家最喜爱的器物,但凡女儿出嫁,男方家定要买两个"八仙坛"盛满酒送给女方,一来表示孩子们成双成对,二来八仙图案代表吉祥,更重要的是,酒是孝敬岳父最好的礼品之一。久而久之,有姻亲关系的男方用八仙坛装酒、送酒到女方家成为习俗,故而每当哪家女孩子出生,人们送恭贺的第一句话就是"恭贺你家有酒喝了";或者有人问"你家添(生)了个什么伢呀",这家人一般不会直接告诉你是个女孩子,而是高兴地回答:"添(生)了个'坛子'(或酒坛子)哟!"

第二章 马口窑址群调查

　　地处汉江侧畔的马口窑址群，其所在地位于今湖北省孝感市代管的汉川市马口镇境内，与坐落于汉江下游北岸不远处的汉川城区隔江相望，二者相距仅10余千米，窑址群呈点状分布于镇东侧的桐木湖西岸至镇南的白石湖东岸一带，散布区域包括5个行政村所属的10多个自然村落，东西全长约3千米，南北宽约2.2千米，总面积约6.5平方千米。今天马口镇上的数条街道、道路，多处工厂、学校，部分农田、村庄等，这些地方曾是窑厂分布范围；集镇周边诸多村湾及略有起伏的山丘台地上，迄今仍保存着不少与制陶或烧窑相关的遗物和遗迹，整个窑址群的范围涉及窑新村、八屋村、新庄村、周湖村、喻家窑村5个行政村及马口陶瓷厂等（见图2-1）。为了了解马口窑址的现状，结合申报省级文物保护单位和配合汉宜铁路工程建设，便于做好文物保护工作，湖北省多级文物考古部门联合对马口窑址群进行了时跨两年的全方位考古调查，现将前后三次调查结果报告如下：

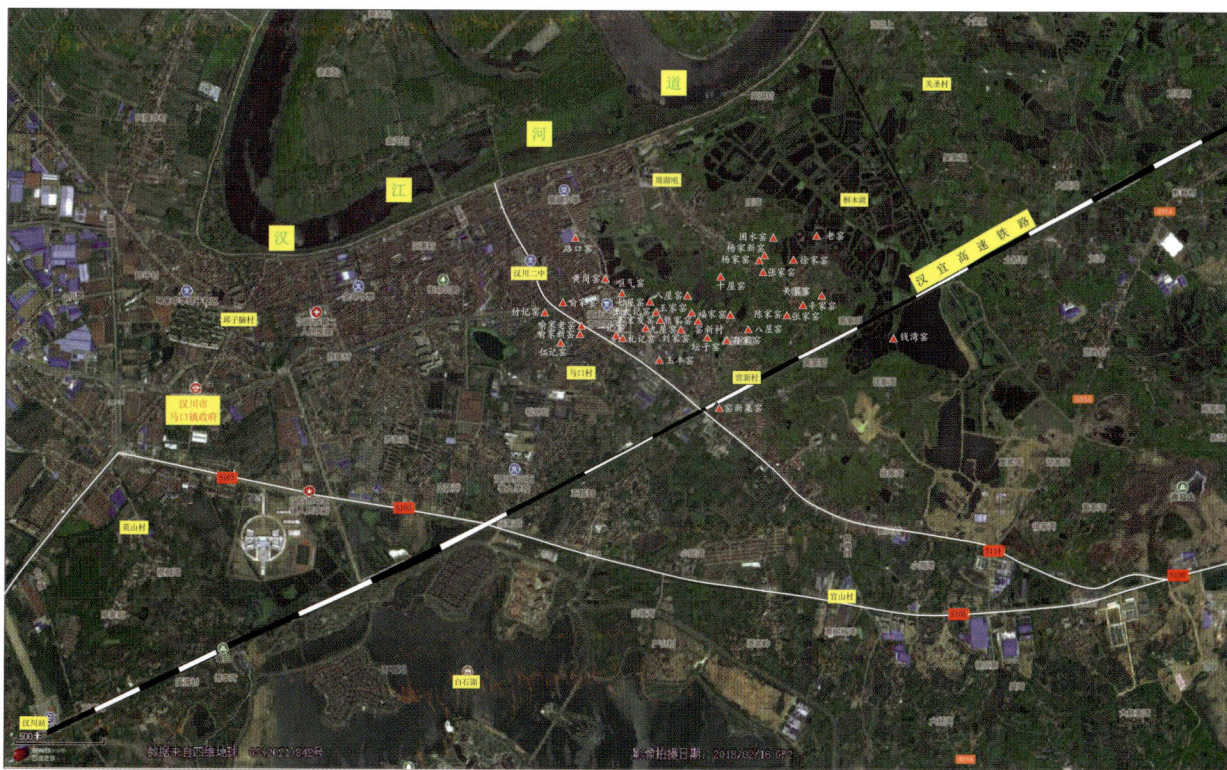

图 2-1　马口窑址周边行政区划图

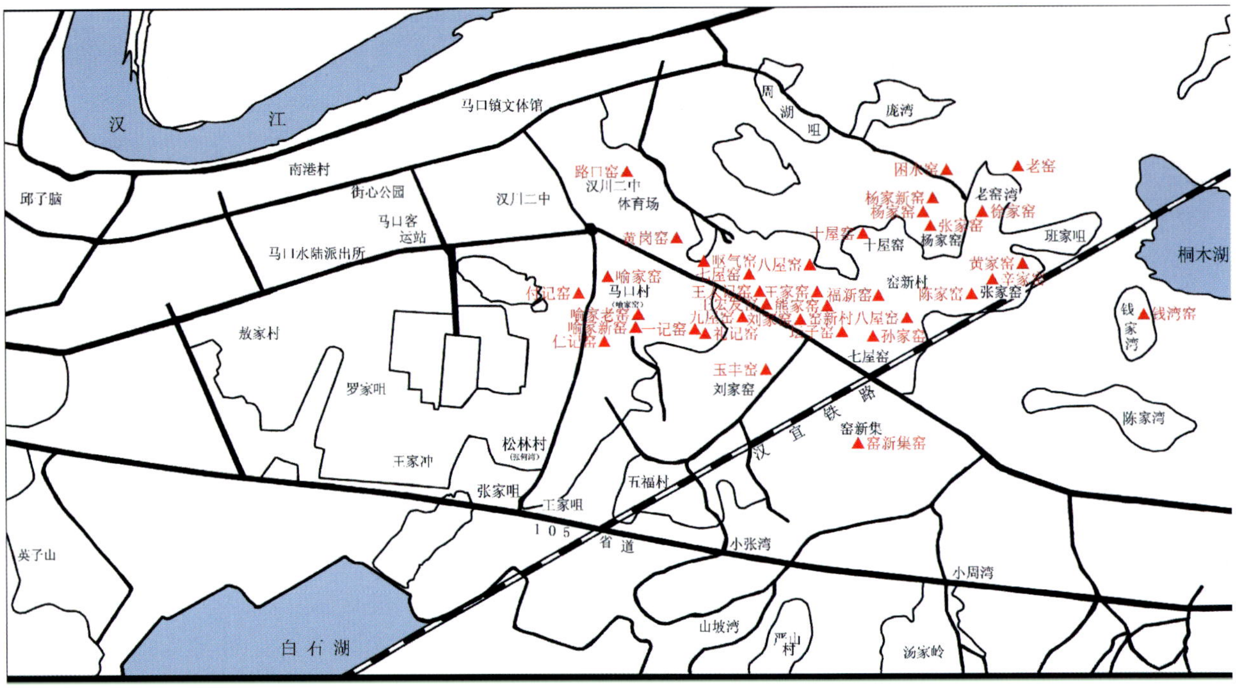

图 2-2　马口窑址群分布图

一、窑址分布与保存状况

（一）窑址分布

马口生产陶器的历史达数百年之久，传统的家族式手工作坊生产方式在当地留下诸多深深的印迹，今天马口镇及周边地名如窑新、八屋窑、九屋窑、十家窑、杨家窑、喻家窑等许多自然村落名称，无不是因烧窑而得名，且流传下来。据清代《汉川县志》记载，最多时有 36 座窑同时烧制，经汉川博物馆工作人员的反复走访与实地踏勘，累计查找到较为可信的窑址地点共计 34 处（见图 2-2），大部分窑址已被完全破坏，不见踪迹，少数窑址附近仍可见一些残次品与损坏的窑具，有的则是在地面残留有各种与烧窑相关的遗迹遗物，保存状况尚可的已不足 10 处。

（二）窑址及保存状况

（1）钱湾窑：位于新庄村西南，东、北边紧邻桐木湖，西约 600 米处为窑新村 6 组，南边紧邻新庄村。地理位置处东经 113°51′08.1″，北纬 30°33′45.9″，海拔 26 米。呈东西走向，东为窑尾、西为窑头，东西长约 50 米，南北宽约 20 米，面积约 1000 平方米，高出地面 8 米。据当地一胡姓村民介绍，在清代，钱湾窑点火烧窑，汉川县城就有地方失火，清代该窑已被废掉，窑址上和周边残留有残窑器具和器物残片，其时代始建于明末清初，清代停用，现已残。

（2）周湖村老窑：位于周湖村 4 组一处岗地上，东为农田，东面约 1500 米为桐木湖，西南约 300 米为徐家窑，东南角有一片墓地，西邻周湖村 5 组，北邻周湖村 4 组，地理位置处东经 113°51′09.4″，北纬 30°33′58.1″，海拔 25 米。窑址上建有两处民房，土包东西长约 55 米，南北宽 25 米，面积约 1400 平方米，高出地面约 7 米。土包上可以清楚地看到窑墙及窑址呈东西走向，东为窑尾，西为窑头，周边发现较多窑具和器物残片。窑址始建于明，废弃时间不明，窑已残。

（3）徐家窑：位于周湖村3组西南约100米的土岗上，东北约200米为周湖村3组，村湾内有一条由北向东的村级公路经过，南边、西边分别为窑新村3组、2组和1组，窑址与窑新村之间有一片宽70~100米的洼地。低洼地外有两个水塘，窑址西边为现代墓地，其余为农田，地理位置处东经113°51′01.5″，北纬30°33′53.0″，海拔24米。现存土岗长约90米，宽约45米，总面积4500平方米，高出地平面约10米，四周破坏较为严重，地表基本为荒地，部分开垦为自留地，20世纪60年代兴建农田水利设施时，在窑址南部约20米处挖了一条2米宽的水渠，自西向南将徐家窑尾部挖断，该窑依地势而建，为南低北高，北为窑头，南为窑尾，原窑有5门，长约15米，宽1.2~2米，周边残留大量窑具和残次品陶器。始建于明末，1953年弃用。

（4）黄家窑：位于窑新村竹林湾东约100米的小山岗地上，东接桐木湖，南邻黄家窑湾，西南距辛家窑约50米。窑址东南部由于在20世纪70年代修建有一条灌溉水渠，因而窑址窑头部分被破坏。地理位置处东经113°51′11.9″，北纬30°33′47.4″，整个窑址坐落在一处西北高、东南低的岗丘上，东南为窑头，西北为窑尾，长约60米，宽约20米，面积约1200平方米，高出地面近11米。山岗上长满了树木、杂草和荆棘，周边存较多的器物残片和少量窑具。始建于明末清初，1963年停用，已残。

（5）辛家窑：位于窑新村5组的一处台地上，往东约10米为窑新村6组，南邻窑新村5组民房，往西20米处亦是窑新村5组民房，东北约80米为黄家窑，地理位置处东经113°51′08.0″，北纬30°33′45.9″，海拔25米，上面长满杂草和树木。长约45米，宽约25米，面积约1125平方米，高出地平面4米，窑址保存较好，呈东北至西南走向，西南为窑头，东北为窑尾，窑址周边有残留陶器残片，始建和废弃年代不明。

（6）陈家窑：位于窑新村5组一土包上，东边为窑新村5组，南边为窑新村2组，西北为一片低洼水田，往北约80米为徐家窑，地理位置处东经113°51′02.6″，北纬30°33′45.0″，海拔23米，窑址上长满树木和杂草，窑址东西长45米，南北宽20米，面积约900平方米，高出地面约3米，呈南北走向，北为窑头、南为窑尾，周边残留有残窑具和器物残片。现已残。

（7）困水窑：也叫独窑，因牛困水而得名，位于窑新村4组的土岗上，东边为周湖村，南距杨家窑约150米，北100米处为墓地，地理位置处东经113°50′50.3″，北纬30°33′58.6″，海拔24米。破坏较为严重，地表上基本为荒地，东、西、南三面被大片水田包围，现存土岗长约50米，宽约25米，总面积约1250平方米，高出地面约6米。该窑依地势而建，西高东低，为东西走向，东为窑头，西为窑尾，原窑有4门，长约27米，宽约1.7米，周边残留大量窑具和残次品陶器。始建于明末清初，1963年停用。

（8）杨家新窑：位于窑新村四组的土岗上，东为窑新村四组，南、西、北三面为低洼的水田，西南为大兴村，北面为周湖村老窑，地理位置处东经113°50′50.8″，北纬30°33′53.8″，海拔24米。现为一片荒地，四周破坏较严重，窑址地势略有起伏。现存岗地长约49米，宽24米，高出地面约5米，总面积约1100平方米。该窑依地势而建，北高南低，南为窑头，北为窑尾，原窑有5门，长约30米，窑头宽约2米，窑尾宽约1米，周边许多地方残留有大量窑具和残次品陶器。始建于明末清初，20世纪50年代弃用。

（9）杨家老窑：位于窑新村4组一处土坡上，东、南两边紧邻窑新村4组，南边约40米处为张家窑，向北约500米为八屋村3组，北边为水田。地理位置处东经113°50′50.6″，北纬30°33′51.9″，海拔24米。窑址上建有一民房，窑址南北长约40米，东西宽约20米，面积约800平方米，高出地面3米；

呈南北走向，南为窑头，北为窑尾，窑址上残留有器物残片。始建于明末清初，现已残。

（10）张家窑：位于窑新村4组的一个小山包上，东、南紧邻窑新村3组和八屋村2组，西去约500米为八屋村3组，北邻窑新村4组，地理位置处东经113°50′51.9″，北纬30°33′51.2″，海拔24米。窑址上现建有一栋民房，南北长约40米，东西宽约20米，面积约800平方米，高出地面4米。窑址呈南北走向，南为窑头，北为窑尾，窑址上残留有不少器物残片。始建于明末清初，1953年停用，现已残。

（11）十屋窑：位于八屋村4组一处土台上，往东约200米为窑新村4组，南、西两面邻八屋村4组。南约150米处为八屋窑，北约600米处为周湖村1组，东、北边为大片低洼水田，地理位置处东经113°50′44.1″，北纬30°33′53.9″，海拔26米，窑址上长满荒草杂树，部分为菜地。岗地东西长约50米，南北宽约30米，面积约1500平方米，高出地平面约8米，呈东西走向，东为窑头，西为窑尾。始建年代不明，现已残。

（12）福新窑：位于窑新村3组一土包上，东边紧邻窑新村2组，向南约700米处为窑新村1组，西南部为一片农田，北邻窑新村3组，地理位置处东经113°50′55.2″，北纬30°33′44.0″，海拔25米。窑址上长满杂草和树木，东西长约50米，南北宽约25米，面积1250平方米，高出地面约4米，呈东西走向，西为窑头，东为窑尾，窑址上残留有器物残片，始建和废弃年代皆不明，现已残。

（13）窑新八屋窑：位于窑新村2组一处土包上，东、北边为一片低洼田地，南边紧邻窑新村2组，西边紧邻窑新村3组，地理位置处东经113°50′59.4″，北纬30°33′45.2″，海拔24米。窑址上长满杂草和树木，南北长40米，东西宽25米，面积约1000平方米，高出地面3米，呈南北走向，南为窑头，北为窑尾，窑址上和周边残留有残窑具和器物残片，始建于明末清初，现已残。

（14）孙家窑：位于八屋村2组的一处岗地上，往东30米为窑新村2组，西约300米为八屋村2组，南500米为窑新村1组，往北150米为窑新村3组，地理位置处东经113°50′54.2″，北纬30°33′42″，海拔22米，窑址上现为农田，呈东西走向，西为窑头，东为窑尾。现已毁。

（15）坛子窑：位于八屋村2组一处坡状台地之上，西南紧邻八屋村2组，西北邻八屋村3组，向东约100米处为窑新村，西北约200米处有熊家窑，东为一低洼地，地理位置处东经113°50′50.5″，北纬30°33′41.2″，海拔22米。现场可见到呈"Y"形分布的3座残窑址遗迹，三座残窑窑尾皆在台地中心。始建于明末清初，现已毁。

（16）熊家窑：位于八屋村3组东部，南约30米有一条村级水泥路由东向西通过，周边皆为八屋村3组村民屋，窑址现为民房和菜地，地理位置处东经113°50′48.0″，北纬30°33′45.3″，海拔23米。南北长约40米，东西宽约20米，面积约800平方米，呈南北走向，北为窑头，南为窑尾，高出地面1.5米，残窑址上发现有较多的器物残片。始建于明末清初，窑址已残。

（17）王家窑：位于八屋村3组，南部在一处民房院内，四周均为民房，地理位置处东经113°50′46.3″，北纬30°33′44.0″，海拔22米，呈东西走向，西为窑头，东为窑尾，上残留窑具和器物残片。始建于明末清初，1953年停用，现已毁。

（18）八屋窑：位于八屋窑村3组一台坡上，往东约200米为八屋村4组，东约20米处为一片低洼水田，西、南紧邻八屋村3组。该窑址上建满民房，四周均属八屋窑村，地理位置处东经113°50′42.8″，北纬30°33′49.4″，海拔26米，岗地南北长约45米，东西宽约24米，面积约1100平方米，呈南北走向，南为窑头，北为窑尾，高出地面约4米，周边残存有较多的窑具和器物残片。时代不明，现已残。

（19）刘家窑：位于八屋村2组，东、北分别为八屋村2组和3组，西南10米为马口陶瓷厂，西北约500米为马口水泥厂，窑址上现为数栋民房，地理位置处东经113°50′45.9″，北纬30°33′41.7″，海拔22

米。现场见两座呈东北至西南走向并列一起的残窑遗迹，两窑址之间的间隔约4米，西南为窑头，东北为窑尾，左边为新窑、右边为老窑。始建于明末清初，现已毁。

(20)王宏发窑：位于马口陶瓷厂内，东边紧邻八屋村3组，东北部为低洼的水田，西北约30米为马口水泥厂。地理位置处东经113°50′42.9″，北纬30°33′43.3″，海拔24米。两座残窑呈"八"字形排列，最大间隔约30米、最小间隔10米，高出地平面3米，呈东西走向，东为窑头，西为窑尾，东西长约55米，南北宽约20米，面积约1100平方米，窑址上和周边残留有残窑具和器物残片。两窑皆建于明末清初，1953年停用，现已残。

(21)王太记窑：位于马口陶瓷厂内，东边紧邻八屋村3组，东北约15米为低洼水田，西北约30米为马口水泥厂，地理位置为东经113°50′42.9″，北纬30°33′43.3″，海拔24米，高出地面约3米，呈东西走向，东为窑头，西为窑尾，东西长约50米，南北宽约20米，面积约1000平方米，窑址上和周边残留有大量残窑具和器物残片。始建于明末清初，1953年停用，现已残。

(22)七屋窑：位于八屋村马口水泥厂内东侧，西距汉马公路约200米，窑址上现建有厂房。地理位置处东经113°50′38.2″，北纬30°33′47.5″，海拔22米，呈东西走向，西为窑头、东为窑尾，该窑始建于明末清初，现已毁。

(23)九屋窑：位于八屋村马口水泥厂内，窑址北部和西部为水泥厂厂房，东邻马口陶瓷厂，南邻汉马公路，上面建有水泥厂仓库，地理位置处东经113°50′37.6″，北纬30°33′43.0″，海拔22米。呈南北走向，南为窑头、北为窑尾。该窑始建于明末清初，现已毁。

(24)玉丰窑：位于八屋村振兴纺织公司内南边。往西20米为湖北汉川耐火材料厂，南边为一块荒地，北距汉马公路约100米，原马口陶瓷厂水塔建在该窑址上。地理位置处东经113°50′39.3″，北纬30°33′36.8″，海拔22米。为东西走向，东为窑头，西为窑尾。该窑始建于明末清初，现已毁。

(25)怄气窑：位于八屋村汉马公路旁，东为八屋村3组，南边约10米为马口水泥厂，西邻汉马公路，北约300米处为马口水泥厂宿舍和八屋村1组，往东北约25米处为一片低洼水田。地理位置处东经113°50′33.2″，北纬30°33′47.3″，海拔22米。呈南北走向，北为窑头、南为窑尾。始建于明末清初，现已毁。

(26)礼记窑：位于八屋村原马口老陶瓷厂内，紧邻"一记窑"，东北约110米处为汉马公路，西约20米处为八屋村梁五家，东边5米处为马口陶瓷厂。地理位置处东经113°50′32.9″、北纬30°33′40.1″，海拔22米，呈南北走向，北为窑头，南为窑尾。始建于明末清初，1953年停用，窑址已毁。

(27)一记窑：位于八屋村原马口老陶瓷厂内，紧邻"礼记窑"，东北约100米处为汉马公路，西约20米处为八屋村梁五家，东为马口陶瓷厂，地理位置为东经113°50′33.1″，北纬30°33′39.9″，海拔22米，呈南北走向，北为窑头，南为窑尾，范围不清。始建于明末清初，1953年停用，窑址已毁。

(28)黄岗窑：位于喻家窑村三组的土岗上，地表为自留地和墓地，北为马口中学教师宿舍，南距汉马公路约120米，东100米处为马口水泥厂宿舍，中间是一块低洼地农田，数间民房建于窑址之上，周边残留大量窑具和陶器残次品。地理位置处东经113°50′28.5″，北纬30°33′51.1″，海拔24米。该窑依地势而建，北高南低，北为窑头，南为窑尾。原窑有5门，长约17米，宽1.2～2米。现存土岗长约65米，宽10～30米，高出地面约1.5米，总面积约1500平方米，四周破坏较严重。据老工匠介绍，相传明末官至正二品的汉川南河渡人王道直(王操江)回乡省亲期间，地方官吏邀请视察马口陶器作坊。至黄岗窑时，其中有一工匠不小心将泥土溅在王操江官服上，疑对其不恭，王大怒，即刻下令将黄岗窑用泥土封死，永不启用，黄岗窑因此而废。黄岗窑始建于明代，废弃于明末。

（29）喻家老窑：位于喻家窑村土岗上，四周全为喻家窑村民房，往南 25 米处有一条村级水泥路经过，地表为墓地和荒地，四周破坏较严重，周边残留大量窑具和残次品陶器。地理位置处东经 113°50′23.7″，北纬 30°33′43.9″，海拔 24 米。依地势而建，为南北走向，北为窑头，南为窑尾，始建年代不明。

（30）喻家新窑：位于喻家窑村的土岗上，四周全为喻家窑村民房，往南 25 米处有一条村级水泥路，地表为墓地和荒地，四周破坏较严重，周边残留大量窑具和残次品陶器。地理位置处东经 113°50′23.7″，北纬 30°33′43.9″，海拔 24 米。喻家新窑为喻家老窑而得名，现存岗地长 43 米，宽 31 米，高出地面约 4 米，面积约 1330 平方米。依地势而建，为南北走向，北为窑头，南为窑尾。原窑有 5 门，长约 16 米，宽约 1 米。始建于明末清初，20 世纪 50 年代停用。

（31）路口窑：位于马口中学内北部，窑址上现为马口中学校舍，地理位置处东经 113°50′24.8″，北纬 30°33′57.7″，海拔 22 米。呈东西走向，东为窑头、西为窑尾。始建年代不明，现已毁。

（32）仁记窑：位于喻家窑村后坡上，东部为原马口福利院，西约 300 米处为 3509 工厂宿舍，南紧邻土坡，东边 15 米处有一条村级水泥路自南向北通过。窑址中部有四间民房，地理位置处东经 113°50′24.6″，北纬 30°33′38.7″，海拔 24 米。该窑为东西走向，依地势而建，东高西低，东为窑头、西为窑尾，残存面积 1370 平方米，高出地面约 5 米，地面有残存的器物残片。始建于明末清初，1953 年停用，已残。

（33）付记窑：位于喻家窑村后坡上，在喻家老窑、喻家新窑西南约 40 米处，四周均为喻家村民房，西边 10 米为农田，南紧邻该村水泥路，窑址上建满民房。地理位置处东经 113°50′19.9″，北纬 30°33′41.9″，海拔 24 米。付记窑因付家私窑而得名，地势南高北低，呈南北走向，北边为窑头，南边是窑尾，高出地面约 3 米，窑址南北长 40 米，东西宽 25 米，面积约 1000 平方米。始建于明末清初，1953 年停用，窑址已毁。

（34）窑新集窑：位于窑新村 1 组一土坡上，东南紧邻窑新开发区，西约 200 米为汉马公路，北约 50 米处为一煤厂，地理位置处东经 113°50′57.1″，北纬 30°33′32.0″，海拔 22 米。窑址现为民房和菜地，现存南北长约 30 米，东西宽约 20 米，面积约 600 平方米，高出地面约 1.5 米。呈南北走向，南为窑头，北为窑尾，周边残留有残窑具和器物残片。时代不明，现已毁。

二、制作工具与相关遗存收集

（一）采集与征集经过

2008 年 4—6 月，为配合(武)汉宜(昌)铁路建设，由湖北省文物考古研究所、孝感市博物馆、汉川市博物馆联合组成的考古队，对新建铁路需要经过的马口窑址群之一的"黄家窑"进行了抢救性发掘。发掘期间，考古队员充分利用发掘工作间隙，在认真做好田野发掘工作的前提下，充分借鉴以往调查的工作基础，对马口窑址群及相关窑址逐一进行实地调查，定点确认，同时采集和征集到部分与马口窑相关的工具、用具及实物标本，种类包括工具、窑具、器物等。

（二）工具与窑具

1. 工具及相关操作应用

（1）轮车(征 4)：由四个部分组成(见图 2-3)。

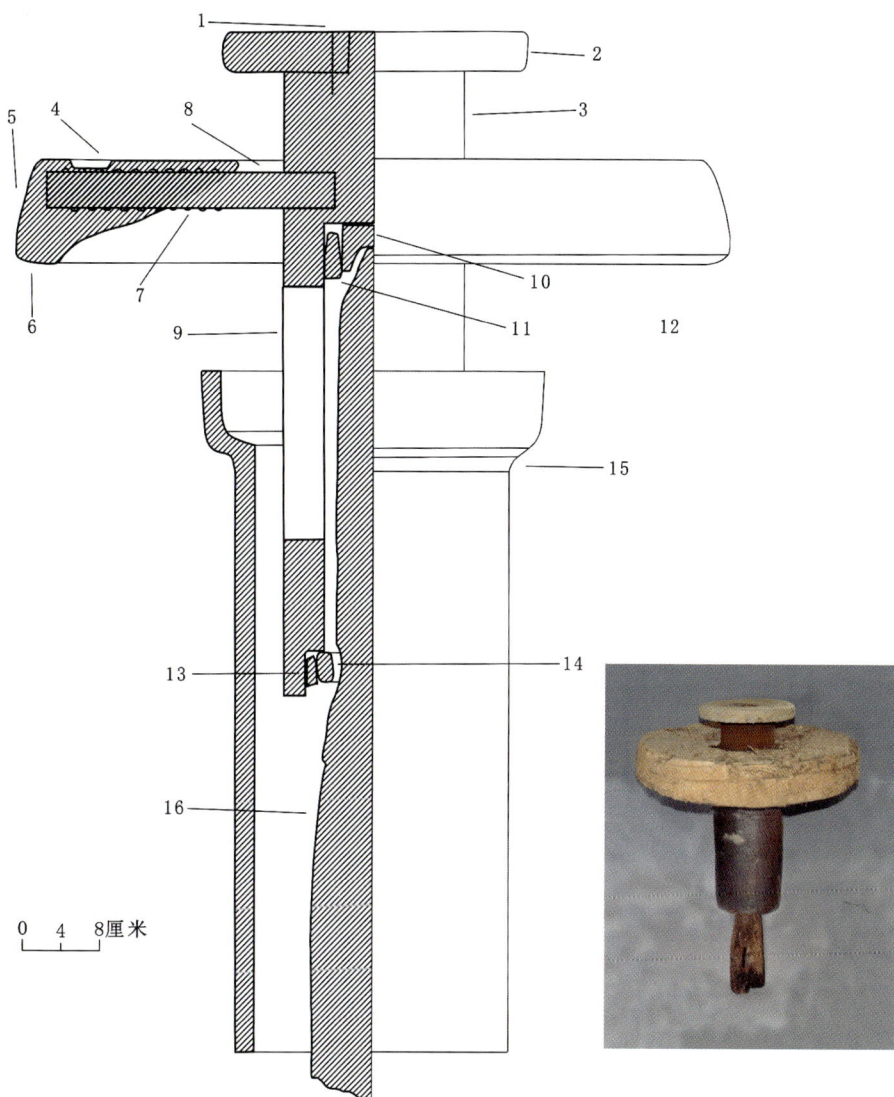

1. 铁钉　2. 木盘　3. 车筒　4. 转窝　5. 麻绳　6. 麻丝和泥料　7. 藤盘　8. 车爪
9. 长方形孔　10. 顶子　11、13. 木榫　12. 车盘　14. 脚子　15. 车坑框　16. 车桩
图 2-3　轮车结构剖面图

第一部分为轮盘，也称车盘。上面有一个圆木盘，木盘位于轮盘的中央，与轮盘以车筒连接，车筒以榫卯方式楔入木盘中央的方孔内，以铁钉加固，木盘表面平整，木盘直径 32 厘米、高 4 厘米，中部一方形孔，孔径 5 厘米、高 4 厘米，拉坯时泥坨置于木盘之上。轮盘由车爪、藤盘、麻丝拌泥组合制作而成，截面呈梯形，上部略小，车筒上部四周有九个方孔，分别安装九根方条，称为车爪。车爪与车筒垂直，呈放射状排列，车爪之间用藤条盘成网状，称为藤盘；车爪和藤盘构成轮盘的骨架，其两面涂抹麻丝拌泥，因麻丝的拉力可以防止泥料开裂，轮盘外侧用麻绳绕四周进一步加固。此外，在骨架两面的泥料中还各夹一层麻丝，沿骨架边缘的麻丝略下垂，对轮盘边缘下垂的泥料起牵制作用。轮盘近车筒处末抹泥料，中部抹泥较薄，边缘抹泥较厚，以便旋转时轻便灵活，产生惯性。将麻丝拌泥打坚实后，表面再用泥浆抹平，待轮盘干透后方可投入使用。整个车盘较重，必须二人合力才能搬动，轮盘面部直径 68.8 厘米，下部直径 74 厘米，近车筒处末端抹泥部分厚 3.6 厘米，中间抹泥较薄处厚 4.8 厘米，边缘较厚处厚 10.4 厘米。使用时，车盘高于车坑口部约 10 厘米，轮盘面部边缘有一个圆窝，称为转窝，直径约 4 厘米。

车筒中轴用圆木制成，高 66.4 厘米、直径 18.4 厘米；轮盘以上至木盘为实心，长 15.6 厘米；顶部用方形楔头连接木盘，下部中空，因此称为车筒。车筒内径 9.6~14 厘米、壁厚 2 厘米，脚子以上内收。车筒中部有 4 个长方形孔，每个孔高 26.4 厘米、宽 8 厘米，用手可以穿过长方形孔对车筒内部的构件顶子进行维修。车筒中空部分顶部内壁用木楔连接并安装一个覆碟形陶器，称为顶子，顶子是陶车的一个组成部件，顶部平，呈多边棱形，中间有一圆锥形凹窝，凹面置油，固定在转盘中心。轴心顶住凹窝，使转盘灵活转动，顶子直径 5.6~6.4 厘米、高 4.4 厘米，正好扣在车桩的顶上。车筒下端内壁，以木楔连接一个环形陶器，称为脚子（又称荡箍），脚子是与轴顶碗配套安装在轴下的一个陶质圆箍（呈圆环状，较薄，中空，沿面宽，两端平，腹中部内凸），是控制陶车转动时不至摇晃的重要部件，脚子外径 11.2 厘米、内径 9.6 厘米、高 2.8 厘米、厚 1.6 厘米。顶子和脚子是车盘与车桩的接触媒介，顶子和脚子内壁需经常涂抹油脂，以起润滑作用。

第二部分为车桩。车桩通长 85.6 厘米，下部栽入土中，埋深约 34 厘米，车桩直径 12.8 厘米，下端呈不规则形，顶端呈锥形，从下而上逐渐变细，中部内凹，以便套正脚子填埋部分的四周用石块砸实。

第三部分为车坑框。一般采用烧制好的陶质水管，作用是防止车坑周边的泥土因轮盘的长期转动作用而发生垮塌。车坑框水管人口朝上，小口向下，外径 30~35.2 厘米、高 70 厘米。

第四部分是搅棍。这部分为一根木棍，长约 120 厘米、直径 3 厘米，木棍直径根据轮盘上面的圆窝来定；将车筒套在车桩上，即可转动轮盘。

轮车的安装方法：第一步，在平地上挖一个圆形稍浅的车坑，其大小正好放下车框；第二步，在车坑中间再向下挖一个开口稍小、深度与车桩相同、可安装车桩的坑；第三步，安装车框，车框口略露出地面；第四步，在车坑底部中央垂直栽入一根木桩（即车桩），下部栽入土中，并在四周间隙处用石块砸实以保证车桩不因旋转而晃动，车桩中部和上部露出［见图 2-4(1)］；第五步，安装轮盘，先在车桩正套正脚子，之后在木桩顶部盖上顶子，在顶子和脚子外侧再各放一个圆形木圈（称为木榫），再将轮盘下部的凹槽对准放下，车盘高出地面约 10 厘米，至此安装过程结束［见图 2-4(2)］。

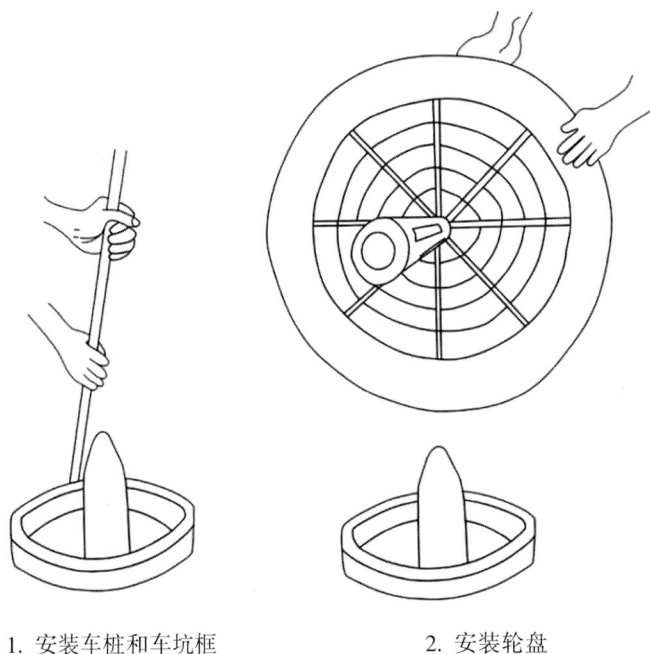

1. 安装车桩和车坑框 2. 安装轮盘

图 2-4　轮车的安装过程

轮车的操作方法：第一步，拉坯工匠将经过陈腐并和熟的泥料置于车坑的一侧，在车坑的另一侧放置一盆清水，以便拉坯时将手沾湿。拉坯时，取一块泥料，将泥料拍打数遍，使其所含的水分均匀，再将拍打成圆形的泥坨，置于木盘中央［见图2-5(1)］。第二步，将搅棍插入转窝内，双手紧握搅棍，按逆时针方向旋转，连续搅动轮盘，以提高转速，这一动作称为"搅车盘"［见图2-5(2)］；扔掉搅棍后，利用轮盘的惯性作用开始拉坯，当轮盘旋转速度放慢时，用右脚连续向前蹬，使轮盘继续旋转［见图2-5(3)］。第三步，由于惯性，轮盘继续旋转，这时，双手用力蒙住泥坨，两个大拇指放在泥坨上面，其余手指放在泥坨两侧，一边向里挤，一边向上推，使泥坨变成圆柱状，这一动作称为"搅泥柱"；再用两个大拇指从泥柱中央插下去，接近木盘时，两指向右前方推泥，形成器底，这一动作称为"推器底"，器底上出现大拇指推泥时遗留的螺旋式拉坯指印［见图2-5(4)］。第四步，左、右手分别放在内外两侧，左手的中指与右手大拇指相对，用力将泥料逐渐向上提拉，形成器壁，这一动作称为"拉坯"［见图2-5(5)］。第五步，器坯做好后，用一根细铁丝或麻线将成坯从木盘上面切割下来，细铁丝或麻线称为割丝，两端各绑一根木棍，方便使用，这一动作称为"割坯"［见图2-5(6)］。

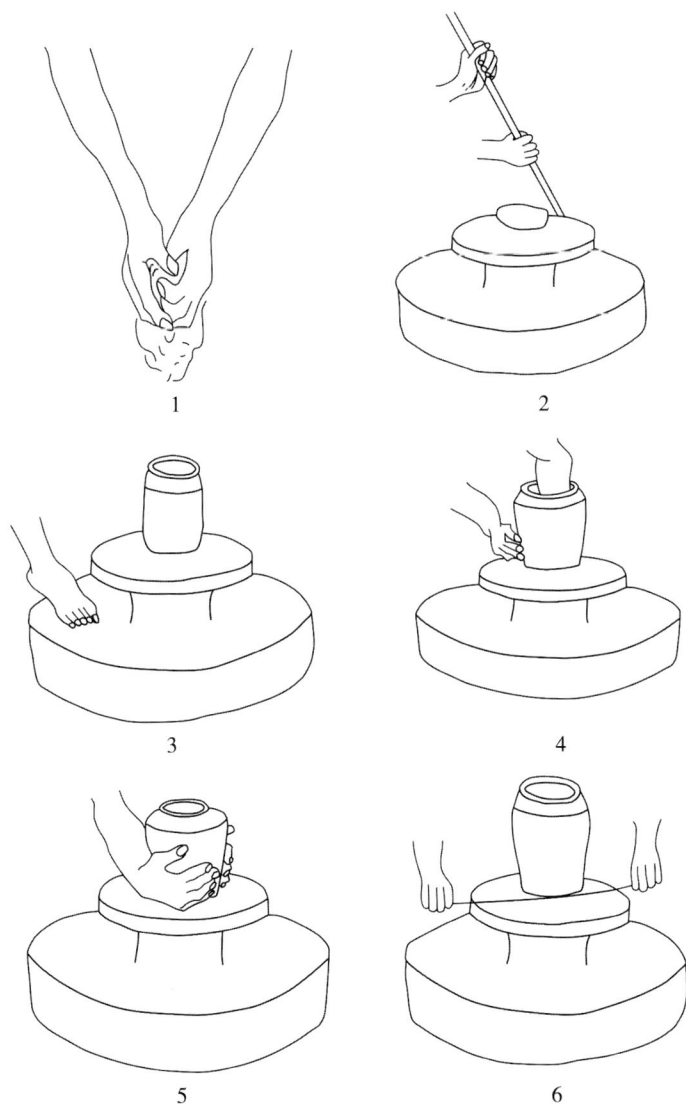

1. 拍打泥料　2. 搅车　3. 蹬车　4. 拉坯　5. 拉坯成型　6. 割坯

图 2-5　轮车拉胚过程示意图

制作的器物越大，需要搅动轮盘的次数就越多，因为器形越大，制作所需的时间就越长，泥料的重量也越大，对轮盘旋转产生的阻力也就越大，因而轮盘能够维持快速旋转的时间则越短；当再次搅动轮盘时必须从下往上重新提拉一遍，使器壁达到应有的高度和厚度。

初步成型的坯体称为毛坯，修整毛坯时轮盘应慢速旋转，这也被称为"快轮慢用"。如果转速太快，较软的胎壁就会"飞"掉，因为轮盘快速旋转所产生的离心力太大，会超出胎壁的承受能力。修整毛坯的动作称为"修坯"，所用工具为薄木板，也有用薄铁板制成的，称为"削板"。这时左手放在器壁内侧，右手执削板，放在器壁外侧，从下往上逐渐刮掉拉坯指印和多余的泥料。较厚的地方用力大一些，多刮掉一些，较薄的地方则少刮掉一些，用力大小全凭手感和经验，口沿可以用手指修正，也可以用削板修正，经过修整，胎壁变薄，腹部向外鼓出，口部浑圆。

至此，再用一块沾水的布搭在口沿上，边旋转边将口沿抹平，再将整个坯体外面抹平，也可以用湿手抹平，用湿布或湿手抹之后，器表留下细密的轮旋痕，修整完毕的坯体称为"成坯"。

（2）削板：也称银板，拉坯修坯时的专用工具，早期是木制，两端呈羊角状，故也称角板，现今用铁片做成。马口窑大多拉坯成型，因此拉坯整形时多用此工具。

削板1件，编号为征集标本8，铁质，由一薄铁片制成。长8.1厘米，宽8.3厘米，厚0.1厘米［见图2-6（2）］。

（3）割丝：即一根细铁丝，用于切割泥料等，长约40厘米，两端各绑一小木棍。

（4）陶拍：也称"抵手"，由泥土烧制而成，是用于安装器物附件和压印花纹时的专用工具，安装附件时，一只手执陶拍于器内，顶住器内壁，另一只手将所需附件安装上去；压印花纹时亦是这样，一只手执拍顶住器内壁，另一只手将印模上的花纹压到器物上去。

陶拍，共3件。用于整修器坯和装饰附件时起衬底作用的抵手，呈菌状，握手作菇状，较粗糙。根据拍面形状不同可分为2型。

A型Ⅰ式1件，编号为征集标本7，泥质红陶，手轮兼制。椭圆形，菇状柄，顶弧形，近半圆，拍面外鼓，拍面有不规则状坑，背面书"喻志雄"三字。通高8厘米、长17.1厘米、宽11厘米、柄径8.1厘米［见图2-6（4）］。

A型Ⅱ式1件，编号为征集标本5，泥质红陶，手轮兼制。椭圆形，柄近菇状，略残，顶略呈弧形，拍面外鼓并有三角形凹坑。通高5.7厘米、长11.6厘米、宽6.8厘米、柄径5.5厘米［见图2-6（3）］。

B型1件。编号为征集标本6，泥质红陶，手轮兼制。菇状柄，顶弧形，近半圆，拍面外鼓成圆形球面，球面有不规则状坑，背面书"家珍记"三字。通高9厘米、面径13.8厘米、柄径7.5厘米［见图2-6（5）］。

（5）棒槌：木制，是制作大件陶器和安装附件时的工具，如装配器耳等，将搓好的泥条用棒槌平拍做成需要的形状，安装到器上，制作时用陶拍顶在器内，用棒槌在外拍打结实并使之定型。

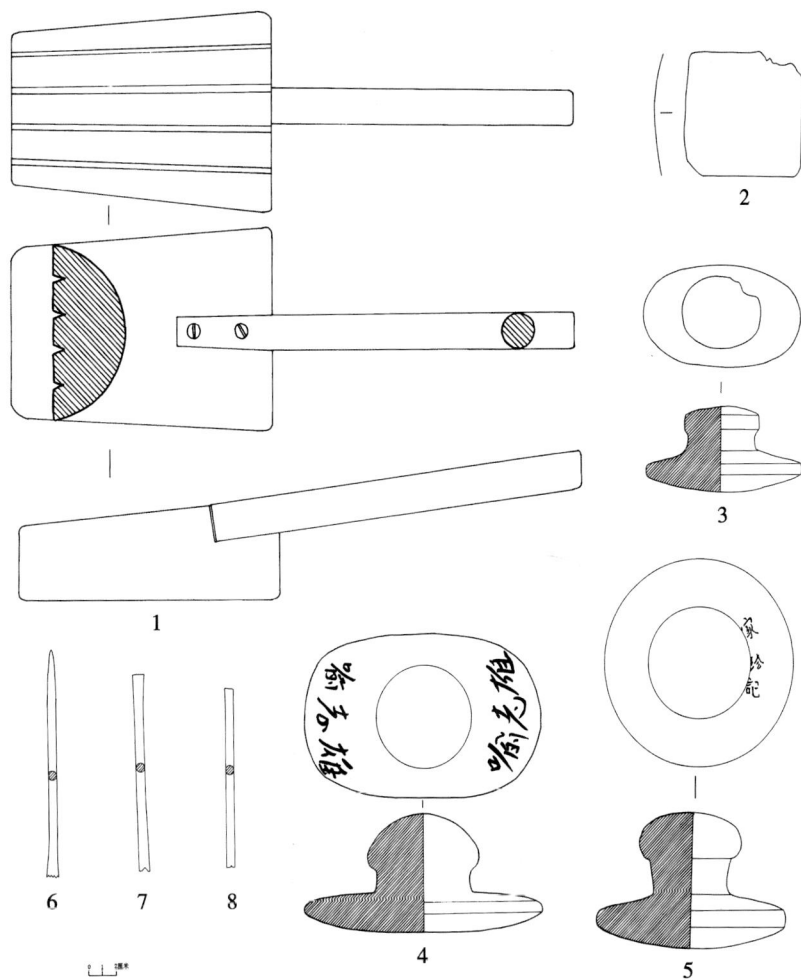

1. 棒槌(征9)　2. 削板(征8)　3. 陶拍A型Ⅱ式(征5)　4. 陶拍A型Ⅰ式(征7)
5. 陶拍B型(征6)　6. 铅笔A型(征1)　7. 铅笔B型Ⅰ式(征2)　8. 铅笔B型Ⅱ式(征3)

图 2-6

　　棒槌1件，编号为征集标本9，松木制作，平面呈梯形，截面呈半圆形，面上有4道纵向三角凹槽，柄为圆木，拍与柄以螺钉连接。通长21厘米、宽13.4~10.2厘米、厚4.4~6.4厘米[见图2-6(1)]。

(6)刻刀：也称"铁笔"，铁制，常用的有三支，是用来刻花、刮花的专用工具。

　　刻刀3件，铁质，由圆形熟铁锻打并经磨制而成，可分为2型。
　　A型1件，编号征集标本1，柄为圆形，一端打磨成尖锥状，另一端打磨成锯齿状。通长15厘米、径0.6厘米、齿宽0.9厘米[见图2-6(6)]。
　　B型2件，编号有：征集标本2，柄为圆形，一端打磨成扁状，另一端打磨成"凹"形。通长13.2厘米、径0.6厘米、刀口宽0.8厘米、齿宽0.8厘米[见图2-6(7)]。征集标本3，柄为圆形，一端打磨成扁状，另一端打磨成"凹"形。通长11.9厘米、径0.6厘米、刀口宽0.7厘米、齿宽0.6厘米[见图2-6(8)]。

（7）顶子：又称"轴顶碗"，1件，编号为采3，泥质红陶，手制。平顶，多边形，轴呈外大内小的凹形，内壁光滑，素面。通高5.4厘米、顶径6.5厘米、底径7.4厘米、内径6.2厘米、深3.2厘米。

（8）脚子：又称"荡箍"，1件，泥质红陶，轮制。圆形，外壁平，内面略凸，素面。通高3.3厘米、外径12.3厘米、内径8.6厘米。

2. 窑具

窑具包括脚钵、脚坛、奎子、牙垫、砂垫、猫果子、支钉、支圈、眼砣子、铁钩等。

脚钵：套烧和叠烧时的专用窑具。为了最大限度地利用窑体空间，装坯时在器物下面用脚钵隔开，分别码装多层进行叠烧，小器套装在大器中，脚钵周边和底部留有进火孔，可以使坯体充分焙烧。

B型Ⅱ式1件，编号为采41，泥质红陶，轮制。敛口，尖唇，平沿，直腹，假圈足外凸，平底，底中部有一圆形小孔，素面。通高6.3厘米，口径18厘米，底径16.8厘米，孔径外1.2厘米，内径1.4厘米。

C型　1件，编号为采8，泥质红陶，轮制，敛口，圆唇，沿面外斜，折肩，腹内收，假圈足，平底，底中部有一圆形小孔，素面。通高16.5厘米，口径19.2厘米，底径17厘米，孔径1.2厘米。

脚坛：是叠烧时的专用窑具，功用同脚钵。

A型　1件，编号为采5，泥质红陶，轮制。直口，平沿，圆唇，斜肩，下腹内收，平底，腹饰三对称圆孔，素面。通高11.6厘米，口径25.8厘米，底径30.6厘米，孔径1厘米。

B型Ⅱ式1件，编号为采6，泥质红陶，轮制。敛口，沿面内斜，溜肩，鼓腹，平底内凹，近底部四个对称圆形孔，底部正中一圆形孔，素面。通高10.7厘米，口径12.7厘米，腹径25.3厘米，底径21.6厘米，孔径1.8厘米。

奎子：烧制管状器的专用窑具，圆盘形，底部正中一个圆形小孔。烧造管状器时将奎子盖于管状器之上，可以防止柴灰飘落进管内。

奎子　2件　皆为盘形，按口的不同可分为2型。

A型　1件，编号为采10，泥质红陶，轮制。敞口，平沿，圆唇，唇面下垂，斜腹内弧，平底内凹，底中部一圆形孔。素面。通高4.2厘米，口径28.6厘米，底径16.2厘米，孔径1.8厘米。

B型　1件，编号为采9，泥质红陶，轮制。撇口，平沿，厚圆唇，斜腹内弧，平底内凹，腹饰三对称圆形孔。素面。通高3.8厘米，口径43厘米，底径31.8厘米，孔径0.8厘米。

第三章　马口窑址群考古发掘报告

一、考古发掘经过

马口窑是历经数百年的民间窑址群，清同治年间出版的《汉川图记徵实》云"其法得自前明隆庆间，有应山老人来镇授之，惜未记其姓字，历经三百有年"，至今当有 450 余年了；马口窑烧造了数不清的陶器制品，与当地百姓的生活息息相关，它的生产、制作、装饰等已经成为一种文化符号，深深地印刻在众多关注者的心灵深处。可事实上，又因为它的极其普通，在"马口窑址群"被公布为第五批湖北省重点文物保护单位名单前，属地汉川市的文物点名册上甚至没有它的名字存在，亦可见其地位。

转机也许来得太是时候，是偶然也是必然，一串串眼花缭乱般的事件，促成并帮助人们渐渐地揭开了这并不神秘的面纱，对马口窑址群的考古发掘是其中之一的事件。黄家窑的考古发掘为人们深入认识马口窑址群打开了一扇小小的窗口，下面将黄家窑考古发掘情况报告如下。

(一) 黄家窑的地理位置

黄家窑属"马口窑址群"的组成部分，黄家窑窑址位于汉川市马口镇窑新村黄家窑湾北部的一个小山岗上，窑址南部紧邻黄家窑湾。此地东临桐木湖，西北距马口镇直线距离约 2000 米，西南距辛家窑约 50 米，西部和西北部 100 米处为竹林湾。整个窑址处在一片中部略高、四周稍低的不规则形低矮丘陵土岗上，土岗为自然形成后经人工堆积而成，地势上显现出北高南低的态势，窑址正上方及其东南部，于 20 世纪 60 年代修建有一条灌溉水渠，将窑址拦腰斩断，除顶部堆积保存尚可外，窑址大部遭到不同程度的破坏，土岗上长满树木、荆棘与杂草。汉宜高速铁路(铁路桩号 DK41+600 米)由东向西从窑址南部穿过(见图 3-1)。

(二) 发掘时间及参加工作人员

为配合汉宜高速铁路工程建设，并报经国家文物局批准，由湖北省文物考古研究所、孝感市博物馆、汉川市博物馆组织专业技术人员组成联合考古队，于 2008 年 4—6 月，对黄家窑窑址进行了为期两个月的科学发掘，发掘面积 600 平方米，共清理龙窑遗迹四座，出土了大量文物标本，获得了一批有价值的实物资料。

工作期间，湖北省文物局文物处、湖北省文物考古研究所、孝感市博物馆、汉川市委宣传部、汉川市文化局、汉川市博物馆的相关领导曾多次莅临发掘工地，对考古发掘工作给予了具体指导、关心与帮助，保证了田野考古发掘工作及相关资料收集工作的顺利实施。

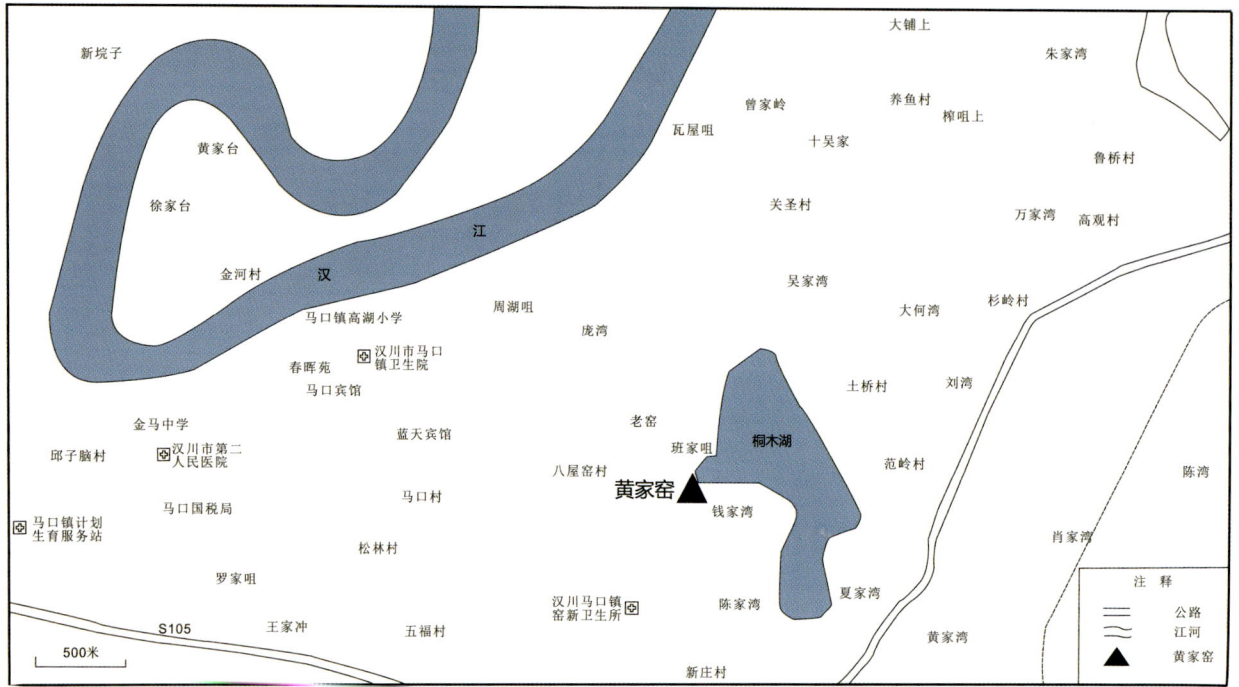

图 3-1 黄家窑地理位置图

(三) 工作方法

黄家窑窑址所在的地势呈西北高东南低的长条斜坡状，在进行地面调查时已初步判断出废弃龙窑的大致范围与走向，依据窑址的大致分布范围及走向，采用了连续探方法进行布方发掘的工作方案，从岗顶高处的窑尾起至低处的窑头位置，共布 10×10 米探方 6 个，自北向南顺序编号，分别为 T1 ~T6，布方面积 600 平方米 (见图 3-2)，根据田野考古工作规程要求，东北各留 1 米宽隔梁，待各探方清理完地表

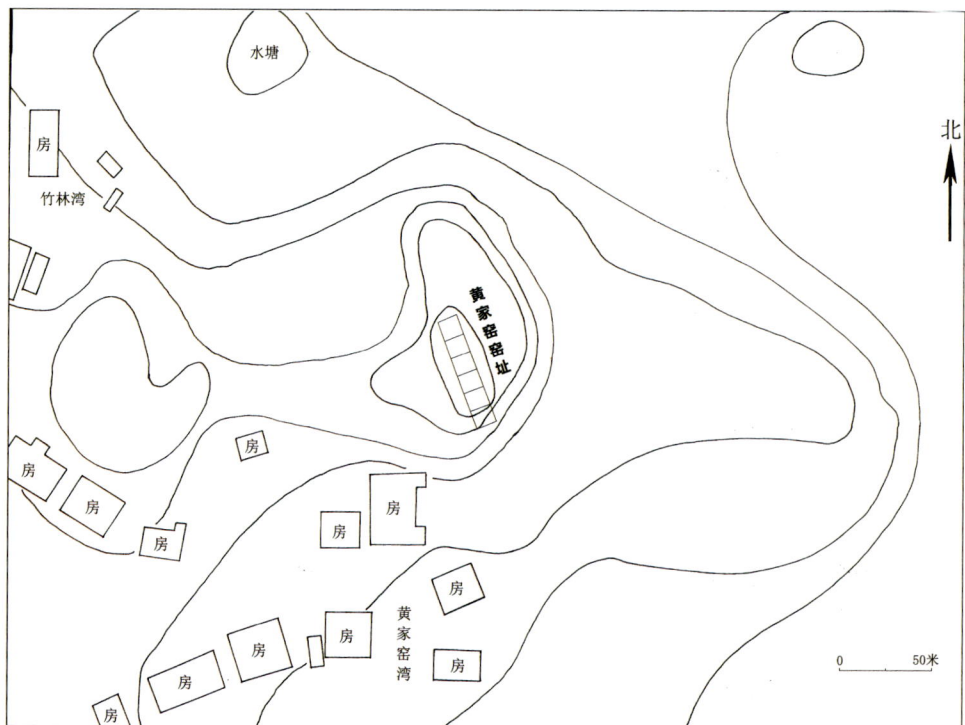

图 3-2 黄家窑发掘探方位置图

层与文化层，揭露至窑床堆积时，打掉了每相邻两探方之间的隔梁，实际发掘面积540平方米。北部最高处地层堆积较薄，当发掘深至距地表0.30米时，部分地方见到窑墙残迹，由于灌溉水渠紧邻窑址西侧，当年修筑水渠时将高处的堆积堆放在窑床身上，再夯筑渠道，导致中部及偏南处的次生堆积过厚，又因修建抽水机站与挖水渠，致使窑头部分彻底损毁。这样，窑址中间部位就成为工作量最大但遗迹保存较好的地方。

在发掘过程中，发现窑内堆积均系龙窑废弃后形成，留存窑底的器物应该是属于该窑的最后产品，对该窑址的废弃年代有重要的断代意义。

二、发掘成果

黄家窑为一处长条形龙窑，它充分利用了自然地形后在经过了历次筑窑—废弃—再筑窑—再废弃的反复堆积并累积形成的小山岗上建造而成。该处岗地地势西北高东南低，黄家窑正是利用了岗地的地形和坡度等建造起来的，窑床走向为东南至西北，西北高处为窑尾所在，东南低处为窑头，整体方向为142°。依据发掘情况，可将窑址分为四期，四期窑址的编号为Y1~Y4，最早的编号为Y4，其他编号依次为Y3、Y2和Y1(见图3-3)。

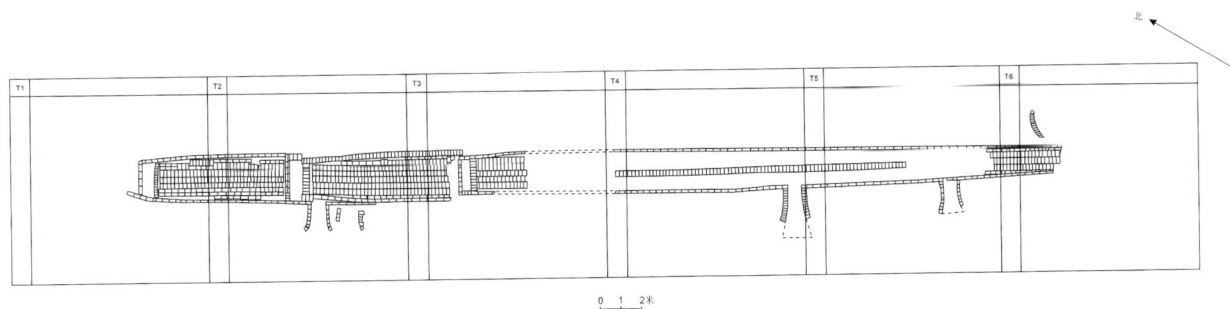

图3-3 黄家窑遗址发掘探方与遗迹关系图

(一)地层堆积

整个黄家窑窑址的堆积不厚，地层关系比较简单，6个探方中仅见到每一次建窑的残留遗迹和每一次龙窑废弃后的少许堆积层(见图3-4)。由于20世纪60年代修渠挖土时将T3中部第②层和第③层完全破坏，因此，只在T5的东北部残留有第②层和第③层，下面选取T3探方的北壁剖面为例加以说明。

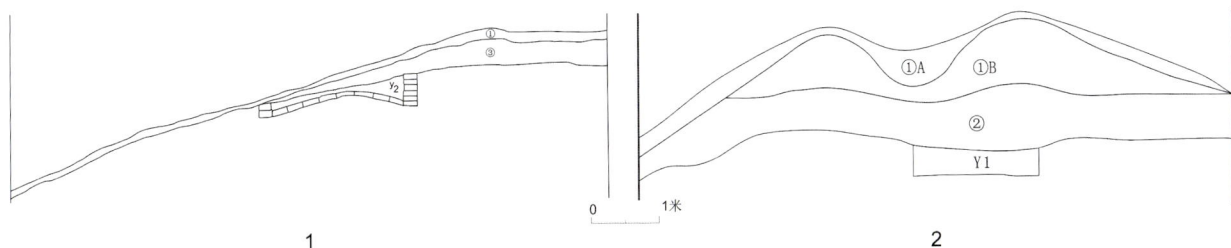

图3-4 黄家窑遗址T3、T5北壁剖面图

T3 位于窑址的中部偏北，也是现存地形落差最大的地方，由于第②层被完全破坏，第①层直接叠压在第③层和 Y1 上，第③层仅分布于 T3 北部，③层下叠压 Y2，Y2 在该探方内又被 Y1 打破，T3 北壁剖面显示的地层关系如下：

第①层：分布于全方，厚 5~15 厘米。现代堆积层，土色为褐色，土质较松软，内夹有植物根茎和陶片等。①层下叠压 Y1，Y1 打破 Y2 窑室，与 Y2 为同一个方向修筑。

第③层：此层后期被严重破坏，仅分布于探方北部，深 5~15 厘米，厚 0~40 厘米，为窑废弃后的堆积，土色为黄色，土质较硬，内夹大量瓦片和少量红烧土块，此层采集标本有罐、坛、缸、烛台和灯台等。③层下叠压 Y2。

T5 位于窑址的南部，地层堆积保存相对较好，其北壁剖面显示的地层关系为 3 层。

第①层：现代堆积层，分为①A、①B2 个小层。

①A 层：表土层，厚 5~50 厘米。现代堆积，土色为褐色，土质较松软，内夹大量植物根茎，土层中夹杂着较多的陶片和少量瓷片。

①B 层：现代堆积，深 5~50 厘米，厚 0~95 厘米，由于受水的长期浸泡，有的变为褐灰色土，有的为褐色，无明显的分界线。内夹杂少量的釉陶片和少量陶片。

第②层：分布于全方，深 5~100 厘米，厚 0~95 厘米，为窑废弃后的堆积，土色黄褐色，土质较硬，内夹大量瓦片和少量红烧土块。此层采集标本有罐、坛、缸、钵和窑具脚坛、脚钵、牙垫、砂垫、猫果子等。②层下叠压 Y1 和第③层。

第③层：此层后期被破坏，主要分布于探方东部，北壁不见。深 15~90 厘米，厚 0~50 厘米，为窑废弃后的堆积，土色为黄色，土质较硬，内无包含物。③层以下为黄夹灰白色生土。

(二) 窑址分期与形制结构

地层堆积表明，黄家窑窑址先后有过四次修筑，每一次建窑都是利用前一期窑址的地形地势重新修筑。叠压在最上层的龙窑按发现的先后次序编号为 Y1，往下依次发现的龙窑分别编号为 Y2、Y3 和 Y4，四条龙窑几乎完全重叠建筑在这个范围不大的小土岗上，前后 4 个不同时期的龙窑略有位移，叠压关系十分清楚，为马口窑的年代分期提供了重要的层位依据。

Y1 在最上层，对比其他 3 条龙窑来说，窑身保存相对完整，只是修水渠时将窑头破坏；Y1 直接建筑在 Y2 上面，利用了 Y2 的地形地势，仅仅是作了重新修筑。

Y2 被 Y1 打破，窑头和窑室大部不存，仅残留有窑室尾部的部分窑室和窑尾的排烟室。

Y2 打破 Y3 大部，并利用了 Y3 的部分窑墙，筑成 Y2 的排烟室。

Y3 被 Y2 打破，包括尾部和排烟室在内的大部仍然可见，窑室部分被 Y2 利用，并打破 Y4。

Y4 被 Y3 及后期窑室打破，损坏严重，除残留有一个窑门外，其余不见踪迹。

根据地层及四条龙窑间的叠压打破关系，可将其由早到晚分为四期。第一期也就是 Y4 的年代最早，第二期为 Y3，第三期为 Y2，第四期为 Y1(见图 3-5)。

根据发掘地层与堆积情况，将窑址分为四期，按年代从早到晚的顺序分别介绍如下：

1. 第一期窑址(编号 Y4)

Y4 被 Y3 及以后的多次建窑完全破坏，仅在 Y3 尾部西侧见到残存的一个窑门遗迹。整个窑身皆遭

马口窑——汉川马口窑址群考古工作报告

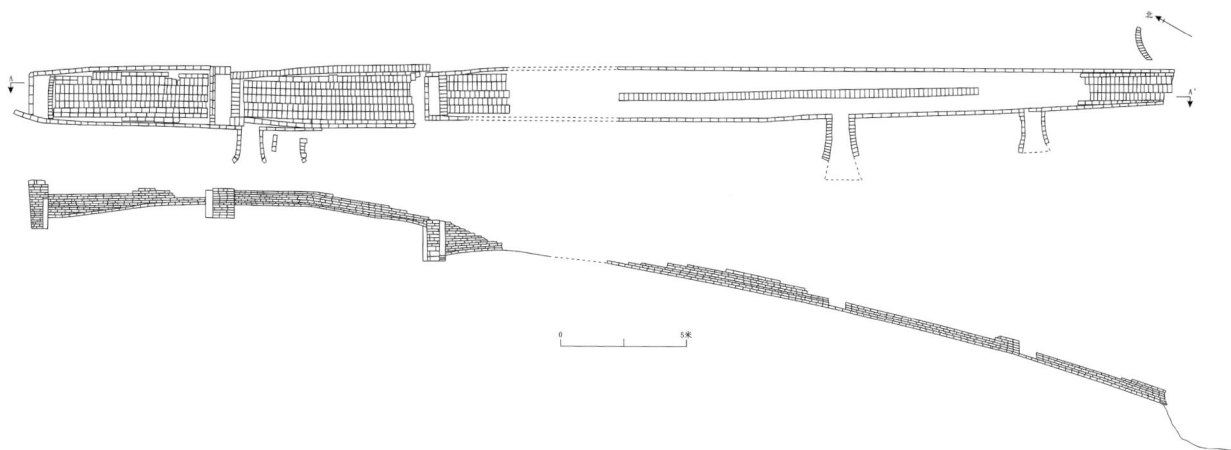

图 3-5　Y1、Y2、Y3、Y4 打破叠压关系平面图

损毁，没有见到其他部位，推测存在一条早期龙窑遗迹。

　　Y4 窑门：分布在 T2 内，具体位置在距北壁 5.5 米，距东壁 5.6 米，距南壁 2.15 米，距西壁 2.4 米。层位属于 T2③层下，东距 Y3 西墙 0.20 米，由此推测其属于 Y4 西侧窑尾处的一个窑门；窑门结构为砖砌，砌法为用长条青砖单砖错缝平砌，残存平面形状呈八字形，东部内宽 0.85 米，西部宽 0.90 米，残长 1 米，残高 0～0.15 米。门内已填满黄土，未发现残存器物。长条砖长 0.30 米，宽 0.17 米，厚 0.10 米(见图 3-6)。

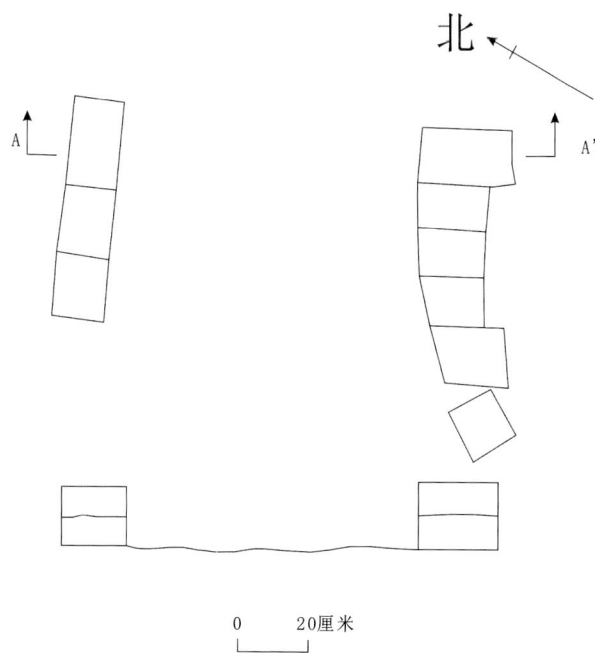

图 3-6　Y4 平面剖视图

　　2. 第二期窑址(编号 Y3)

　　Y3 充分利用了前期窑床的地形，依势修建了北高南低的龙窑。Y3 窑床又被 Y2 及以后建窑破坏，仅留存窑室后半部分和窑尾部分，近窑尾处西部残留有一个窑门遗迹。窑门分布于 T1 和 T2 内，窑尾位于 T1 中，北距探方北壁 5 米，距东壁 2.9 米，距西壁 2.3 米，向南延伸至 T2 内。层位属于③层下，窑

体残长 12.5 米，宽 2.45 米，残高 0.25~1.90 米。

Y3 窑室：又称"窑床"，位于火膛和出烟室之间，是放置产品坯件的部位，平面呈斜坡式长条形，窑顶已全部倒塌，窑壁也有不同程度的坍塌，残长 11 米，残高 0.90 米。其砌法是用土坯砖单砖错缝平砌而成。砖长 0.30 米，宽 0.20 米，厚 0.10 米。窑室北低南高，倾斜度为 10°，两端稍窄，窑室内壁南部宽 2.10 米、北部宽 1.75 米，南部已遭破坏，窑内壁布满窑汗，窑底满铺地砖，室内发现较多的器物残片，窑室底部发现有牙垫和脚钵。

Y3 窑门：位于窑室西部，即窑室左侧，残存一个窑门，可能与窑场布局及所处地势相关，因其右面为低地乃至湖面，或许与桐木湖的存在有些关联；而左侧则是一片高敞的平地，利于产品进出。窑门平面呈八字形，用长条青砖单砖错缝平砌而成，东部宽 0.75 米，西部宽 1.20 米，残长 1.50 米，残高 0.45 米。

Y3 出烟室：位于窑室尾部，上部已破坏，平面呈扁长方形，分别由挡火墙、烟火柱、烟火弄、后壁构成。进深 0.60 米，宽 1.70 米，残高 1.90 米。出烟室底部低于窑室底 0.50 米（见图 3-7）。

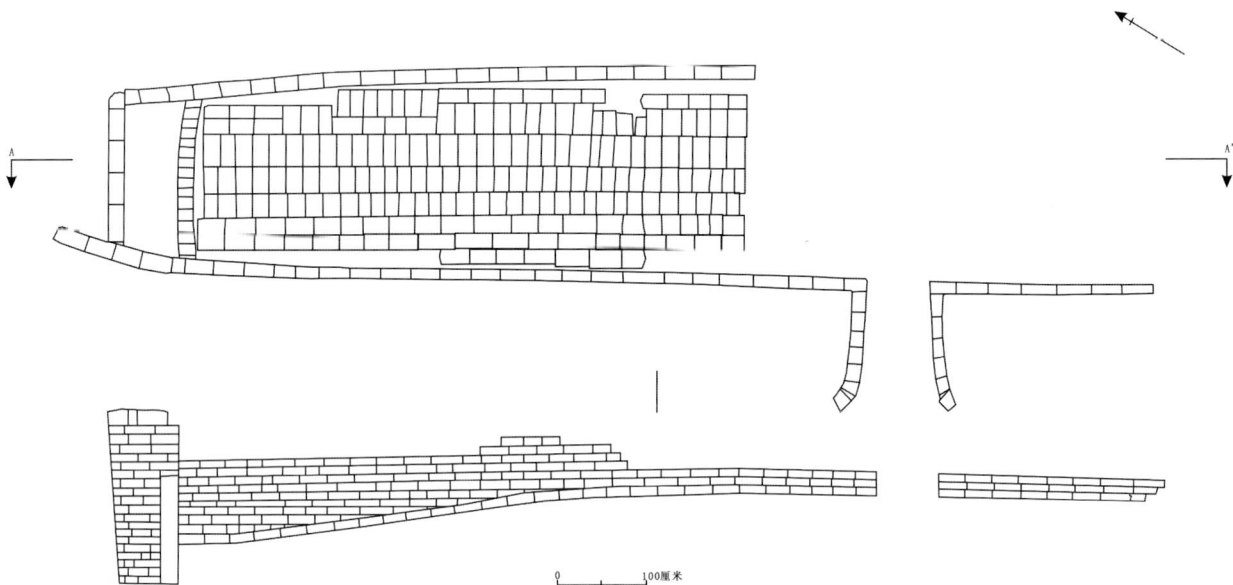

图 3-7　Y3 平面剖视图

3. 第三期窑址（编号 Y2）

Y2 充分利用了此前多期窑床在此修筑的地形地貌，依地势修建了仍然为北高南低的龙窑。Y2 被 Y1 破坏，仅残留窑室后半部分和窑尾部分。全部残存遗迹分布于 T2 和 T3 内，Y2 窑尾位于 T2 内并向南延伸到 T3 内。层位在③层下，残长 8.85 米，宽 2.40 米，残高 0.25~1.60 米。

Y2 窑室：位于火膛和出烟室之间，平面呈斜坡式长条形，窑顶全部倒塌，窑壁也有不同程度的坍塌，残长 7.70 米，残高 0.70 米。其砖筑方法是土坯砖单砖错缝平砌而成，砖长 30~34 厘米、宽 20 厘米、厚 10 厘米，窑室北高南低，坡度为 10°，两端稍窄，窑室内壁南部宽 2.05 米，北部宽 1.50 米。壁上有窑汗，窑床内布满铺地砖。窑内发现有器物残片，窑底发现有牙垫和脚钵。

Y2 出烟室：位于窑室尾端。上部已破坏，平面呈长方形，分别由挡火墙、烟火柱、烟火弄、后壁构成。进深 0.60 米，宽 1.95 米，残高 1.10 米，出烟室底部低于窑室底 0.50 米（见图 3-8）。

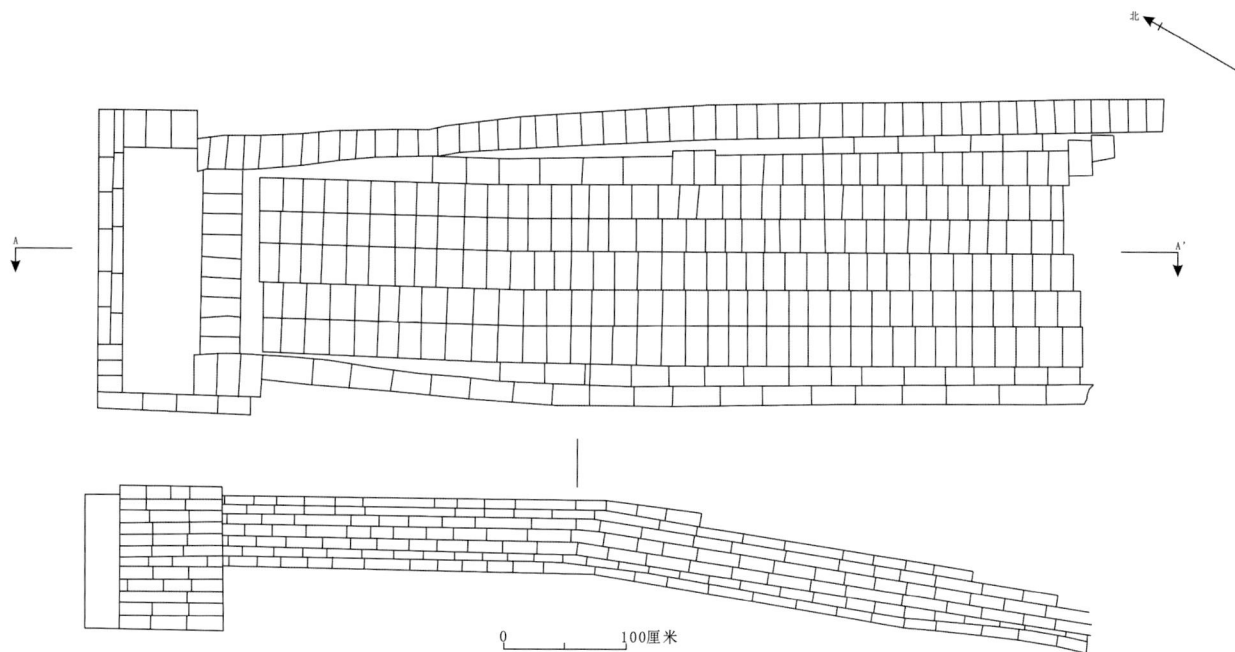

图 3-8　Y2 平面剖视图

4. 第四期窑址(编号 Y1)

Y1 是发掘时尚能看出整体形制结构的龙窑,依然是完全叠压在以前各期窑址上及利用 Y2 就地建筑,呈北高南低状,与前期龙窑的走向无异;窑头的火膛部位被 20 世纪 60 年代修筑灌溉水渠时损毁,窑顶及投柴孔等设施亦被破坏无存、窑壁、窑尾烟道、排烟孔等保存较好,烟囱上半部分被破坏,窑头部位残存一段挡土墙。

位置在 T3~T6 内,Y1 北部窑尾位于 T3 向南部穿过 T4、T5 延伸至 T6 内;窑头东部残。层位若在 T3、T4、T5,属第①层下;在 T6 则属②层下。

Y1 全部窑体残长约 30.5 米,两端稍窄,中部略宽,窑室头部内宽 1.2 米,中部宽 1.85 米,尾宽 1.5 米,窑墙残高 0.10~1.6 米。

Y1 由窑前工作室、火膛、窑室、出烟室 4 个部分组成,窑前工作室位于火膛前面,系烧造产品时的操作平台,现仅存一块较平整的地面,其高度与龙窑火膛底面基本一致,从该平地遗留的堆积观之,原窑前工作室的两侧应有人工修筑的护坡。

Y1 火膛:又称"燃烧室",位于窑室前端,有添加燃料烧柴、点火以及送风的功用,由于完全损毁,结构不清。

Y1 挡土墙:位于火膛和窑室之间,可防止上部物体落下,只在东南部残留有挡土墙,长约 1.50 米,宽 0.20 米,高 0.50 米。

Y1 窑室:斜坡式长条形,由窑顶、投柴孔、窑壁、窑门、窑底等组成。窑顶已全部倒塌,清理时发现有窑顶砖的构筑方法是采用土坯砖单砖错缝平砌,土坯砖长 0.30~0.34 厘米,宽 0.20 厘米,厚 0.10 厘米,上部再用楔形砖砌,并逐渐内收,形成略平缓的券顶。券顶已荡然无存,在窑内堆积中发现有作券顶所用的楔形砖,楔形砖长 0.30~0.34 厘米,上厚 0.10 厘米,下厚 0.07 厘米,宽 0.20 厘米。投柴孔随着窑顶的塌落而坍塌不见,清理时发现 2 块大小不等的眼砣子残骸,长 0.25 米,宽 0.14 米,高 0.05 米,可帮助判断出投柴孔形状应为椭圆形,窑壁出现不同程度的坍塌,残高 0.50~1.60 米,整个 Y1 窑室残长 29.40 米，窑室坡度 15°。

　　Y1 窑室靠近烟囱处呈反向斜坡状，南高北低，坡度 10°，两端稍窄，中部略宽。窑室内壁南端残宽 1.2 米，中部宽 1.85 米，尾部宽 1.5 米。内壁布满窑汗，窑室后段布满铺地砖；窑室中段只在室内中间砌有一排通道式地砖，砖上布满烧结面，其余地方铺有一层厚约 0.15 米的细砂层，细砂层由细砂夹杂少量碎陶片组成，窑底横切面呈中间高、两边低的弧形；在窑头至窑尾前段，在砖的内壁涂抹一层泥料，这种做法显然是为提高窑内保温程度和延长使用寿命。在长期的烧造过程中，这些黏土已呈黑色并变得坚硬。窑室底部发现有牙垫和脚钵。

　　Y1 窑室西壁共有 3 个窑门，靠窑尾处的一个门已被破坏，现存窑门 2 个。由窑头开始至窑尾分别编号为 1 号窑门和 2 号窑门，两个窑门均位于窑室左侧。2 号窑门距窑尾 15.8 米，窑门间距 6.8 米。窑门均已残，其底部存留高 0.10 米、用青砖错缝平砌的门槛。清理结果表明，烧窑时各门均用砖或废坛、钵类器封堵，现窑门下部仍有残留，两侧留有砖砌筑的护墙。

　　Y1 一号窑门：用青砖单砖错缝平砌，平面呈八字形，东宽 0.70 米，西宽 0.90 米，残长 1.60 米，残高 0.25~1.1 米。窑门处残存有一层封门砖，残高 0.5 米，由单砖错缝平砌而成。

　　Y1 二号窑门：用青砖错缝平砌而成，平面呈八字形，东宽 0.70 米，西宽 0.86 米，残长 1.10 米，残高 0.35 米。

　　Y1 出烟室：位于窑室尾端，起调节火焰流速和排烟作用，上部已被破坏，平面呈扁长方形，分别由挡火墙、烟柱、烟火弄、后壁等构成。进深 0.05 米，宽 1.50 米，残高 1.60 米。烟室底部低于窑室底部 0.25 米，出土有陶罐残片等(见图 3-9)。

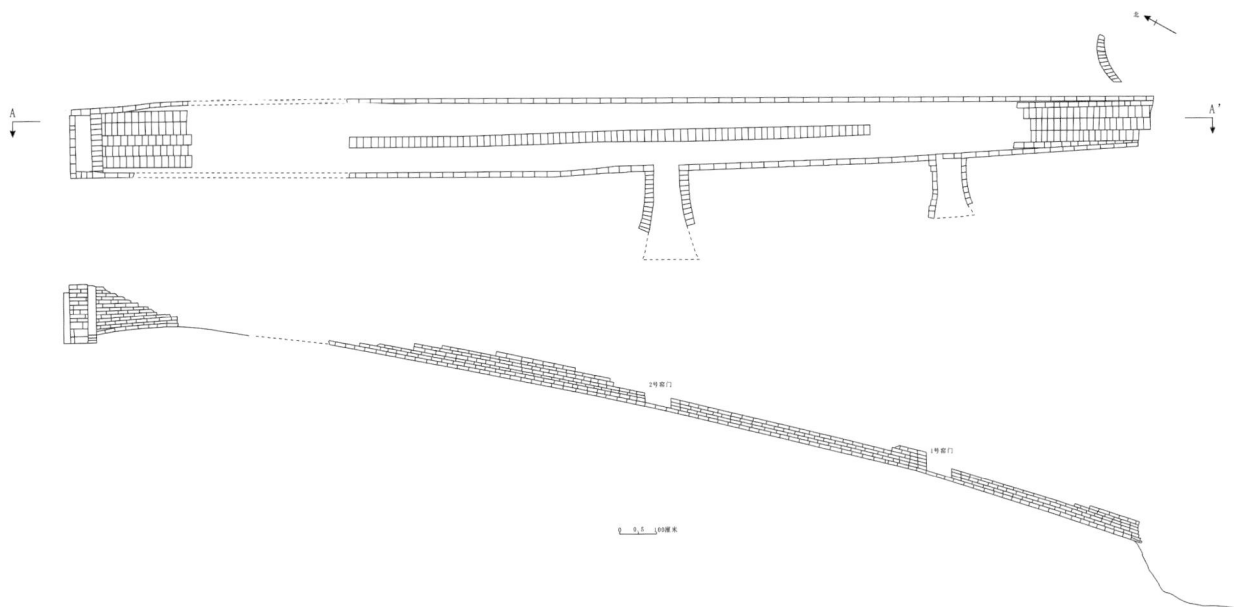

图 3-9　Y1 平面剖视图

（三）出土遗物

　　考古发掘在探方内出土窑具及生活用器残件数十件，考虑到其中的关联因素，另外选取了虽没有准确出土位置，但仍可确定为窑具且为就近采集的标本一并统计，由于征集与采集标本在第二章已进行了介绍，本章仅介绍考古发掘品。

马口窑——汉川马口窑址群考古工作报告

1. 窑具

脚钵：一般是套烧和叠烧时的专用窑具，用于最大限度地利用窑体空间。器物下面用脚钵隔开，可以装多层叠烧，还可以大器套小器。周边和底部为进火孔，可以使器内充分焙烧。

脚钵，4件，按口的不同分为3型。

A型　1件，脚钵、牙垫粘为一体，各1件，T5②：12。脚钵，泥质红陶。轮制。脚钵敛口，沿面内斜，双唇，腹微鼓，下腹内收，假圈足，腹部留有一圆形孔，素面。高13厘米，宽18.4厘米，孔径1厘米。脚钵底部粘一牙垫，泥质红陶，手制，呈楔形。牙垫高5.8厘米，宽8.4厘米，长9.2厘米。脚钵、牙垫粘在一起通高15厘米[见图3-10(1)]。

B型Ⅰ式　1件，脚钵，牙垫，窑底壳粘为一体，各1件，T5②：14。脚钵，泥质红陶。轮制。敛口沿面外斜，腹内弧，平底。钵体四周有4个对称圆形孔，底部正中一圆孔。钵高5.8厘米，口径16.5厘米，底径14.1厘米，孔径0.6厘米。底上粘一牙垫，泥质红陶，手制，呈楔形。牙垫高5厘米，宽7厘米，长8.7厘米。牙垫下粘有窑底壳，泥质红陶，窑壳高3.5厘米，宽4.5厘米，长7厘米，通高11厘米[见图3-10(2)]。

脚坛：是叠烧时的专用窑具，用于最大限度地利用窑体空间。器物下面用脚坛隔开，可以装多层叠烧。周边和底部为进火孔，可以使器内充分焙烧。

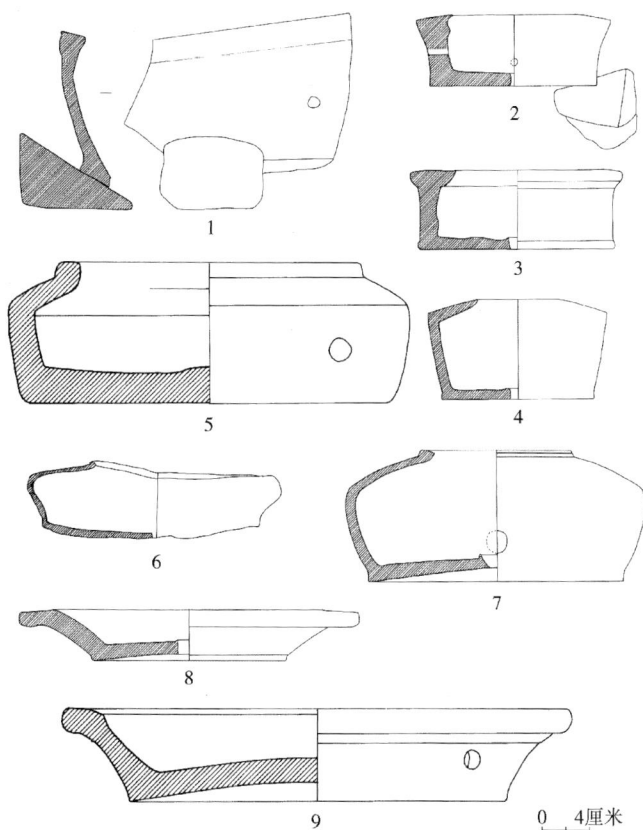

1. 脚钵A型(T5②：12)　2. 脚钵B型Ⅰ式(T5②：14)　3. 脚钵B型Ⅱ式(采41)　4. 脚钵C型(采8)　5. 坛A型(采5)
6. 脚坛B型Ⅰ式(Y1：16)　7. 脚坛B型Ⅱ式(采6)　8. 奎子A型(采10)　9. 奎子B型(采9)

图 3-10

脚坛，3件，按口的不同分为2型。

B型I式　1件，Y1：16。泥质红陶，轮制，略变形，敛口，圆唇，广肩，鼓腹，下腹内收，圜底，底中心有一圆形孔。高6.3厘米，口径14.4厘米，腹径21.3厘米，底径18.2厘米，孔径0.6厘米。

牙垫：楔形，因形似楔形齿状而得名。由于龙窑是利用岗地的坡度而建，窑室内底为斜坡，脚坛和脚钵等窑具在内无法放平，为使陶坯置正而用此器具托垫，因此在窑底使用牙垫。

牙垫，4件，可分为3型。

A型1件，T2②：4。泥质红胎，手制，楔形，头为扁圆形，后为长方形，外为灰黑色。高3.6厘米，长6.2厘米，宽5.2厘米[见图3-11(1)]。

B型2件，T3②：1。泥质红陶，手制，头为扁圆形，后为长方形。高5厘米，长9.6厘米，宽8.6厘米[见图3-11(2)]。

C型1件，Y1：2。泥质红陶，手制，呈楔形。高6.8厘米，长8.8厘米，宽3.4～8.4厘米[见图3-11(3)]。

砂垫，2件，分为2型。扁平带状泥条，大小长短无固定规格和形状，顺手捏制而成，掰来使用。烧器物时在器与器之间垫隔，使其不互相粘连。

A型1件，Y1：17。泥质红陶，手制，平面呈舌形。高3.6厘米，长5.6厘米，厚1.1厘米[见图3-11(4)]。

B型1件，Y1：19。泥质红陶，手制，平面近方形。高3.9厘米，长4厘米，厚1.2厘米[见图3-11(5)]。

猫果子(泥条)，1件，Y1：18。泥质红陶，手制。猫果子无固定大小，都为圆柱形，顺手捏制而成，掰来使用。烧器物时在器物之间垫隔，使其不互相粘连。长7厘米，径1.6厘米[见图3-11(6)]。

支钉，2件，按形状的不同可分2型。

A型1件，Y1：23。泥质红陶，轮制，大部残，顶呈山字形。高6.3厘米，宽6.2厘米，厚1.6厘米[见图3-11(7)]。

B型1件，T5②：6。泥质红陶，手制，大部残，底座为圆环形，面呈山字形，齿状，无釉。残长13.1厘米，高4厘米，座径2厘米[见图3-11(8)]。

支烧垫圈1件，T4②：8。泥质红陶，轮制。圆环形，中空，呈喇叭状。高3厘米，口径10厘米，底径14.6厘米[见图3-11(9)]。

眼砣子，1件，Y1：1。泥质红陶，手制。平面呈椭圆形，底平，顶为弧形，中部有二小凹窝。腿砣子为投材孔的专用工具，背部两凹窝是专供取眼砣子工具用的。高4.9厘米，长24.8厘米，宽13.7厘米，孔深3.8厘米，高1.6厘米[见图3-11(10)]。

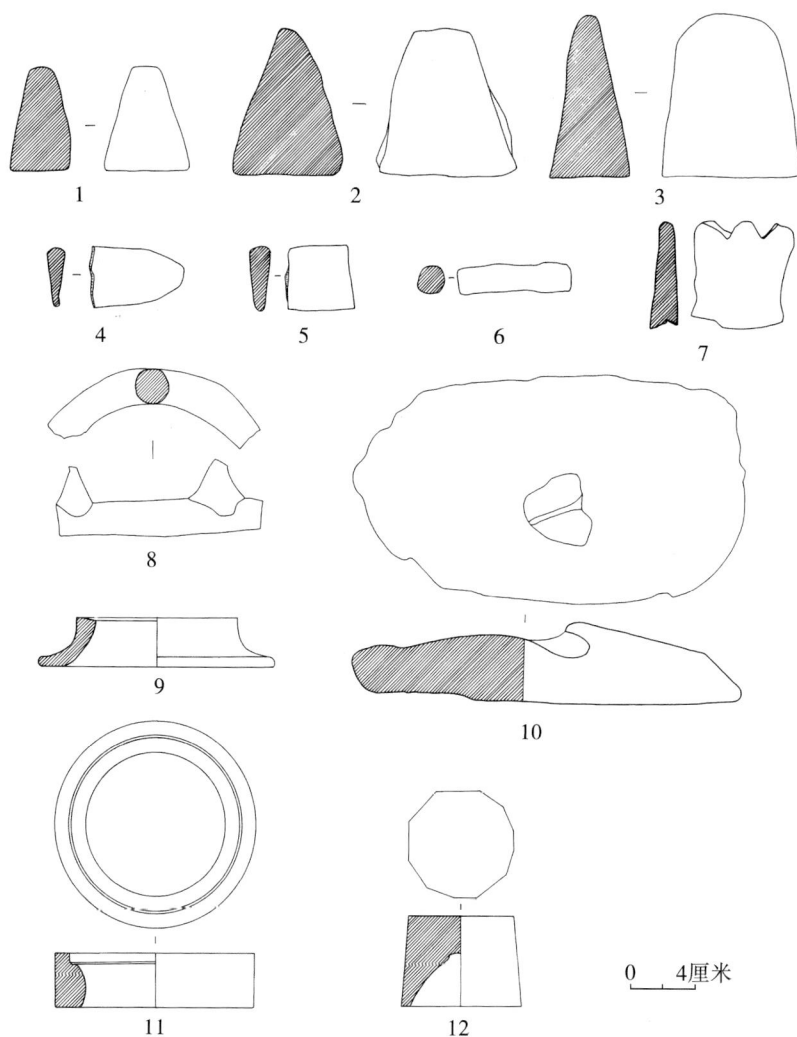

1. A 型牙垫（T2②：4）   2. B 型牙垫（T3②：1）   3. C 型牙垫（Y1：2）   4. A 型砂垫（Y1：17）
5. B 型砂垫（Y1：19）   6. 猫果子（Y1：18）   7. A 型支钉（Y1：23）   8. B 型支钉（T5②：6）
9. 支烧垫圈（T4②：8）   10. 眼砣子（Y1：1）   11. 脚子（采集 9）   12. 顶子（采集 3）

图 3-11

2. 生活用器

折肩罐，3 件，根据口的不同共分 2 型。

A 型 1 件，T5②：11。泥质红胎，手轮兼制。敛口，凹沿，尖唇，小束颈，折肩，斜直腹内收。施褐黄色釉；模印花纹，腹饰莲瓣纹，棱形纹和万字纹。残高 20 厘米，口径 18 厘米，肩径 31.5 厘米［见图 3-12(1)］。

B 型 2 件，T5②：3。泥质红胎，手轮兼制。敛口，平沿，双唇，束颈，折肩，腹微鼓，假圈足，平底内凹。圈足以上施褐黄色釉；花纹为模印，腹饰窗格和篦纹，棱形纹和万字纹。高 29 厘米，口径 20 厘米，肩径 32.4 厘米，底径 45 厘米［见图 3-12(2)］。T6②：10。泥质红胎，手轮兼制。口残，折肩，斜直腹。施鳝鱼黄釉；花纹为模印，腹饰方格纹，方格纹内饰云形纹。高 7.6 厘米，宽 7.4 厘米［见图 3-12(3)］。

圆肩罐，4件，根据口和肩的不同共分3型。

A型1件，Y1：14。泥质红胎，轮制。敛口，宽沿略内凹，尖唇，小直颈，溜肩，鼓腹。外施化妆土。残高13厘米，口径7.5厘米[见图3-12（4）]。

BⅠ型1件，Y1：20。泥质红胎，轮制。敛口，尖唇，沿面圆弧，短颈，溜肩，鼓腹。施鳝鱼黄釉，颈部饰一周凸棱纹，肩腹饰水划花草纹。残高8厘米，宽10.2厘米[见图3-12（5）]。

BⅡ型1件，T3②：2。泥质红胎，轮制。直口，圆唇，平沿，短颈，溜肩，鼓腹。施鳝鱼黄釉，颈部饰一周凸棱纹，肩腹饰水划花草鸟纹。残高10.4厘米，口径17.6厘米[见图3-12（6）]。

C型1件，Y3：13。泥质红胎，轮制。敛口，平沿，圆唇，束颈，溜肩，下腹及底部残。内外施鳝鱼黄釉，颈部饰一周凸棱纹。残高3.8厘米，口径18厘米[见图3-12（7）]。

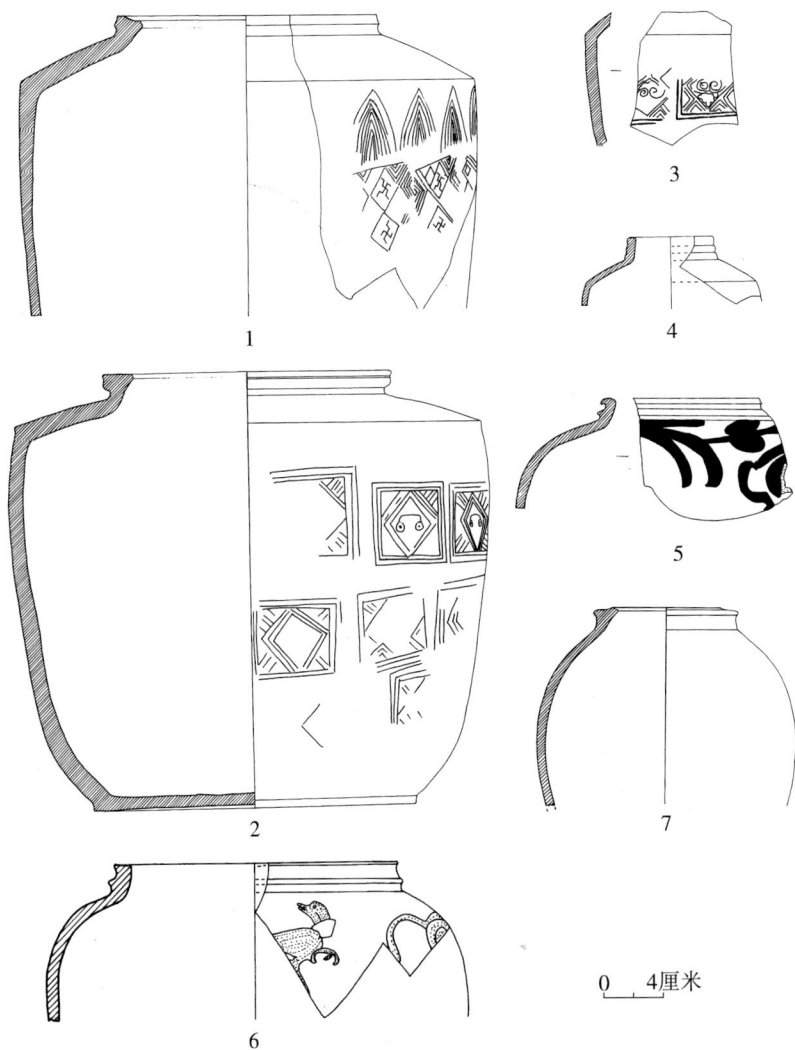

1. A型折肩罐（T5②：11）　2. B型折肩罐（T5②：3）　3. B型折肩罐（T6②：10）　4. A型圆肩罐（Y1：14）
5. BⅠ型圆肩罐（Y1：20）　6. BⅡ型圆肩罐（T3②：2）　7. C型圆肩罐（Y3：13）

图3-12

带系罐2件，根据口的不同共分2型。

A 型 1 件，Y1：15。泥质红胎，轮制。敞口，斜沿，尖唇，直领折肩，鼓腹，下腹残，肩部粘贴纵向牛鼻耳。施化妆土。残高 11.8 厘米，口径 8.6 厘米，腹径 14.9 厘米 [见图 3-13(1)]。

B 型 1 件，T6②：6。泥质红胎，轮制。口微敛，平沿，直颈，溜肩，鼓腹，肩附耳。施鳝鱼黄釉。肩饰二周凹弦纹，棱形纹和直线纹，腹饰刻划纹。残高 6.7 厘米，口径 12.4 厘米 [见图 3-13(2)]。

坛，4 件，根据口的不同共分 3 型。

A 型 1 件，T6②：2。泥质红胎。轮制。敞口，凹沿，尖唇，短颈，广肩，直腹微鼓，下腹以下残。施鳝鱼黄釉。肩腹饰竖篦纹。残高 7.1 厘米，口径 8.8 厘米，最大径 16 厘米 [见图 3-13(3)]。

B 型 1 件，Y1：5。泥质红胎。轮制。直口，平沿，双唇，短直颈，溜肩，斜弧腹，微鼓，下部残。施鳝鱼黄釉，唇、肩饰刻划凹弦纹，肩、腹饰刻划纹。残高 7.2 厘米，口径 10.8 厘米 [见图 3-13(4)]。

C 型 1 件，T4②：5。泥质红胎，轮制。敛口，平沿，颈略束，溜肩，鼓腹。施鳝黄色釉。肩以下饰刻划"人字纹"。残高 8 厘米，口径 9.7 厘米，肩径 4.6 厘米 [见图 3-13(5)]。

三系壶，2 件，根据口的不同共分 2 型。

A 型 1 件，Y3：11。泥质红胎，轮制。直口，沿面外斜，尖唇，束颈，溜肩，鼓腹，肩腹附一把，把的对称处捏一小流，附牛鼻耳，施化妆土和褐黑釉大多剥落。下部红胎。颈饰二周凹弦纹。高 11.6 厘米，口径 10.8 厘米 [见图 3-13(6)]。

B 型 1 件，Y1：6。泥质红胎，轮制。口微敛，近盘状，尖唇，小直颈，溜肩，鼓腹。唇以下施鳝鱼黄釉，饰刻划纹。残高 11.7 厘米，口径 9.4 厘米 [见图 3-13(7)]。

四系壶，1 件，Y2：9。泥质红胎，轮制。敛口，沿面内斜，短颈，溜肩，附一流，和一横桥形耳。颈以下施鳝鱼黄釉。高 6.4 厘米，宽 8.6 厘米 [见图 3-13(8)]。

带把壶，4 件，根据口的不同共分 3 型。

A 型 1 件，Y1：3。泥质灰胎，轮制。敛口，溜肩，垂腹，底残，肩腹附单鋬。腹以上施化妆土，下腹露胎，有刻划纹。通高 7.9 厘米，口径 3.8 厘米，腹径 11.4 厘米 [见图 3-13(9)]。

B 型 1 件，T2②：3。泥质红胎，轮制。敞口，尖唇，直颈，溜肩，鼓腹，下腹内收，肩腹附一把，把的对称处捏一小流。施化妆土，下部露红胎，颈饰二周凹弦纹。高 11.6 厘米，口径 10.8 厘米 [见图 3-13(10)]。

C I 式 1 件，T2②：1。泥质红胎，轮制。敛口，平沿，圆唇，喇叭形短颈，溜肩，鼓腹，平底内凹，肩附一桥形耳，流残。上部施釉，下腹以下无釉。腹饰三周凹弦纹。高 7.8 厘米，口径 6 厘米，腹径 12 厘米，底径 7.8 厘米 [见图 3-13(11)]。

C II 式 1 件，T3②：4。泥质红胎，轮制。口微敛，沿面内斜，圆唇，斜颈，溜肩，鼓腹，肩部附流，柄残。上部施釉，下腹饰三周凹弦纹。高 7.5 厘米，口径 5.8 厘米，腹径 11 厘米，底径 8 厘米［见图 3-3(12)］。

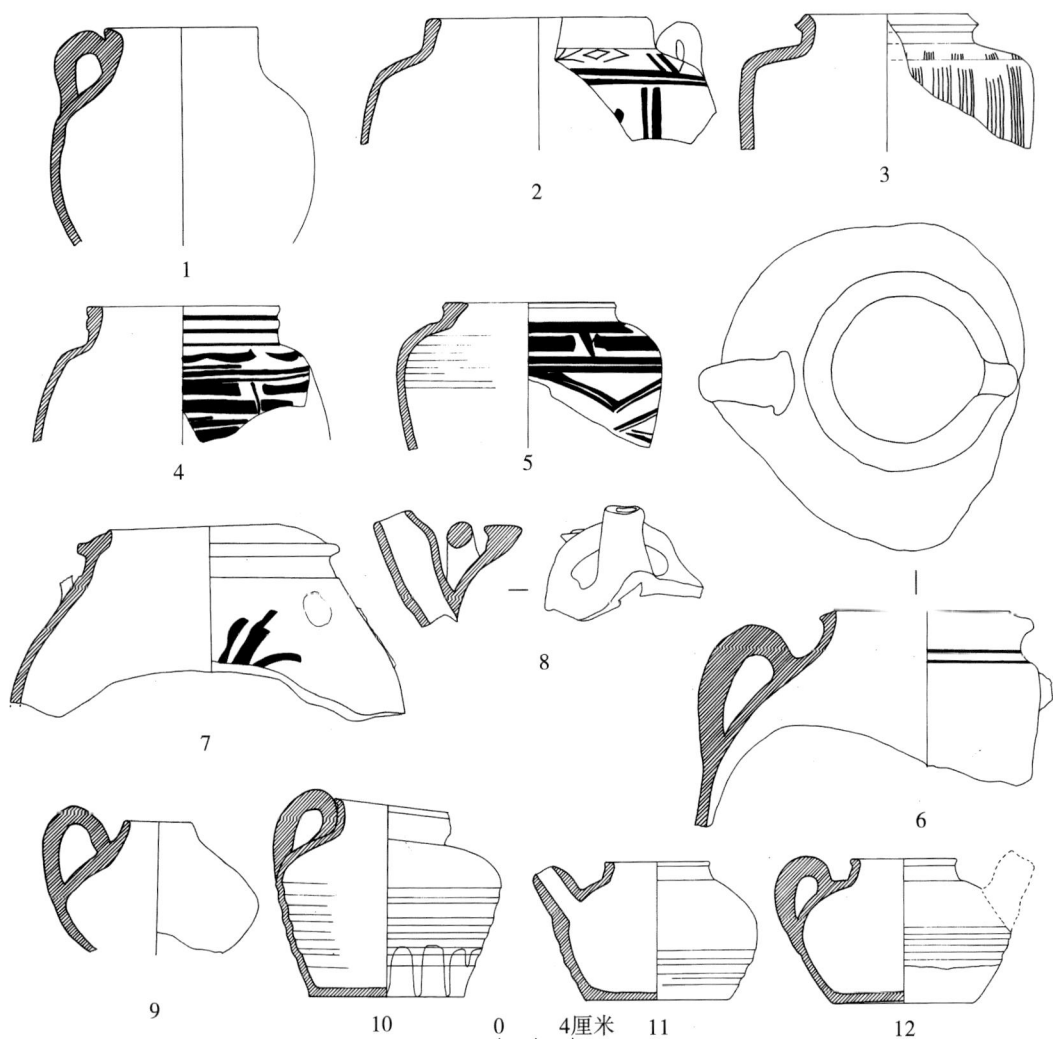

1. A 型带系罐（Y1：15）2. B 型带系罐（T6②：6）3. A 型坛（T6②：2）4. B 型坛（Y1：5）

5. C 型坛（T4②：5）　6. A 型三系壶（Y3：11）　7. B 型三系壶（Y1：6）　8. 四系壶（Y2：9）

9. A 型带把壶（Y1：3）　10. B 型带把壶（T2②：3）　11. C I 型带把壶（T2②：1）

12. C II 型带把壶（T3②：4）

图 3-13

瓮，1 件，T1②：3。泥质红胎，轮制。敛口，沿面内斜，双唇，溜肩，肩以下残。颈以下施鳝鱼黄釉，肩饰黄色圆圈纹。残高 3 厘米，宽 8 厘米［见图 3-14(1)］。

缸，9 件，分缸口沿和缸片，分类介绍如下。

①缸口沿，6 件，根据口的不同分为 4 型。

A 型 2 件，分为 2 式。

A 型 I 式 1 件，Y1：12。泥质红胎，轮制。圆唇，子母沿，敛口，直腹微鼓。施化妆土，部分剥落。高 7.2 厘米，宽 12.2 厘米［见图 3-14(3)］。

A 型 II 式 1 件，T6②：9。泥质红胎，轮制。敛口凹，圆唇，直弧腹微鼓，施黄釉。花纹为模印，饰莲瓣纹，口上粘一砂垫。残高 10 厘米，残宽 18.7 厘米，牙垫高 1.2 厘米，宽 2.8 厘米[见图 3-14(2)]。

B 型 2 件，分为 2 式。

B 型 Ⅰ 式 1 件，Y2：5。泥质红胎，轮制。敛口，平沿，圆唇，短束颈，直肩微鼓。颈以下施褐黄色釉，唇、沿、口及器内施透明釉。高 7.5 厘米，宽 17.3 厘米[见图 3-14(4)]。

B 型 Ⅱ 式 1 件，Y1：21。泥质红胎，轮制。圆唇，宽卷沿外翻，高领，直腹下部内收。施透明釉。高 8.4 厘米，长 11.2 厘米[见图 3-14(5)]。

C 型 1 件，T6②：11。泥质红胎，轮制。口微敛，平沿，双唇，束颈，直腹，唇以上零星化妆土，肩以下施化妆土，花纹为模印，腹饰放射状喇叭花纹。残高 7.6 厘米，宽 6.2 厘米[见图 3-14(6)]。

D 型 1 件，Y1：8。泥质红胎，轮制。圆唇外卷，口微敛，斜弧腹。唇中部以下施鳝鱼黄釉，上书黄色"寿"字纹。高 7.4 厘米，宽 12 厘米[见图 3-14(7)]。

②缸片，3 件，按花纹的不同分为 3 型。

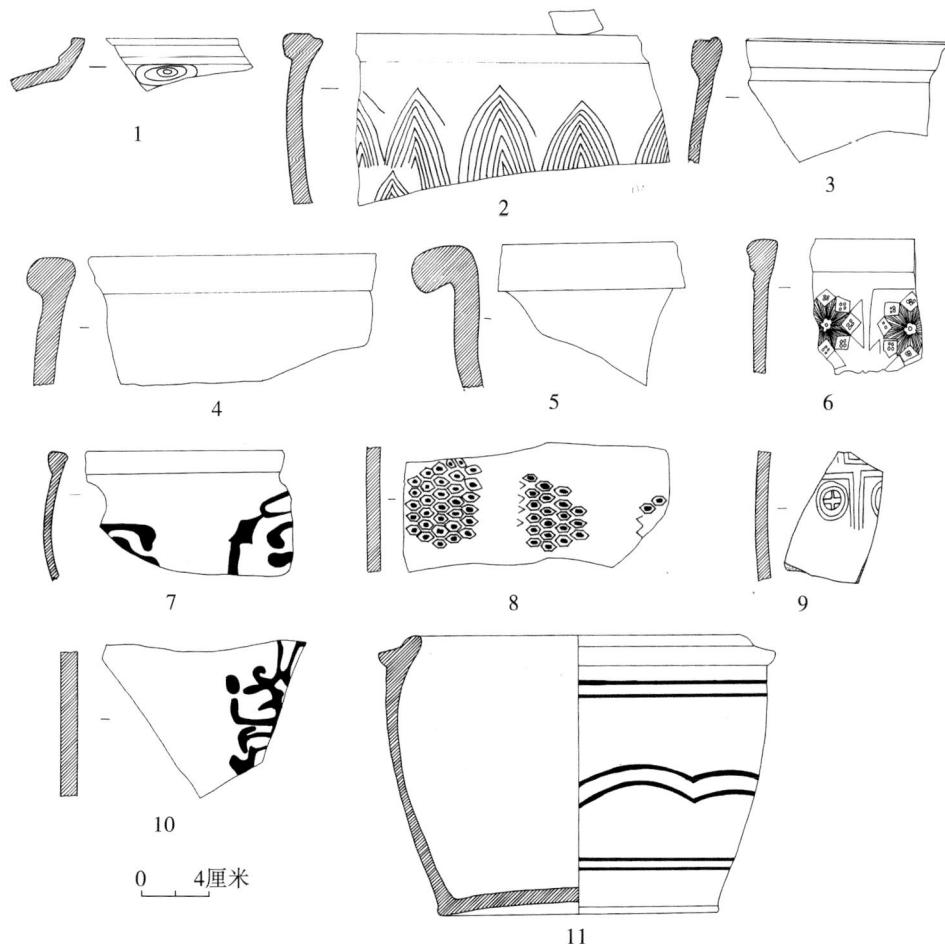

0 4厘米

1. 瓮(T1②：3)　2. A Ⅰ 型缸(Y1：12)　3. A Ⅱ 型缸(T6②：9)　4. B Ⅰ 型缸(Y2：5)

5. B Ⅱ 型缸(Y1：21)　6. C 型缸(T6②：11)　7. D 型缸(Y1：8)　8. A 型缸片(T6②：7)

9. B 型缸片(T6②：14)　10. C 型缸片(T5②：9)　11. A 型钵(Y2：8)

图 3-14

A 型 1 件，T6②：7。泥质红胎，泥条盘筑慢轮修整。施深色鳝鱼黄釉，花纹为模印，饰六边形花纹。残高 7 厘米，残宽 16 厘米[见图 3-14(8)]。

　　B 型 1 件，T6②：14。泥质红胎，泥条盘筑慢轮修整。施鳝鱼黄釉，施釉较薄有的地方釉下露红胎。花纹为模印，饰方框纹，框内饰圆圈纹，圆圈纹内饰十字纹。残高 7.6 厘米，残宽 5 厘米[见图 3-14(9)]。

　　C 型 1 件，T5②：9。泥质红胎，泥条盘筑慢轮修整。施鳝鱼黄釉。上用黄色料书一"寿"字。残高 8.5 厘米，残宽 12.3 厘米[见图 3-14(10)]。

钵，3 件，根据型制的不同可分为 3 型。

　　A 型 1 件，Y2：8。泥质红胎，轮制。子母口内敛，圆凹沿，尖圆唇，斜弧腹，假圈足内凹。施化妆土。口下饰二周凹弦纹，中部波浪纹下腹饰二周凹弦纹。高 16.2 厘米，口径 19.2 厘米，最大径 24 厘米，底径 17 厘米[见图 3-14(11)]。

　　B 型 1 件，T4②：13。泥质红胎，轮制。敛口，沿面内斜，圆唇，斜弧腹，下腹内收，假圈足，平底内凹。中腹以上为透明釉，腹以下露胎。素面。高 17 厘米，口径 32.4 厘米，底径 26 厘米[见图 3-15(1)]。

　　C 型 1 件，T4②：12。泥质红胎，轮制。敛口，平沿，圆唇，斜弧腹，假圈足平底。口和下腹部施酱色釉，颈腹施鳝鱼黄釉；下腹露红胎，有流釉。高 9.2 厘米，口径 19.2 厘米，底径 13.2 厘米[见图 3-15(2)]。

盆，1 件，T5②：4。泥质红胎，轮制。口微敛，沿面内斜，圆唇，颈饰凹弦纹，斜弧腹，下腹及底残。黄釉，素面。残高 6 厘米，口径 24 厘米[见图 3-15(3)]。

杯，2 件，根据型制的不同共分为 2 型。

　　A 型 1 件，T4②：3。泥质红胎，轮制。敛口，圆唇，溜肩，鼓腹，下腹内收较快，下腹残，施鳝鱼黄釉，下腹露胎。素面。通高 4.6 厘米，口径 8 厘米，最大径 12.6 厘米[见图 3-15(4)]。

　　B 型 1 件，T6②：8。泥质红胎，轮制。敛口，圆唇，溜肩，鼓腹，下腹残。施鳝鱼黄釉。肩附一桥形耳，肩腹饰刻划纹。残高 4.5 厘米，口径 9.8 厘米，肩径 12 厘米[见图 3-15(5)]。

器盖，3 件，根据型制的不同可分为 2 型。

　　A 型 1 件，T2②：2。泥质红胎，轮制，保存完整。盖沿宽略内斜，方唇，盖底平略内凹，盖面中心有柱状捉手。通高 2.2 厘米，盖面径 11.4 厘米，底径 6.5 厘米[见图 3-15(6)]。

　　B 型 2 件，共分 2 式。

　　B I 式 1 件，Y1：24。泥质红胎，轮制。略变形。子口，盖沿内侧内凹，外侧上翘，中空，方唇。顶部有一圆锥状抓手。盖口及盖面施鳝鱼黄釉，盖内部不施釉。盖面饰刻划纹。高 4.5 厘米，盖径 13 厘米，底口径 8.6 厘米[见图 3-15(7)]。

　　B II 式 1 件，Y1：4。泥质红胎，轮制。略变形，弧顶，抓手残，盖沿圆唇，子口微敛。盖面施鳝鱼黄釉，盖内部不施釉。盖面饰刻划纹。高 2.3 厘米，盖径 11.2 厘米，底口径 4.8 厘米[见图 3-15(8)]。

碾盘，2件，根据盘缘的变化可分为2型。

A型1件，Y1：10。泥质红胎，轮制，现残存一半。平面形状圆形，中部略厚于周边，中心有一圆孔。素烧。直径11厘米，孔径1.4厘米，厚1.4厘米[见图3-15(9)]。

B型1件，采20。泥质红胎，轮制。圆扁状，两面平，圆边，素面。直径11厘米，孔径2厘米，厚1.2厘米[见图3-15(10)]。

碾槽，2件，分为2式。

Ⅰ式1件，1。泥质红胎，轮制，船形，下附两"八"字形足，大部分残，素面。通高8.2厘米，残长9.5厘米，宽6.5厘米，足宽8厘米，厚1.9厘米[见图3-15(11)]。

Ⅱ式1件，T5②：采24。泥质红陶，手制，船形，下附两"八"字形足，部分残，素面。通高7.8厘米，残长21.7厘米，宽8厘米[见图3-15(12)]。

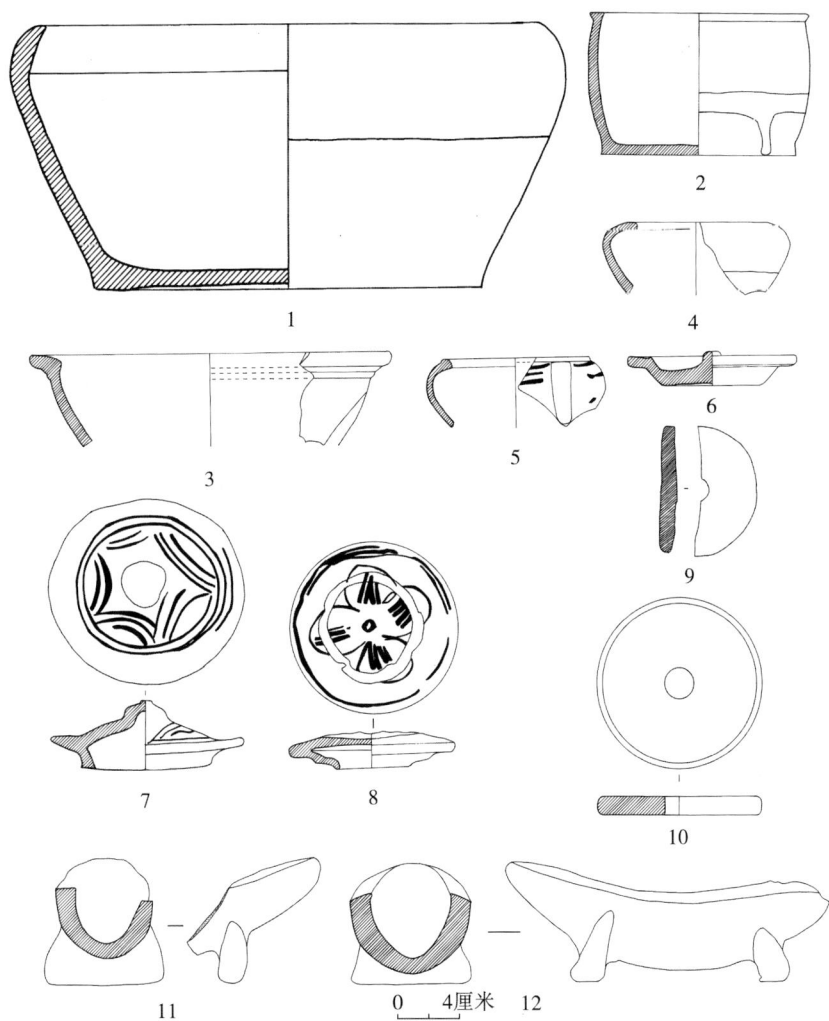

1. B型钵(T4②：13)　2. C型钵(T4②：12)　3. 盆(T5②：4)　4. A型杯(T4②：3)
5. B型杯(T6②：8)　6. 型器盖(T2②：2)　7. BⅠ型器盖(Y1：24)　8. BⅡ型器盖(Y1：4)
9. A型碾盘(Y1：10)　10. B型碾盘(采20)　11. Ⅰ式碾槽(T1②：1)　12. Ⅱ式碾槽(采24)

图3-15

烛台，2件，按型制的不同分为2型。

A型1件，Y3：3。泥质红胎，轮制。残存竹节状柱干，中空，施化妆土。高12厘米，最大径7.2厘米[见图3-16(1)]。

B型1件，T3②：8。泥质红胎，轮制。上部残，中部有一覆盏状托，竹节状柱干，中空，座为覆盏状。敞口，平沿，弧壁，施化妆土。残高13.7厘米，中部托径6.8厘米，底径6.8厘米[见图3-16(2)]。

灯盘，1件，Y3：8。泥质红胎，手制。葫芦瓢形。流短而斜，圆肩，下腹斜收，小平底。褐黄色釉，器内施透明釉。残高2.7厘米，口径8.8厘米，底径2厘米，流长0.4厘米[见图3-16(3)]。

灯台，1件，T3②：15。泥质红胎，轮制。上部残，中部一盘状托盘，柱状柄中空，底部一盘状托盘。施酱釉，底盘下部及器内露胎。残高10.7厘米，中部盘径8.4厘米，底盘径13厘米，底径10.6厘米[见图3-16(4)]。

箅，1件，T4②：8。泥质红胎，轮制。口略敞，尖唇，弧形顶，顶部残，面饰30余孔。残高5.2厘米，口径24厘米[见图3-16(5)]。

器座，1件，Y3：1。泥质红胎，轮制。柄残，弧形顶，壁内束，圆唇，沿面内斜，施化妆土。残高7.4厘米，口径7.7厘米[见图3-16(6)]。

3. 建筑构件

烟囱，1件，Y2：2。泥质红胎，轮制。直筒形，上小下大，下部残，素面。残高16.4厘米，下部径12厘米[见图3-16(7)]。

下水管内套烧罐，1套，T5②：18。水管泥质红胎，轮制。圆筒形，中空，管口大于管身，便于水管之间相互套接，上大下小，上部呈喇叭形，下部残。水管内套烧罐，水管与罐粘连而成废品。残长23厘米，上径20.8厘米，下径17.2厘米。

罐，3件，泥质红胎，轮制。直口内敛，平沿，溜肩，直腹内收，平底内凹。肩附四系，施鳝鱼黄釉。罐从上至下分别编号，1号高13.6厘米，口径9厘米，肩径13.2厘米，底径11厘米。2号高13厘米，口径9厘米，肩径13.4厘米，底径11厘米。3号高11厘米，口径8厘米，肩径12.2厘米，底径11厘米[见图3-16(8)]。

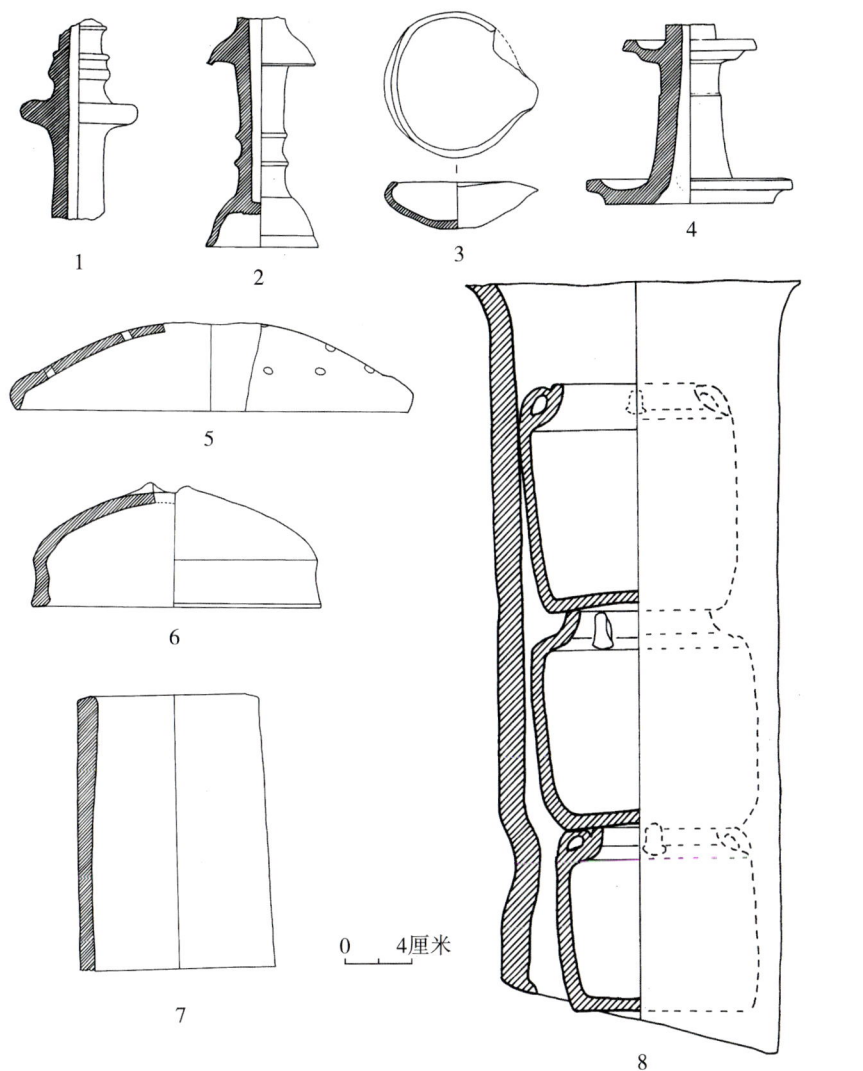

1. A 型烛台（Y3：3）　2. B 型烛台（T3②：8）　3. 灯盘（Y3：8）　4. 灯台（T3②：15）
5. 算（T4②：8）　6. 器座（Y3：1）　7. 烟囱（Y2：2）　8. A 型下水管内套烧罐（T5②：18）

图 3-16

三、发掘工作小结

黄家窑烧造的产品按其造型、纹饰、釉色的不同，依窑址之间的叠压关系可分为四期，最早为第一期，最晚为第四期，其保存状态与早晚关系小结如下：

第一期窑址（编号 Y4）破坏非常严重，仅剩一个窑门，被属第二期的 Y3 彻底打破，现场没有发现任何器物残片。关于其时代，窑门虽为砖砌，但砖的时代特征不明显，从青砖的大小规格、烧成火候等推测不过清代。从被第二期 Y3 既叠压又打破的关系来看，Y4 的年代应早于 Y3，第一期（编号 Y4）窑址的年代为清代早中期。

第二期窑址（编号 Y3）产品以缸、罐为主，另有壶、瓮等，器型有 A 型三系壶、C 型圆腹罐、直口罐、A 型烛台、灯盘和器座等。釉色多黄色和酱色釉，酱釉的釉色光泽普遍较差，釉层较薄，有落釉现

象，黄釉近似鳝鱼黄釉，但整体釉色灰暗，黄釉上的黑褐色斑点不显，光泽较差。纹饰以素面为主，在酱釉陶和透明釉的陶器上用化妆土写有"寿"字纹装饰，字体为黄色，另有刻划"寿"字花纹罐。根据这些特点加上从釉色、纹饰和字体的写法看，Y3年代为清代中晚期。

第三期窑址（编号Y2）位于T2、T3②层下，叠压在Y3上，又被Y1打破。出土物以陶壶、陶缸、陶钵为主，次有陶罐、陶水管等，器型有四系壶、B型Ⅰ式缸、A型钵和烟囱等，釉色以鳝鱼黄釉和透明釉为主，黄釉上始有褐色和黑色斑点，时代特征较为明显，初步推测Y2的年代为晚清至民国初期。

第四期窑址（编号Y1）分布于T3、T4和T5①层和T6②层下，打破Y2，出土物有陶坛、陶罐、陶缸等，器形有A型、B型圆肩罐、A型带系罐、B型坛、B型三系壶、A型带把壶、A型Ⅰ式缸、B型Ⅱ式缸、D型缸、B型Ⅰ式器盖、B型Ⅱ式器盖、B型Ⅰ式脚坛等。出土物的器类不多，釉色变化较为明显，除较多的素烧陶外，多为鳝鱼黄釉陶器，而此时的釉色黄润，黑褐色斑点明显，釉色光亮，如刚出水的鳝鱼黄色，亦称为成熟的釉色。通过采访当地多名老窑工，从他们的回忆中可以帮助判断，该窑的下限年代定为20世纪60年代初，而建造年代虽没有一个准确的法说，也许可能会更早一些，我们推测该窑的建造年代属于民国时期。

第四章　马口窑陶器收藏及特点

一、马口窑陶器的收藏

早在 20 世纪七八十年代，一些有识之士就开始注意到对于马口窑等民间陶器的收藏，湖北省群众艺术馆、湖北省文物总店曾派员深入到省内各地农村，以走村串户的方式，收购了一些农家使用的陶器，并对这些民间美术作品（包括陶器）进行过搜集整理。湖北美术出版社联合上述两家单位，编辑出版了《民间美术》（共 6 册），农家所用的坛坛罐罐成为其中的重要内容之一，马口陶器的收藏价值得以为世人所知。

近些年来，艺术家李正文、毛宗泽、吴正奎等先生，收藏家辜辉东、何昌义、蒋绥、程远斌、余长庭、周家明等诸多陶瓷器收藏大家及爱好者，数次造访汉川以及周边地区，耐心走访老窑工，不停歇地搜寻马口窑生产的产品；关明成先生编写《口号陶瓷》一书，更是直观地介绍了数十件刻写有不同时代文字内容的马口陶器。他们无一例外地将目光投向湖北本土，开始有意识地关注民间陶器文化，在武汉市的徐东路、香港路、崇文路等几个主要的古玩市场，如今已有数十位经销商与藏家们经营着马口窑的陶器，他们从走街串户的古董商手中频频收购，并转让给那些爱不释手的藏家。这个曾经行销广泛、现已接近消亡的窑场，当地村民眼中仅仅是泡菜坛子之类简单生活用品的马口陶器正在被越来越多的人认识。

2009 年年初，首次免费开放的孝感市博物馆，在仅有的三个展厅中，开设"马口窑"陶器陈列，新建的孝感市博物馆，亦开设专门展厅，供人们参观欣赏本地区这一民间瑰宝——马口陶器艺术。

伴随着互联网的传播和关注马口窑陶器热，网络上随之出现了一些或收藏或鉴赏或记录或研究的信息与讨论，各种媒体也充分利用自己的平台发表介绍文章，一方面加强了人们对马口陶器的了解，另一方面也为研究马口窑及其生产的陶器提供了极大的便利。

关于马口窑与马口陶器的研究，很长一段时期以来，可以说算是一个空白，目前了解到的情况是，有关马口窑的历史记载非常罕见，且十分零散，留存于世的作品，以日常生活用器居多，由于研究不足与资料零碎，我们看到的仅仅是一个云遮雾罩的马口窑业状况。以往，收藏者大多从艺术的角度或装饰画面来欣赏，基本不考辨作品的具体年代及其内含信息，更谈不上对器物作全面深入的研究。比较欣慰的是，近年来有了一些进展，由于各方的努力，收藏家们陆续收集到一些珍贵的实物，包括各时期有款识、纪年、口号等断代标准器，通过比对，可帮助我们梳理出一些反映时代的特征，在扑朔迷离之中勾画出一个大致的轮廓，并对马口陶器有了一定程度的认识。

产生在江汉平原上的马口陶器，质朴高大、稳健端庄，长期生发在这里，同百姓息息相关，但它默默无闻，未引起足够的重视，终是它的不幸。不过，世事轮回，也可能是它的万幸，很多器物深藏农家，世代流传，得以保存至今，成为我们今天还能看到这么多优秀作品的原因。20 世纪 50 年代，中央工艺美术学院曾将马口陶艺列为高等艺术院校教材的内容，陈药菊、杨永善二位先生对马口陶艺给予了很高的评价。此后，中央工艺美术学院于 1981 年、湖北美术学院于 20 世纪 60—80 年代派出师生到现场组织教学活动。2007 年，湖北美术出版社出版了李正文先生的《即将消逝的文明——马口、麻城、蕲春民间陶艺研究》一书，这是第一次把马口窑作为特定对象展开研究的专著，并认为以"八仙坛"代表的马口陶艺，其刻花和划花技术，属湖北民间陶艺所独创，国内外绝无仅有。不久后，湖北美术学院院长徐勇民教授在《聚焦楚文化的思考》一文中说：

> 马口窑作为民间陶艺，其典型的样式在中国当代和国际陶艺界非常有名，二十世纪五十年代曾作为中国高等艺术院校教材的图例。我们接触过大量的马口窑，其质朴的造型与绘画手法非常率真。回溯到过去，它有一脉相承的楚国文化和楚国艺术延续下来的一种风范。无论我们怎么定位，实际上它给我们那么多的艺术感受是其他艺术样式不太容易给予的。你很难想象这些民间艺人将其表现得那样率性、传神。有些和现代毕加索、马蒂斯的绘画状态非常接近。极具自在自由的表现，挥洒自如，表达出了对历史对生活深深的了然与热爱，是个人情绪极度的释放。①

马口陶器作为民间日常生活用器烧造，它由无数的陶艺家与熟练的工匠们历经数百年来生产，形成了丰富多彩的艺术精品。在这里繁衍生息的人们，祖祖辈辈每日每时地都在使用这些平凡的器物，在汉川当地及周边农村，迄今仍有一些居民还在使用马口陶器，只不过大多数这类陶器是处在不被重视或即将遭到丢弃的境地。幸亏一批有识之士的提前介入，锲而不舍地抢救和保存了一大批展现着民间文化风采的瑰宝，给我们的整理研究充实了丰富的素材，提供了极大的便利。本书中挑选的 240 余件标本（后面附录中专门介绍），除孝感市博物馆和汉川博物馆两座博物馆的藏品外，更多的则是从诸位先生的收藏、著述和一些相关的图书、资料、报道中，收集具有特色纹样和文字装饰的马口陶器作为研究对象。

二、马口窑陶器的生产工艺流程

历史上专门介绍陶器生产制作工艺流程的文献并不多见，既有文字说明、更有直观图象、且最为详细的著作是清代乾隆年间景德镇官窑督陶官唐英所撰的《陶冶图说》，比较详细地介绍了制瓷工艺的操作工序，并绘制有 20 幅相关的插图，从"采石指泥、淘练泥土"直到"束草装桶、祀神酬愿"，将 20 道工艺环节一一说明，为我们解读景德镇的制瓷工艺留下了详尽的资料，被誉为"古代制瓷工艺流程最完整记录"。此外，明末宋应星所著《天工开物》也曾列举出制陶的工种有澄泥、印坯（造坯）、汶水、过利、打圈、绘画、过锈（釉）等，并说"共计一坯工力，过手七十二，方克成器"。成书于清代嘉庆年间，由蓝浦所著的《景德镇陶录》介绍："制坯坯房有淘泥、拉坯、印坯、镟坯、画坯、舂灰、合釉、上釉等分工。"瓷器制作的全部工艺流程大体如此，相对于马口窑烧造的陶器，除所选泥料与瓷器有差别外，其他如施釉、烧成温度、吸水率、叩击声等方面则与瓷器几乎没有区别，因此相对于马口陶器制作，则比瓷器制作工序要略简单一些，二者其实大致相当。20 世纪 50 年代，北京大学考古学者李仰松先生曾深入云南边疆地区调查少数民族的原始制陶技术，为我们了解原始制陶工艺提供了不少信息。此后，中国科学院

---

① 徐勇民. 聚焦楚文化的思考［N/OL］.［2010-04-30］. 湖北美术学院报，http://www.hmyb.cuepu.cn/show_more.php?doc_id=375394.

上海硅酸盐研究所李家治先生主编《中国科学技术史·陶瓷卷》、中国历史博物馆李文杰先生所著《中国古代制陶工艺研究》等，对古代陶瓷及其制作等进行了全方位解读，下面我们通过实地探访并结合文献记载，就马口窑制作陶器的工艺流程做些介绍。

(一) 制作

关于陶器制作，主要是指从选料取土到坯体成型的过程，传统马口窑陶器一般采用手工拉坯成型工艺，只是到了 20 世纪 70 年代，才开始采用翻模灌浆成型技术，前者历经数百年，对技术要求很高，仅练泥就需要经过多道工序，后者只经过短暂时间，一经调和好泥浆即可实施工业化生产。

1. 选料与练泥

制作陶器，一开始面对的就是选择原料，而陶土是首选，制陶用的土是一种天然泥土，但不是任何泥土都可以用来制作陶器。数千年来，原料都是经过了认真选择的，一般黄土的可塑性差，难以手工成型，烧制陶器必须选择适用的可塑性黏土，选料不成，就会导致器坯在受到高温焙烧时变形或开裂。传统制陶工序的第一步从选陶土开始，因为马口附近许多地方的土可以作原料，所以没有固定的取土场；不过取土场也多是在马口附近的新集(今窑新村)一带，一般窑场会选择合适的土料场就近取土。一般由精泥、窑子泥、黄蜡泥和红、白泥混合组成，如是需要做一些精致的器物，则取土和练泥就需更精细一些。陶土不需经过淘洗，每批次取土量40~50担，在人工挖土运回后，需要晒干、碎土、耙匀、清渣、翻晒等多个环节，具体操作程序是把土挖回后，在泥场晒干，同时用木槌将干泥捶细、捶碎，后再把碎泥收集起来，堆放好，再用水将碎泥膨胀，膨胀的时间约一天一夜。待土膨胀好后，用铁锹翻一道，然后在下面铺垫草木灰，将粗、细质的泥进行中和；开始练泥时，需要经过繁重的体力劳动——赤脚踏踩，经陈腐数日，就可以手工练泥了。和泥要匀，要求在和熟的泥中不能有成团的哪怕是细小的土块颗粒，以免影响坯的质量。陶土揉好后，就可以根据需要进行器物拉坯了。

2. 拉坯成型

关于陶器的成型工艺，新石器时代早期以捏塑为主，不见慢轮修整；新石器时代中晚期出现了多种成型方法，如泥条盘筑法、泥片拼接法、模制法等。随着轮制技术的发明，陶器制造的生产能力大大提高。伴随着轮制技术成长的拉坯成型法，这种几千年前就已发明的制陶技术，居然从未间断地在民间窑场得以广泛延用。

马口窑产品造型朴实大方，体形挺拔简洁，它以品种多样、做工精细而远近闻名。马口窑陶器是如何成型的呢？除了见诸记载的有关陶瓷器的生产工艺流程外，我们通过采访当地仍然健在的老师傅，结合李文杰先生《湖北省枝江县传统的快轮制陶技术调查》的记录，将马口窑生产及传统制陶技术的拉坯成型过程一一再现：

陶工在拉坯前，已经预备好练熟的泥料，并且经过较长时间的陈腐，堆放在车坑的右边。左边放一盆水，以便拉坯时将手沾湿。制坯时，用细铁丝或麻线切割一块泥料，将泥料拍打几遍，使其所含的水分分布均匀。拍打成扁圆形的泥坨，置于木盘中央，粘在木盘上。陶工坐在轮盘后面的凳子上，左脚踩在车坑边上，右脚踩在轮盘上面，连续向前蹬，使轮盘按逆时针方向旋转。再将搅棍插入转窝内，双手紧握搅棍，连续搅动转盘。拔掉搅棍后，由于惯性力的作用轮盘继续快速旋转，这时，双手用力蒙住泥坨，两个大拇指放在泥坨上面，其余手指放在泥坨两侧，一边向里挤，一边向上推，使泥坨变成圆柱形。再用两个大拇指从泥柱中央插下去，接近木盘时，两指向右前方推泥，便形成器底。然后，左右手分别放在内外两侧，左手的中指与右手的大拇指相对，用力将泥料逐渐向上提拉，形成器壁。制作较大的器物时，需要两次搅动轮盘，因为器物较高，在器壁达到一定的高度时，轮盘的速度变慢了。所以，第二次搅动轮盘之后，需向下往上重新提拉一遍，使器壁达到应有的高度。成型后，还要进行修坯，全凭手感和经验，使器物匀称。最后，轮盘尚在慢速旋转时，用一根铁丝或麻线将成坯从木盘上面切割下来。整个制坯过程可分为拉坯和修坯两个阶段，制作一件较大的盆或钵需要五分钟，制作一件小罐只需要一分钟时间。

3. 翻模灌浆成型

在1972年前后，马口窑陶器已经基本上淘汰了既往的生产方式，开始用翻模、灌浆成型替代传统的拉坯成型，但在整个20世纪六七十年代，外贸订货的出口产品，因外商只购买手工制坯的陶器，这样就使得手工拉坯的产品得以继续保留生产。到1980年后，以灌浆成型方式生产的陶制品开始占据大宗，规模化和标准化生产线上的陶坯，已不见传统手工制作的产品，基本上是采用翻模灌浆生产，生产步骤是先制作好所需要器件的内外模型，再合成一个个可供灌浆的型腔，然后将调和好的泥浆分别灌入模具内，待型腔中的水分干燥后即成为一件件规格大小一致的泥坯，标准化批量产品就此产生。

(二) 加工

1. 修整与附件安装

坯体制作完成后，部分器型尚需继续进行修整与附件安装，在半干坯体上的不同部位，按需要安装耳、柄、流、系等附件。这是极其重要的工作，稍有不慎就会造成产品的残次。这些附件一般事先都要用手捏制出，再用稀泥黏合到器身上，有些还需在结合部的内壁附加一小片泥，以增强附件与坯体的粘合强度，经过抹平与修整后使外壁尽量不留下影响美观的痕迹。

2. 晾晒坯

一般泥练好后，需堆放在草棚搭建的操作间里，由车工进行手工拉坯(有老师傅称马口窑师傅手工拉坯技术曾排名全国第一)。拉坯成型后，要对坯体进行一段时间的晾晒干燥，待坯体干燥到一定程度，才能够施化妆土；在施完化妆土后，还需再经过一次干燥过程，坯的晾晒以风干为宜，不能暴晒。整个过程必须严格把握好尺度，过湿坯体强度不够，过干则易烧裂。

3. 施化妆土

所谓施化妆土，即是在坯体的表面罩上一层白色的细泥，使坯体得到美化。白色细泥当地俗称观音土，其实是一种高岭土。化妆土对陶器的美化作用有很大影响，化妆土的产地不同，效果也不尽相同。具体操作方法是，在化妆土取回后，需要经过淘洗并精细淘制，先清除其中的杂质，再用布袋滤出浆汁。配制时，与水的比例调到浓度为50%，即可作化妆土使用。有土办法可以测验化妆土的适宜度，以手掌浸入调好的泥浆中，如泥浆均匀分布于手上，以不稀释下落为宜。简单地说，就是把手放进泥浆里，手上粘得多，就可以用；如果手上粘得少，就说明浓度低了，不能用。坯胎经过一天左右的适度干燥，程度在70%~80%时，即可施化妆土。当化妆土半干时，可进行刻划装饰。如水花法工艺必须在化妆土未干时进行，否则化妆土就推不开，导致无法成功。

施化妆土是陶瓷工艺史上的一项重要成就，也是美化陶胎颜色的最为常见的方法。为了弥补胎质上的缺陷以及色泽的影响，需在成型的坯胎上敷一层白色化妆土，使坯体表面光滑洁白，以提高釉的呈色。施化妆土为陶瓷业充分利用劣质原料生产创造了条件。

过去一般认为，施化妆土是西晋时期由"婺州窑"所首创，但考古发现安徽马鞍山孙吴将军朱然墓出土了使用化妆土的陶器，说明使用化妆土的历史可能会更早一些。隋唐两代北方白瓷广泛采用化妆土，到宋代磁州窑普遍运用。创烧于北宋时期的磁州窑，产品具有浓厚的民间色彩，其白地黑花剔刻装饰是其极为精致的工艺，制作难度较高。其方法是在成型的陶胎上先敷白色化妆土，再上一层黑色化妆土，然后用锐器划出花纹，剔除轮廓线以外的地色。露出底层的洁白化妆土，罩透明釉，一次烧成，形成颜色对比强烈、纹饰具有立体感的特点，有着饱满、充实的装饰效果。

马口窑烧造的日用陶器、工艺陶器等基本上经过了"施化妆土"这一道工序，工业陶器则不然。据当地人称，最好的化妆土要求又细、又白、耐高温，产地出自邻近的汉阳陡埠头，即今隶属武汉市汉南区的沙帽山，马口本地的七屋村和附近的马口关山(猫子山)也有出产。

4. 装饰技法

马口陶器的刻划花装饰工艺，主要表现在刀功技法上，以刀代笔，粗犷、有力、大气、写意。主要的工具为刻刀，俗称铁刀，也叫铁笔，可用来刻花、刮花或剔花。如剪纸造型纹饰是用刻花方式刻出的，水花法的工具是先用粗细合适的一段树枝或竹枝，将前端锤扁捣碎，绘画时，须在陶坯的化妆土未干时绘制，要求娴熟、快捷，一气呵成，其点、面、勾、刮如同大写意。从工艺看，它比工笔画的难度要小一些，有时也用橡皮削成水花笔作工具。在化妆土上作画，只能一次性完成，在刻画过程中，如发生错误、损坏，不可以补画。以上操作用力要均匀，既稳又准，划花要快速，笔力力求苍劲而不犹豫，痛快淋漓、挥洒自若，剔地十净利落、厚薄均匀，力透胎骨。

马口制陶艺人擅长信手挥刀，在坯体面上飞快地剔、刮、刻、划出人物花鸟。在装饰工艺与布局上，以划花剔地的阳纹为主题纹样，次要部分以刮花阴纹作衬底，主次分明。提梁壶、烘笼等器的提梁两端往往会加饰一些动物造型，既可增强提把的承重力，又显活泼有趣。且针对不同器类采用不同的装饰手法，呈现出丰富多彩的艺术风格。坛罐类器多采用宋代吉州窑"锦地开光"的绘画手法，取得了良好的装饰效果。"开光"是陶瓷器装饰纹样布局的方法，其表现形式是在器物的显著部位，用线条勾勒出长方形、方形、圆形、菱形、云形、花瓣形等不同的栏框，内绘花纹，突出主题。此法犹如屋内开窗见光，故名。还有一种满花纹，俗称"万花"，其特点是满腹画面无明显骨式，在装饰面上满画花朵，各式各样，形状不一，大小偏反，繁密堆叠，有如万花汇集，有富丽之感，但失之繁琐。

马口陶器装饰技法常见的有印花、划花、刻花、剔花、刮花、贴花和水花法，坛类器肩腹间结合部常见一周模印暗花边纹装饰，在施化妆土前拍印，其装饰效果类似模印纹，部分器上还有压印的各种不同形状的印纹和印章痕。

印花：用刻有花纹的模印具，在尚未干透的器物坯体上印出花纹，或用刻有纹样的模子制坯，直接在坯体上留下花纹。拍印纹样多为几何纹。

划花：在半干的器物坯体表面以竹、木、铁质等尖状工具，以浅线条划出装饰花纹。

刻花：在尚未干透的坯体表面以各种不同质地的刀具刻出装饰花纹，其线条较划花要深而宽，特点是着力较大。刻花的刀法有"单入侧刀法""双入正刀法"，前者刀锋一侧深、一侧浅，截面倾斜；后者刀锋两侧垂直。

剔花：干画的一种，是在已绘好纹饰的坯体上，将纹饰以外的地子剔除，使纹饰凸起并具有浮雕感，剔地要厚薄适度，由于剔除地子而露出胎色，可起到烘托主题纹饰的效果。

刮花：干画的一种，是在坯体表面，以竹、木质宽扁状工具，在地子上直接刮出相应纹样，使纹样具有层次感。

贴花：先以泥胎为原料，采用模印或捏塑等方法，制成各种单独的花纹图案，而后用泥浆粘贴在已做好的坯体外表上。

水花：用竹枝或木棍梢砸碎成一端呈蓬松的毛笔或用橡皮签子，趁坯上化妆土半干之际作画，往往一笔而成，如同大写意之花鸟画。

装饰构图的一般程序是从颈部到腹部再到近底处，先以弦纹分段划出各段的位置，再用粗细不等的线条分别界出各个块面，然后从颈部、肩部、腹部直至底部分绘出各个区块面的纹样。八仙、十八学士等题材的运用，是马口陶器中比较特殊的现象，这种诸多人物集中在一起的画面，不仅要求刻画工艺水平精湛，而且还要讲究绘画的速度和时间，因为化妆土一旦晾干就不易作画，也不好施釉，更烧不出好产品。锁坛、八仙坛等装饰人物画面，通常要求画工临场发挥，构图布局设计与内容确定后，一般对应某个故事，有时并没有特指的人物。锁坛的绘画工艺要求严格一些，比较难画的题材有"半幅銮驾""十八学士""状元打马游街""闹春图"等，锁坛等繁缛的绘画装饰，代表了马口陶器装饰工艺的最高水平。

一般来讲，技术娴熟的师傅一天可以抢绘出两件纹饰复杂的锁坛，画一件锁坛的工作量可顶数个八仙坛。一般学徒学艺，拉坯需要8~10年，一个好画工也要7~8年才能培养出来。且画工不一定熟练掌握拉坯技术，拉坯工也不一定能掌握绘画工艺。一个熟练的画工，画传统样式的八仙坛，通常一天可画几十个。有长寿之意的万字纹，也叫万字锦纹，这种纹饰要求非常严格，如画面不一致，整幅图就不完美。

5. 施釉

装饰绘画工序完成后，坯体上还需经过施釉(也称上釉)工艺，施釉是入窑烧造前的最后一道工序。马口陶器凡是盛酒、油、菜、水等与食品、饮用相关的器物，基本上需要进行施釉，少数器物根据实际用途内壁刻意不施釉，如烘笼、花盆等。

当化妆土干燥到快发白时，是施釉的最好时机。此时刻划花等装饰程序已告完成，根据器型和用途的不同，需分别选择用浸釉、滚釉、浇釉(或称淋釉)等多种方法。马口窑一般采用三种方法，第一种是浸釉，手拿器坯，底部浸入釉缸内，使其表层挂釉，然后取出，浸釉质量的好坏与器坯浸入时间的长短和操作是否得当有直接关系，这种方法使得陶器里外皆上釉。第二种是浇釉，浇釉是针对大型器物的上釉工艺。操作时，两手各执一碗或勺，舀取釉浆，向坯体上交相泼浇，使器身部分上釉。第三种是荡釉，操作时，需将釉浆倒入器坯内部，经过晃荡，使上下左右均匀上釉，随着釉浆的流动所到之处即成。施釉时要注意以下三点，一是通过过滤去掉栎木灰的碱性，否则釉容易流下来；二是坯体在刻划花以后要去除掉灰尘，否则会有脱釉现象；三是坯体的干湿度要一致，不然会造成胎釉结合不牢。

传统马口陶器使用的釉料为灰釉，釉料的原料构成有两种，第一种是"南漳灰"，据《南漳县志》记载："栎树，用材兼薪炭，食用菌的主要资源，是本县面积最大的树种。"在鄂西北地区襄阳境南漳县一带，盛产栎木，栎木经焚烧后遗留下的灰烬在马口被称作"南漳灰"。第二种是汉江河床的"漕泥"，它是汉水涨水过后，河旁淤积起来的泥土。将栎木灰经淘洗、过滤，去掉灰中碱性物，然后拌入汉江河床底的漕泥，按照8∶2(即8份灰配2份泥)的比例配制，掺水浓度约为55%。如果低于40%釉就显得"轻"了，可用表测试。马口陶器釉料主要是"南漳灰"和"漕泥"经调合而成，也有用芝麻秆灰、黄豆秆灰、棉花秆灰和稻草灰制作釉料的，但成釉效果不太好。除此之外，还有用石灰石捣碎后调制成釉的，不过以"南漳灰"的成釉效果为最佳。

有些器物釉不及底，一方面是便于入窑套烧，不易粘连；另一方面是这种方法不仅用釉少，且烧成后还可形成层次上的美感，可以说既是工艺的需要，也是实际的需要。如果没有将坯上的灰尘清除干净就上釉，出窑的产品易发生脱釉现象。后期一些精美的产品，釉层有空缺，出现缩釉现象。这主要是由于人工调制的釉料中含碱性成分过高，在高温时出现缩釉，属质量问题。

马口陶器没有采用一般常见的草木灰和石灰石原料作釉，而是以特别选定的"南漳灰"与汉江"漕泥"调制，保证了无毒的特性和釉色的美观，这有别于有毒的铅釉，使得生产出的陶器无毒不含铅、透气不透水。而经施釉后烧制出来的陶器，呈近似古铜器的鳝鱼黄色，这一技术为马口窑所独创，给人以光洁明亮、富贵大方之感，再通过控制窑火、温度调节使之达到相应的成釉效果。

(三) 烧造

从拉坯成型到施化妆土、刻划花、上釉等各个环节，有经验的陶工只需要通过听声音就知道原坯是否可以入窑烧造，其过程也称作"看养坯"。从成色上看，原坯的外表呈现出蟹壳黄色，则说明养坯已经到位。

1. 装窑

器物坯体制作完成后，经过一段时间的干燥晾晒，其硬度达到一定强度就可以入窑烧造了。一般用人工担挑进窑，劳动强度很大。装窑的位置非常重要，不同的窑位放置不同的器物，从窑的尾端即最高处逐渐往下，将原坯逐段装满窑室，直到窑门处，装满为止，码装好器坯后即用泥封窑。通常尾端顶层靠烟囱部位的两段位置最好，相对恒温。烧制时间长，温度控制好，则器物质量高。窑室中往往不只有一家窑主的产品，有时几家合包，也有多家分段承包的。靠最后的窑室常常被有实力的窑主定包，其他各段，分别由各个不同的窑主承包，各家包下的位置，由各个承包人负责烧窑，烧到自家一段时，由承包人负责添柴加火。

马口窑场主要是龙窑，最长的龙窑长 50 余米，小龙窑一般长 30 余米，最大窑宽达到 5 米，高度约 1.8 米。窑头在下，窑尾在上，窑头空间较小，窑尾空间则较大。原坯在窑内要经过层层整齐码放，从窑底一直码放至窑顶，多达数层。一般大窑每段长 5~6 米，小窑每段长度约 3 米，大龙窑每段空间一般可装原坯 2000~3000 件，大件器物通常装窑尾，小件装窑头，器与器中间用沙垫隔开，以防粘连，马口窑陶器不用匣钵装烧，主要是套烧和叠烧，可以装三层叠烧，大件中套小件，一般只能套一件，下面用脚钵隔开，套烧和叠烧都是为了最大限度地利用窑体空间。

2. 控火与燃料

大龙窑从装窑、满窑、点火、熄火，约耗时半月。龙窑前端的炉膛(炉包)是控制火候的地方，烧窑前的第一道工序是烘窑，即在用大火烧窑前，对炉体和窑室中的原坯进行加温，如果一下子就用猛火，炉温不匀，就可能出现受热不均而导致器物产生炸裂。一般大窑从点火烘炉到烧窑完成，全程约需 15 天。其中烘坯占 7 天，其间安排四班窑工轮流不停地添柴加火，每个班需工作 30 多个小时。小窑烘坯一般需 3 天，安排两班轮流烧，每个班烧 15~16 个小时。烘窑时，从前端的窑头开始，用稻草作燃料烘坯需一个星期，用芦苇需两天，用木材只需一天。烘坯时，将窑室两侧上下的投柴孔堵塞起来，以利于窑室保温和升温，大约一周后，在龙窑的尾部(烟囱)最高处，从烟囱中放入一个泥做的验砣进行测温。一天后，敲碎检查，如泥砣干透，就开始从窑头添加燃料，烧起大火，自下而上逐渐往上烧。龙窑两侧的投柴孔也逐步加入添柴行列，以支持和帮助燃烧，直到顶部为止，最佳温度是 1220℃~1250℃，最高温度不过 1300℃。分段往上加柴时，炉包留有两个通风的气孔，便于向窑中通风供氧。

龙窑的看火师傅也叫把桩师傅，他们的工作主要是通过观察火焰的颜色来判断温度。有一个非常绝妙的"唾沫测温法"，就是通过观火孔吐一口唾沫下去，视其瞬间的变化来判断窑内温度烧成状况，再根据观察结果来决定下一步如何烧窑，以保证产品质量。

马口窑有庞大的生产规模，致使其对燃料的需求也十分巨大。中华人民共和国成立前，当地湖区盛产芦苇(俗称"刚柴")，烧窑的燃料较易获得，此外还有木柴、棉秆、豆秆等都是上好的燃料。当然最好的燃料还是木柴，它熬火时间长，易于控制窑温，烧出的陶器质量也最高。之后由于种种原因导致就地取材的芦苇供应不上了，慢慢发展到外地采购木材来作燃料，到20世纪70年代末，马口建造了隧道窑，逐步改用煤、沥青等作燃料，最长的隧道窑长80多米，采取循环烧造，原坯从进窑到成品，整个过程只需几个小时。若烧造小号坛，一天可出几千件。

3. 出窑

陶器烧成后，窑内经过适当时间(龙窑需要冷却7天、隧道窑需要冷却2天才能出窑)冷却，即可取出器物。此时窑内温度虽已下降，但仍处于高温状态，需以湿布包好头、面部、肩部、背部等，并用数层棉布制成手套经蘸水打湿，防护工作做好后方能进入窑内，再经过人工码装，运出窑室。

三、马口窑陶器的种类与器型

马口窑陶器的种类，按用途可分为日用陶器、工艺陶器和工业陶器三个大类。日用陶器是主要的器类，在本书选入的240多件标本中，占总量的80%以上。日用陶器按器型又可分为坛类、壶类、罐类、盆钵类、尊瓶类、缸类、其他7个小类，每类再细分若干器名；以坛、罐、壶三类器最为多见，器型也最为复杂，占总量的半数以上。此三类除在收藏品中较为常见外，也更多地见于老百姓日常生活中。工艺陶器的种类和数量都不太多，其烧造年代相对较晚，包括花瓶、灯座、烟缸以及一些雕塑的人物像等。工业陶器主要指陶水管、硫酸缸和一些建筑构件，其品种比工艺陶器更少，但它的实际生产量却非常巨大。例如各种规格、粗细不均的陶水管一度占据武汉市场供应量相当多的份额，20世纪六七十年代当地农村的道路沟渠、田间地头也被广泛使用，虽然数量众多，但制作粗糙、造型简单。

(一) 日用陶器

顾名思义，日用陶器是老百姓日常生活中经常使用的器物，在马口陶器中，主要是一些容器，另外也包括箅子、器盖等一些辅助型器件。

1. 坛类器

坛类器是马口陶器中种类最繁、器型最复杂、数量最多、延续时间最长的一类器物。分为瑣坛、八仙坛、折肩坛、圆肩坛、异型坛等。

称名为"坛"的器物，一般敛口或直口，圆唇，斜腹或深直腹，下内收，平底，与称名为"罐"的器物相比，体型较为瘦高，一般通高大于最大径。其中被称为"瑣坛"之器，体形硕大，直口圆唇，高直领，直壁深腹，平底，领上往往有一对穿、且便于上锁的方形或圆形小孔，故名。称作"八仙坛"的器物，是采用当地非常普及并已约定俗成的名字，广肩或斜肩，其造型为敛口平沿，肩、腹间结合部饰一周模印暗花边装饰，也有呈凹槽状或仅刻划线条作分界的，斜(弧)腹或直腹，下腹内收，平底。八仙坛的造型特点不是在于其器型特别，而在于它所特有的装饰纹样，即八仙坛的腹部一般分作四幅画面(也有极少数八幅画面），四幅画面上分别绘出八仙图，每幅一位八仙人物，后来八仙时有被其他人物形象取代。有的"八仙坛"仅在画面中题写诗文，更有的器型虽是"八仙坛"造型，但腹部已经完全没有分幅的画面装饰了，通常两个"八仙坛"为一对，基本上是组合起来成双成对使用。

2. 壶类器

壶类器亦是种类较多、数量较大的一类器，在老百姓日常生活中，几乎无法离开，可以用来装油、储酒、盛水、泡茶等，由于壶的用途比较广泛，因此造型也显得丰富多彩。

一般称作为壶的器，体型多变，或高或胖或圆或扁，多盘口或直口，平沿，弧腹或直腹，平底，肩上往往附2~4个彼此对称的系，以便于穿绳提携，也有无系、单把的器，一般有流。"提梁壶"为圆顶，顶部有圆形泥条桥钮，小口，口沿外略翻卷，对应的一侧设管状流，溜肩弧腹，平底，造型显示出端庄高雅的神韵。有一种"扁壶"，正面圆形，扁体直身，短流，壶两侧随形起线，颇似缝合的皮革缝线痕迹还有一种名为"虎子"的溺器，有资料证明它还有用作清洁洒水之功能，同时还有夜晚室外大型活动之照明用途，其顶部有居中的提梁，溜肩弧腹，平底略凹；唾壶为敞口圆唇，束颈斜肩，圆腹下收，平底，最大径在口部。

壶类器分为四系壶、三系壶、双系壶和单把壶。四系壶中有盘口直腹四系壶、盘口圆腹四系壶；三系壶分扁腹三系壶、深腹三系壶；双系壶分为盘口双系壶、敛口双系壶、子母口双系壶；单把壶中则有盘口单把壶、直口单把壶、敞口单把壶；提梁壶有圆顶封口提梁壶和大敞口提梁壶。此外，还有一种无系的执壶，较为少见。

3. 罐类器

罐类器所占的份额也不少，但造型并不复杂，与"坛"相比，其体型略显矮胖，一般通高等于或小于最大径。罐类器分为圆腹罐、扁腹罐、深腹罐和双唇罐等。

无论圆腹罐、扁腹罐和深腹罐，皆直口短颈，溜肩，下腹弧收，平底。双唇罐为敛口，沿面呈弧状，圆唇，唇外附一假敞口，形成凹槽，鼓腹，平底，凹槽形的双唇口，便于腌制食品或盛物加盖后，再注水起密封作用，以防止霉菌侵入从而保证食物不变质。深腹罐有高领深腹罐、深直腹罐和橄榄形罐，扁腹罐分为折肩扁腹罐、广肩扁腹罐和溜肩扁腹罐，圆腹罐和双唇罐没有细分。

4. 盆钵类器

盆钵类器数量略少一些，其种类、器型相对简单，制作较易。盆分圆腹盆和方腹盆，钵有子母口钵、深腹钵和擂钵。盆为直口，平折沿，沿面下倾，折腹，底近平。钵作敛口平沿，直腹下收，平底，农家多作蒸饭之用。擂钵系敞口，圆唇宽厚，浅斜腹下收，平底，呈盆状，最大径在口部，此为食品加工器具，新石器时代就有此类器出土，内外皆无釉，内壁有一道道密集的竖直线凹槽，便于加工薯类、萝卜以及含淀粉丰富的块茎类食物。

5. 尊瓶类器

尊瓶类器数量并不多，但多精致，分尊形和瓶形器两种。尊形器多直口平沿，肩部特点不显，腹内收，是否设圈足为区分尊与瓶的标志，有圈足者为尊，无圈足为瓶。其中一件型制特殊的尊形器作子母口，短颈，圆鼓腹，腹部有里外两层，里层为可以活动的内胆，下腹急收，喇叭形圈足。瓶形器多高颈，造型端庄，口略敞，溜肩弧腹，下腹略收，平底。一件造型比较特殊的瓶，通体浑圆，管状冲天细直口，广肩，肩附四个小桥形钮。在马口陶器中，一般尊瓶类器的装饰纹样特别繁缛精美。

6. 缸类器

缸本是马口窑生产的大宗产品，一般体形较大，迄今民间还多有见到，但作为收藏则不易。小型缸为直口，宽平沿，短颈，深腹下收，平底。另有两件形制略为特殊的多边形缸，分别为七方体和八方体，形体较大，做工讲究，纹饰美观。

7. 其他类器

其他器类包括家具类的桌、凳，日用品中的瓮、杯、筷笼、烘笼、算子、器盖等各类不同用途的器物。桌面呈圆形，面部平整，沿边有齿状装饰，圆形立柱呈竹节状中空，底座为圆台体，平底，便于平稳放置。凳面呈圆形，立柱呈上下粗、中间细，底座为圆台体。瓮作直口，尖圆唇，斜肩弧腹，平底略凹，纹饰比较特殊，以化妆土作原料由堆塑法完成。杯作敛口，厚圆唇，束颈，腹部附一拱形把手，制作简陋。筷笼呈袋状，俯视则作不规则半圆形，底部有数个漏水的小孔，近口部有两个作悬挂固定所用的穿孔。烘笼为敛口，拱形提梁，鼓腹下斜收，平底。算子呈圆形覆斗状，中部凸起，算子上均匀分布有十数个小圆孔，于蒸饭时放置锅底使用。器盖面有平或凸，顶有钮。

（二）工艺陶器

马口窑烧造的工艺陶器是指除日用陶器以外包括文具类的笔筒、墨盒，卧具中的枕，挂物用的勾以及摆件如灯、烛台和签筒等。工艺陶器的品种有各种灯具、挂件、摆件和文具等，灯为平沿方唇，盘浅口，竹节状圆柱，盘形盏托，大盘底座。烛台方形中空，平时置于堂上，每当逢年过节祭祖或婚丧嫁娶等活动时使用。笔筒平沿尖唇，颈部一道凸棱，斜直腹下渐宽，平底。墨盒呈六面菱形，平口，内为圆形槽，直腹平底。枕为半圆筒形，两端平直凸起，中空，底部两端下凸，致枕底悬空。签筒呈喇叭状造型，形似古尊，敞口平沿，腹部突起呈圆鼓形，假圈足略外撇。钩一为象形、一为孔雀形，面部有两个作固定铆钉用的穿孔，长鼻上翘，便于勾挂，背面平，一般造型生动，设计精巧。

（三）工业陶器

马口窑烧造的工业陶器，在这里泛指建筑专用、工业专用以及给排水管等，20 世纪 80 年代中期，曾一度将制陶工厂划分为"特种工业陶瓷厂"和"建筑陶瓷厂"并组织过专门生产。马口窑陶器中的工业用陶，主要有两大类，一是城乡建设专用的地下给排水管，二是盛装药品的专用硫酸坛，生产的种类和数量都不少，且制作相对简单的给排水管曾一度占据马口窑陶器生产的半壁江山。建筑构件包括瓦当和屋脊构件等，瓦当是建筑上的重要构件，是屋檐上最下一个筒瓦的瓦头，形状有半圆或圆形，表面多有花纹或文字；它既有保护房屋椽子免受风雨侵蚀的实用性，又可起到美化装饰作用。屋脊构件呈长方体，中空，底略宽。例如有一件龙首鱼身，双眼突出，嘴部大张，尾部上翘，身施鳞甲状纹，非一般建筑所用，显系特殊建筑构件。

迄今发现最早的陶水管是在新石器时代晚期的河南淮阳平粮台遗址出土，此后，商代早期的黄陂盘龙城宫殿基址使用了陶水管，西周以后出现陶瓦。到战国时期，各国的瓦当显示出不同的地域特点，此时还烧造了各种形制的砖，历经秦、汉，城市建设对建筑用陶的大量需求，使得砖瓦窑业成为制陶业中的一个专门类别，出现了专门的砖瓦窑场。马口窑基本上不生产砖瓦，而专事以烧造日用陶器为主。在 20 世纪 50 年代，曾有窑场为湖北省财政厅生产过绿色琉璃瓦，瓦上有镰刀、锤子组成的模印纹，绿釉原料以铜矿末拌米汤调成。

四、马口窑陶器的质地与颜色

（一）陶器质地

马口窑陶器的质地非常坚硬，依据陶器与瓷器的几个关键指标对比，马口窑陶器与一般瓷器的差别除胎质是普通黏土还是高岭土之外，其他指标几乎完全没有区别（详见附表二）。马口窑陶器良好的质地源于各种原料、制造工艺、烧造技术等多方面完美的结合。关于马口窑陶器产品的质量等级，据记载，中华人民共和国成立后马口陶瓷厂产品曾分为甲、乙、丙、丁四个等级，甲级最好，为优等，多为出口产品；乙级为二等良好，基本没有大的问题；大路货产品为丙级；有明显硬伤的为丁级。

1. 原材料

马口窑陶器所用原材料包括泥土、化妆土、釉料、燃料等，马口镇附近的岗地和湖边，分布着一种略带偏红色的黏土，这种当地特有的红色黏土，土层埋藏很浅，土质细腻密实，地下一米处便可挖取，极易获得，且藏量十分丰富。采用这种红色黏土制作的陶器，特别实用，于是便产生了制陶业，加上化妆土以及无毒灰釉运用，烧造的陶器呈现出喜庆的颜色，这些都为马口窑陶器的形成发展奠定了基础。一件件耐酸碱、耐腐蚀、防渗漏，保存腌制物品不腐烂、不变味，敲击有声、坚实耐用的产品源源不断地从马口窑场诞生。

2. 火候与温度

对于陶器的质量，一般来说最为关键的是火候，火候高则陶质坚硬，火候弱陶质就松软。远在新石器时代的磁山文化、裴李岗文化、河姆渡文化时，陶器的烧成温度为800℃～900℃，商周时期江西清江吴城、筑卫城等地的印纹硬陶已经超过了1100℃。东汉时期浙江上虞小仙坛窑址的瓷片标本，经中科院上海硅酸盐研究所测定，已达1260℃～1310℃，当烧窑温度达到1300℃时，瓷器便能够烧造成功。从此以后，陶器便一步一步地完成了其华丽的转身，逐渐变成以瓷器为主。《中国陶瓷史》（中国硅酸盐学会编，1982）介绍东汉以后的情况其实只是瓷器的发展历程，不知是因为仅仅存在于民间抑或是其他原因，陶器被逐渐淹没在浩瀚的历史长河之中，若然失去了踪迹；不过，考古调查与民间传说仍然告诉我们，在广阔的乡村，民间陶器的烧造却是从来也没有停止过。马口窑陶器就是这些民间窑场的一个缩影，其烧成温度1220℃～1250℃，与瓷器烧成温度接近，质量当然坚硬。

（二）釉色

马口窑陶器以黄釉为主，陶器颜色包括酱黄、紫褐、古铜等，庄重耐看，最为著名的是"鳝鱼黄"色。较晚的阶段更烧造了各种彩釉陶器，釉面晶莹透明是因为釉料中含锰，这种含锰元素的掺入，可使釉面光洁、艳丽。部分产品如建筑材料中的水管、硫酸缸等，不施化妆土，只在胎体上施釉，成品呈现出黑褐色。

1. 鳝鱼黄色

传统的黄釉分为两种，一种是以三价铁离子着色的石灰釉，为高温黄釉；另一种以含铁的天然矿物作着色剂，为低温黄釉，基础是铅釉。明清两代的黄釉器多是以铁为着色剂，用氧化焰低温烧成，呈色黄润光滑，釉面晶莹透彻。鳝鱼黄是结晶釉的一种，釉料中含有铁、镁和硅，经氧化焰烧成时析出结晶，釉色黄润，略带黑色或黄褐色斑点，犹如黄鳝鱼皮，故名。马口窑陶器特别选定"南漳灰"与"汉江漕泥"经科学配比调制,从而形成了鳝鱼黄色。当然,马口窑也部分采用过当地的芝麻秆灰、黄豆秆灰与漕泥调和作釉,但烧成陶器的呈色略显淡黄,这也是马口窑陶器颜色并不完全都是鳝鱼黄色的原因。

2. 彩釉陶器

窑内温度变化会造成陶器釉色或偏红、偏黄和偏绿,温度过低呈黄色,过高则呈青色,偏红是釉中含锰多了一点。本来,在器表施单色釉,烧成的陶器呈现出单一的颜色,如青釉、白釉、黄釉等,由于釉料中所含化学成分的不同,器物烧成后就呈现出不同的颜色。20世纪70年代以后,马口窑烧造了红、黄、蓝、绿、黑、白等多种彩色釉陶器,也都达到了很高的水平(参见吴至祥:《湖北民间美术探源》)。彩器釉料多为化工产品,马口窑陶器的彩釉不但色调丰富,而且特别光亮,透明度高,釉层的透明度是指透射光的强度与入射光的强度之比,比例越大,釉层的透明度就越好。影响釉层透明度的因素很多,着色氧化物的含量,胎体与釉层的厚薄、纯净等,都与透明度有密切关系。

五、马口窑陶器的装饰题材

马口窑陶器做工精良,特点突出,装饰花纹与图案也极具特色,图案不仅具有装饰性,艺术性也很强。马口制陶业因本地区深厚的文化底蕴与丰富的物质基础相结合而得到滋润,陶器从最初的实用性走向工艺性,逐渐发展成为独特的民间艺术。马口窑陶器的装饰题材非常广泛,已经掌握的材料就包括人物故事、动植物与风景建筑、抽象写意纹、几何纹和文字符号等五大类若干种装饰题材图案,其中尤为人物故事类题材最为突出,特别是"八仙坛",更可作为马口窑陶器的代名词。

(一)人物故事类图案

人物故事类题材是装饰绘画中的一大特色,此类题材几乎占据了马口窑陶器精品的绝大多数,包括历史故事、神话传说、生活场景和戏曲人物等多方面内容历史故事题材,例如《三国演义》中"草船借箭""舌战群儒""空城计",多表现诸葛亮与对手斗智斗勇的典故及"关公夜读春秋"的传说;《红楼梦》中贾宝玉和林黛玉合读《西厢记》的场景;全景式展现皇太后出巡宏大场面的"半副銮驾图";反映唐代历史故事"十八学士"衣锦还乡的场景;以再现清代咸丰年间发生在武昌城"状元游街"真实事件为背景创作的"状元打马游街"图,等等。

神话传说类题材出现较多,仅以"八仙"作为装饰内容的就占有相当大的比例。八仙是古代神话传说中的八位神仙,分别是铁拐李、汉钟离、张果老、何仙姑、吕洞宾、蓝采和、曹国舅和韩湘子。有的"八仙坛"图案仅画出八仙所持的葫芦、扇子、渔鼓、花篮、宝剑、笊篱、阴阳板和萧八种宝器,称为"暗八仙"。此类题材还有《西游记》中的"孙悟空三打白骨精"、《封神演义》中"文王求贤""姜太公钓鱼""哪吒"、《天仙配》中的"牛郎织女鹊桥会"等。此外,常见的还有"寿星巡游""天女散花""西王母出巡"等。

生活场景画面有"百子闹春"中众多少年儿童欢庆佳节的场景,"童趣图"中少年儿童放牛、拾穗、拔草的劳动场面,"守卫海疆"中边防军人在椰树下放哨站岗,"农民形象"中肩荷农具的村夫农妇、老翁采花戏幼童的和谐生活场景,"外国人形象"中双手撑伞的高鼻深目的洋人形象等。戏曲人物包括戏剧、曲艺等文艺作品中的情景再现,如古典戏剧《西厢记》《铡美案》等人物形象,现代京剧《红灯记》中的李铁梅、现代舞剧《白毛女》中的喜儿、《红色娘子军》中的洪常清与吴清华等主要人物造型,现代"杂技表演"中的舞龙、舞狮、顶碗、转碟等舞台艺术造型等。

（二）动植物与风景建筑类图案

动植物图案特别繁复，仅是目前已辨识出的就达数十种之多，还有相当一部分无法识别，如果算上变形的纹样，就更是不计其数，主要有动物及鸟兽鱼虫类图案、植物及竹木花草类图案和风景建筑类图案等。

动物及鸟兽鱼虫类图案可分兽类、禽鸟、水族、昆虫等。兽类包括龙、狮、象、猴、鹿、牛、马、羊、鼠、兔等，禽鸟类有凤凰、喜鹊、蝙蝠、鸳鸯、孔雀、百灵、绶鸟、鹤、鹭、雁、燕、鸡等，水族动物有鱼、虾、蟹等，昆虫图案有蝴蝶、蜘蛛、蜻蜓等。其中，尤以蝙蝠、鹤、鹭的形象出现最多，蝴蝶、鱼也较为常见。

植物及竹木花草类图案可分为竹木和花卉草蔬两类。竹木类有竹、松、梅、柳、桃、杏、石榴、玉兰、海棠、茶花、桂花、椰树、万年青等，花卉草蔬植物有灵芝、牡丹、芙蓉、菊花、百合、葵花、鸡冠花、芦花、荷花、水仙、葫芦、兰草、南瓜等，其中以梅、竹、菊、荷较多见。

风景建筑类图案不多，涉及的题材范围也有限，分为山水风景图、古建筑造型与工农业生产场景等，其中山水风景图中有日月、山丘、湖泊、寿石等自然景观；古建筑造型包括亭台、楼阁、宝塔、殿宇、牌坊等；工农业生产场景有火车、轮船、飞机、拖拉机以及与工厂、农村有关的城市、乡村图景，此类图案一般作为主题纹样装饰于器物的腹部正面。

（三）抽象写意类图案

抽象写意图案是一种用高度概括的手法，以简练夸张的笔划构图，并刻划出带有一定的程式性和象意性装饰的绘画方法。

抽象类纹样有如意纹、云纹、蕉叶纹、团菊纹、水花纹、冰裂纹、风纹等。如意纹是常见的一种辅助装饰纹样，寓意吉祥如意，多饰于器物的肩部。云纹是一种常见的辅助装饰纹样，一般以连续构图作为边饰，作边饰时图案与如意纹颇为相似，不同之处是如意纹圆形规整，多用双线构图，云纹常用单线构图，随意而不规范，线条活泼，卷曲而自由。云行天中，取托瑞于天之意。蕉叶纹以数片芭蕉叶形纹样排列在一起，组成装饰纹带，故名。一般装饰在器物的颈部或近底部。团菊纹由简单线条勾绘出一朵盛开的菊花的外形，大体分两种，一种团菊中心无花蕊，另一种团菊中心有圆圈，内印作坊主或工匠的姓氏。

写意类纹样有莲瓣纹、缠枝花纹、折枝花纹、卷草纹、朵花纹、瓜瓞纹、水草纹、蔓草纹、把莲纹、花卉拐子纹、波折纹等。莲瓣纹是使用最多的一种辅助装饰纹样，以莲花瓣作为装饰纹样。历代莲瓣纹的风格多有变化，以渐趋简化为其特征，有些甚至简化到了非常抽象、仅可意会的程度，多饰于器物的下腹部及近底处。缠枝花纹枝茎缠绕，呈连续的波状线状，枝茎上填以花叶，构成缠枝花，故名，有缠枝莲、缠枝牡丹等纹样。折枝花纹的构成不受外轮廓限制，与周围纹样无连接关系，独立构成单独纹样，形式多均衡。一般刻划在器物的显著部位，绘出一枝弯折的花卉，故名，有折枝牡丹、折枝梅等。卷草纹以柔和的波状曲线组合成二方连续、四方连续的草叶纹样装饰带。不论卷草、卷枝、卷叶，它们的茎干部长短适度，圆浑有力。朵花纹花蕊圆形，花瓣分五瓣、六瓣不等，多装饰在器物的颈部和腹部，有时也插入条纹之间，或以草叶纹间隔，组成新的纹饰。此外，还有如太极图案、钱花纹等或单独或连续的各类图案。

（四）几何纹类图案

几何纹图案包括弦纹、回纹、方形纹、圆形纹、菱形纹、扇形纹、三角形纹、多边形纹、万字锦纹、盘长纹、曲带纹、直线、曲线、圆点，一般作衬地纹使用，少有例外。弦纹是最常见的装饰纹样，除了作为一种美化手段而存在外，主要还是工艺上的需要，用它来为器物不同部位段的花纹定位，多为单线和双线，界出画面，使之高低一致、起伏均衡。回纹是常用的辅助装饰纹样，有时也以回纹作主题纹样，因纹样如"回"字，故名。有单体独立、正反相连成对和连续不断的带状形等，作主题纹样时多饰于腹部，作辅助纹样时，多饰于器物口部和颈部，有时还以回纹带界出画面。"卍"字纹也是常见的衬底装饰纹样，"卍"字原为古代一种符咒，用做护身符或宗教标志，通常被认为是太阳和火的象征，在梵文中，"卍"字意为"吉祥之所集"，佛教认为它是释迦牟尼胸部所现的瑞相，有吉祥、万福、万寿之意。唐武则天长寿二年（693）采用汉字，读作"万"，万字四端向外延伸，可演化为各种锦纹，这种连续花纹经常用来寓意绵长不断或万福万寿永不断头之意，常用作器物的衬底装饰图案。锦纹通常为衬底装饰纹样，它是直接受织锦和建筑彩绘图案的影响而形成的一种装饰纹样，以几何图形连续构成，其结构严谨、华缛富丽。由于装饰部位成带状，多呈二方连续面貌出现，多转变为锦地开光的构成形式。曲带纹由于其呈现为横置的 S 或反 S 形连续的曲带状，常用于器物的边饰或花纹之间的装饰。

（五）文字符号类图案

文字符号图案分文字与图形符号两个大类，其中的文字装饰按照文字内容所表达的意思大致可分为款识、口号、诗文和吉言四类。其中款识类文字包含：一是标明作坊、工厂、商号、地名等与制造、销售、用户相关的名称，二是人名及制作人款，三是包括干支纪年、公历纪年、皇帝纪年等的纪年款，四是器物用途款，五是广告语。口号类文字有：包括政治、军事、法律等方面内容的标语口号，反映工农业、商业、生产等经济活动方面内容的标语口号，表现社会、生活方面内容的标语口号。诗文类文字包括：名人诗句摘录，联句、警句，打油诗，俗语、谚语。吉言类文字包括单个的"福""寿"字，或者"福禄寿喜"及其组合文字以及祝辞。符号类图案有两个方面的内容：一是旗帜刻字，二是画轴刻字等。

款识类文字内容有中华人民共和国成立前的作坊、商号，如永兴槽坊、习昌雄号、喻利记号、永兴和号、王祥央号、梁义顺号等，工厂名称则多是指 1949 年后的利群工厂、宏丰五社陶器厂等，地名款如马口新民工厂出品、鄂川马口陶瓷厂、汉川县细菌肥料厂等，还有用于出口产品专门标记的"中国制造"等。

陶人款是在陶瓷器上署以陶工、作坊主、店主姓名或店名的款识，常常与纪年、赞颂、吉言等内容结合在一起，形成一条铭文，直到明清时才见到单独的陶人款，而且比较少，官窑器上更少见。清初官窑器偶见督陶官的款识，乾隆以后，督陶官形同虚设，陶人姓名才见于款识。陶人款的格式，一般是在匠人姓名后面加一"造"字，也有仅书姓名、姓氏或店号的。马口窑陶器上的人名及制作人款有张平洲记、洪魁题记、黄香记、程永泰明记、张顺锦、王汉勋以及扬习宁画戏等。比较特殊的是"窑货工业会会长"一例。纪年款是在器物上用刻、写、印等不同方法，标明其烧造年代的一种款识，分帝王年号纪年（称年款）和干支纪年（称干支款）。单纯使用干支款的不多，也有只书朝代的，属特殊现象。款字多书写，兼有暗刻、凸印、朱书等，款外多加边饰，常见双圈、双线方框或单圈，个别也有无圈框的，款字均竖写，极少横排书写。马口窑陶器纪年款包括有用皇帝纪年的"同治七年酒坛一个作价小四百三十元包庄（装）"，以及干支纪年的"乙巳夏至侯题""庚申年小阳月张顺锦"和"丁未年梁义顺号"等。民国纪年有"民国拾九年造"和仅写"民国"二字的一例，纪年款"拾贰年"未说明是哪朝哪代的 12 年，但可推测为"民国十二年"。公历纪年中有一九五×年×月×日制等。用途款中最多的与酒相关，如"美味汾酒""山西汾酒""南酒""酒香""太白赌酒""状元红"和"美酒香味"等，说明是盛之物，其次有"美味香茶""香茶可口""茶香"等，说明了其装茶的功能。另有"油香"以及"谨防潮湿高温请勿靠近农药"的提示语，则告知了其用途。广告语有"长寿礼坛"等，与用途相关的文字也大多含有广告的意味。

有关政治、军事、法律等方面的内容集中在 20 世纪 50 年代，适逢中华人民共和国刚刚成立，人们的政治热情高涨，表现在这一时期突出政治的标语口号内容特别丰富，如"中国共产党万岁""敬祝毛主席万寿无疆""拥护朱总司令万岁""为共产党致敬，为解放军致敬，为烈士致敬，走社会主义道路""党组织应是无产阶级先进分子所组成""巩固国防建设""江山共老""保卫祖国""中国人民团结万岁，天下人民是一家""团结人民，保证卫生，保证生产，永久和平""争取世界持久和平""保卫和平""民主专政，大家经常来捕捉""服务人民""团结精神""清匪反霸""打倒不法地主，搞好生产，保护安全，保证丰收"等。还有一件上书写"集中抗战力量，排日暴弱侵略"，从内容反映应属抗日战争时期。反映抗美援朝、土地改革等特殊历史时期的口号内容有："反对战争""打倒美帝""打倒美国、反对美帝，阴谋破坏""美国军队从台湾滚出去""支援解放台湾""打倒蒋匪""反对美帝武装日本""抗美援朝、保卫祖国、反对美帝""中苏友好，工农一家，面向农村""打倒不法地主、中朝友好、搞好生产""向朝鲜人民军致敬""消灭细菌战""实行土改，农民翻身""农民翻身，土改实行""保护农民既得果实""大破大立""不信地主鬼板眼，严格管制地主，努力生产""支援前线，不准地主乱说乱动""巩固工农联盟""实行劳动保险条例"等。反映工农业生产、商业经济等方面的标语口号有："努力学习，保卫祖国，增产节约，搞好生产""发扬民主、改善生活、繁荣经济、发展生产""加强生产""提高文化、学习政治、加紧生产、支援前线""降低成本，走合作化，发展生产，光明大道""反贪污，反官僚，反浪费""要节约闹革命""增产节约""一天节约一把米，一年节约了不起""完成过渡时期总路线""鼓足干劲、力争上游、多快好省、建设祖国""多快好省""毛主席下了令，千军万马大跃进""增加生产，保证丰收，千斤稻谷，百斤皮棉""加紧生产""勤劳苦做，劳动致富，生产模范，建设国防""生产发家""提高技术""支援农村""热爱农村、建设农村""保护耕牛，奖励生产""用杂粮绿化荒山，用瓜果美化城乡""发展社会必须搞好重工业""学习先进、赶上先进、苦干巧干、提高人力""实行生产、繁荣经济、防病保粮""完成堤工""修堤治水、生产发家、繁荣经济""对于奸商，抢购套购，投机倒把，必须打击""民主管理、增产节约、增加生产""增产节约""城乡互相，购买公债""人人开户""农业学大寨""劳动光荣""要让各种食品赶超全世界""建设人民幸福的新生活，质量坚固永不毁""一本万利"等。

反映社会文化、生活学习方面的内容有："劳动群众知识化，知识分子劳动化""工农群众知识化""发现典型，培养典型，提高典型，推广典型""劳动英雄""幸福人家、丰衣足食""一切为了会见国家社会的幸福""二件事：读书、耕田""百花齐放、百家争鸣、努力生产、研究生产""提高政治文化水平""劳动光荣、提高产量、建设祖国、搞好学习""学习文化、扫除文盲、建设祖国、发展生产""学习第一、提高新的知识水平""学习先进""努力学习""一切都要向土专家学习""努力生产，学习文化""扫除文盲，光明的前途，光荣的人家，光荣的人物""节损（省）浪费、努力前进、加紧学习、增加生产""人人争做万能人，事事开展高工效""男女平等""男 20 岁女 18 岁，婚姻自由""抗美援朝，民主专政，民主青年，互相互爱""百年合好""天作之合""同心自由""讲卫生、雷厉风行、除四害、刻不容缓""五味调和，美味可口"等。

诗文类包括名人诗句摘录与创作的诗文："暮色苍茫看劲松，乱云飞渡仍从容，天生一个仙人洞，无限风光在险峰""下定决心、不怕牺牲、排除万难、去争取胜利""天高任鸟飞，海阔凌（凭）鱼跃""迎来春色换人间""黄鹤楼中吹玉笛""江城五月落梅花""一行白鹭上青天""更喜柳絮随风舞""长安市上酒家眠""春游芳草地、夏赏绿荷池、秋饮黄花酒、冬吟白雪诗""西来几阵风，吹落三叶秋""清泉石上流""西望长安不见家""雪满山中高士卧""山川锦绣出奇人""一色杏花红十里""寒夜客来茶当酒""春雨时节百花新""万里长江飘玉带""漠漠水田白鹭飞，阴阴夏木黄鹂转""笑问客从何处来""若待上林花似锦""秋月扬辉桂一枝""风吹桂花十里香""出门俱是看花人"等。联句警句有："敬祖敬宗敬父母，谢天谢地谢君王""一柱灵香达上苍，四时清季保安康""一年好景君顺季，进士香坛有一对""十年寒窗无人问，一朝成名天下知""状元归来马蹄飞，马前报到状元来""月移花影上栏杆，独坐小窗谈周易""好鸟枝头亦朋友，落花水面即文章""千般体态万般娇，青红紫绿在笔梢""牧童归去横牛背，短吹无腔信口笛""文章自古成知己，一林高竹长遮日""昨日杏花开、今朝紫燕来""乳鸭池塘水浅深，熟梅天气早晴阴""屋檐花藤满，遍地瓜果香""贾岛醉来非假倒，刘伶饮尽不留零""春宵一刻值千斤""九经读罢方抬笔""双手推开窗前月""万里千家文重诗""赤日行天午不知""万物静观皆自得""前无古人，后无来者""花有清香月有阴""独上高楼故国情""青云客度青云客""财分天地人"等。打油诗有："我去修行不做官，每日朝朝只在山，霸王只为江山死，悔不当初不渡河""干劲象（像）武松，办法赛孔明""唐太宗瘦天下肥，李陵甫口蜜腹剑""月明林下美人来""金銮玉殿次弟开""琴棋书画诗酒花、当年朝朝不离他、如今七事都改变、柴米油盐酱醋茶""明月叫枝上，黄犬卧花心""十月梅花岭上开""骂得将军没马骑"等。俗语谚语有："状元生下状元郎""读书能做官""庄稼一支花，全靠肥当家，家家勤劳，户户节约""修塘如修房，积肥如积粮，家家勤劳，户户节约""青山绿水，花花世界，丰衣足食，幸福人家""种田不修塘，好比儿死娘、庄稼一枝花，依靠粪当家""世人结交须黄金""休道早行人""人人夸我有一手""夫妇同床，夫妇同宿""世上财色人人爱，哪有一人不贪色""喝时一尊酒，重多细能文""一朵红云捧玉皇""唯有葵花向日倾""黄花遍地开""天上银河渡双亲""风吹云动天不动""不知春去几多时""白色雪中化（话）日长"等。

吉言款是采用不同方式刻写具有吉祥意义的词句或短语，以表示祝愿的款识。吉言款式多种多样，书写或刻画方法更是丰富多彩，马口窑陶器中的吉言类文字图案含单个"福"字，包括篆体、草书、狂草乃至模印"福"字等；单个"寿"字，包括篆体、连体、模印"寿"字等，还有"福禄寿喜"及相似内容的组合文字如"福、禄、寿、喜""福、寿、双、全""福、禄、寿"合体字等。"福禄寿纹"装饰纹样有两种表现形式，第一种是在器物的主要部位，直接用文字书写福、禄、寿三个字，或其中的某一两个字；第二种是在器身上画出蝙蝠、鹿、松鹤、蟠桃等，因蝠与福、鹿与禄谐音，松鹤蟠桃代表寿，故名。单纯的寿字纹一般也被称作"吉言款"，有多种不同的变体以及不同的表现形式，变形的寿字有不同的寓意，瘦长的寓意"长寿"，圆形的称作"团寿"。此外，寿字与"万"字符号结合称作"万寿"。

吉言款中的祝辞内容比较丰富，有"天下太平""大吉大利""松鹤朝阳""福如东海""四海春风""五福捧寿""人寿年丰""堆金积玉""和气升财""状元及弟""五子登科""状元家中有此坛""早生贵子""百子千孙""南国佳人""丰衣足食，人面桃花"等。

六、马口窑陶器的代表作品与获奖作品

不同时期马口窑烧造的作品，都有其代表作，精湛的手工艺与文人的世俗化相结合，宽松的艺术创作环境，进一步扩大了陶艺家及工匠们的视野。在这样的氛围下，艺术和手工艺的创作得以繁荣。据不完全统计，各时期的代表作有八仙坛、十八学士坛、空雕双层龙坛、三国演义坛、水浒传坛、西游记坛、红楼梦坛、天仙配坛等，画面内容几乎涵盖了我国古代丰富的历史文学题材。其中，八仙坛曾被选为高校艺术院校陶艺教材，1981年产品荣获湖北省轻工系统造型设计奖，在1982年北京工艺美术品展销会上被抢购一空。绘有《孙悟空三打白骨精》故事的泡菜坛，在国际博览会上得过金奖。2009年2月中央电视台《寻宝——走进孝感》栏目的专家们将马口窑"黄釉剔花人物坛"评选为地方民间国宝。

七、马口窑陶器的产品与销售

(一) 产品用途及使用对象

马口窑陶器的用途之广泛，在当地百姓日常生活中，任何材质的物品都无法与之相比。陶器是作为人们日常生活需要烧造的，开始生产的器物也只有炊煮、储藏、盛食的罐、坛、壶、盆、钵之类，尔后除了满足日常生活需求外，又逐渐增加了一些具备其他功能的器类，不过，日常生活中的陶容器始终占据着大宗。随着生产规模的扩大，马口窑陶器的用途变得越来越广泛，包括贮酒、装油、泡茶等各种用途的壶，装粮食、盛干果副食的坛，装副食、茶叶的罐，腌制菜肴的盆钵，盛水的缸，年节时用来祭祖燃香的签筒，种花的盆等，几乎应有尽有。同时还生产照明用的灯，取暖的烘笼，蒸煮用的箅子，碎食物用的碾槽，澄滤用的擂钵，家具类的桌凳，文具类的笔筒、墨盒，卧具类的枕，做工具用的挂钩、轮轴。还有工艺品中的花瓶、雕花龙坛，工业用陶中的建筑构件、水管及配件等。如锁坛除了可盛装酒、油和米外，其本身就是作为赠送的礼品。

这么多用途广泛的器物在马口几乎都有烧造，其使用对象几乎遍及当地，当地人几乎都在使用马口窑烧制的陶器。马口及其周边附近农家，多多少少有那么几样坛坛罐罐，它们是家家户户不可或缺之物。陶器与百姓生活几乎密不可分，成为百姓须臾无法离开的用具。

从20世纪五六十年代开始，马口生产了规格品种非常多的陶质水管，供应武汉市用作下水管道，而同时期当地农村的沟渠道路，亦使用了较多不同类型的陶水管。不知是当地的泥料不太合适做碗、盘之类小型餐具还是另有原因，马口窑在传统上并不烧造碗、盘等，虽然部分窑场也烧制过一些饭钵，但做工不精致，马口在生产这类小件轻巧产品上没有优势，更没有表现出竞争力。

马口窑陶器富有一种质朴简洁的美，在陶瓷大家族中，一直默默无闻，却深受老百姓的欢迎和喜爱，真所谓"不去殿堂争宠幸，愿入寻常百姓家"。马口窑以生产各类"坛子"著称，故又称"坛子窑"，湖北旧俗，女儿出嫁前男方家要送一坛酒，女方陪嫁的食品也往往以各类坛子装盛，因此"坛子"也逐渐成为一些地方"女儿"的代称。马口窑陶器不仅承载着民间的陶瓷文化和饮食文化，更是湖北传统民俗之中不可缺少的一部分，以品种多样、做工精细、价廉物美而远近闻名，满足着十里八乡的农家需求。

(二) 销售与供应范围

据《汉川县志》记载，在清末民初，马口窑陶器的供应范围已遍及长江沿岸的上海、南京、汉口、宜昌、重庆、万县及湖南、广东等地，这个范围几乎涵盖整个长江上、中、下游的沿岸地区，并远及南粤。中华人民共和国成立以后，武汉市场成为特别重要的销售地区。有资料表明除江汉平原腹地外，在远隔百里的汉江上游之湖北竹山、数百里之外的江汉平原西部边缘湖北枝江，都发现马口窑陶器的踪迹。

据仍在从事马口陶瓷生产销售的林松阶先生介绍："1958年以前的马口陶瓷产品，主要是自产自销，省内采购主要有武汉、荆州、宜昌、孝感、仙桃、洪湖、潜江、监利以及丹江等地。以江汉平原地区的客户为多，省外主要沿汉江远销到陕西旬阳，再到长江上、中、下游的四川、湖南、江西等地，从销售上来看，20世纪60年代是一个高峰，1965年一年上缴的利润，就有20万元，在当时这是个非常庞大的数字。"马口窑陶器的销售，主要依靠水路运输，多用木船装运外销，历史上主要依托汉江黄金水道，汉水流域、长江沿岸一度成为其销售市场。

大约在1921年，就有陶器出口日本；1962年，装农药的药水坛出口德国和美国，此后出口国还包括新加坡、墨西哥、澳大利亚等。有资料说在美国、日本、墨西哥曾有关于马口窑陶器的介绍，原湖北二轻局的王金鼎曾经在墨西哥专场表演过马口陶的拉坯技术。

(三)品种与价格

20世纪60年代以前，马口生产的陶器种类就达数百种之多，70年代后产品更为丰富。对于马口窑陶器，我们已无法知晓它在每一个历史阶段的生产品种与价格，但从已见资料仍可看出些端倪，据武汉市土产公司物价科1964年12月编印的《武汉陶器牌价》:

> 此时武汉市场上由马口生产的陶器共分六个大类计160个品种，六个大类分别为缸类、坛类、壶类、盆钵类、朵器类、水管类等，其中陶水管的品种就有60个。而同时期湖北蕲春陶器，只一类四个品种，麻城陶器三类53个品种，从价格上说，最高价是马口生产的40×65厘米规格大水缸，批发价8.04元、零售价9.65元，最小的豆瓣酱缸，批发价0.09元、零售0.12元，最贵的大礼坛零售价2.52元，最便宜的葫芦坛零售价0.18元，最贵的酒壶零售2.44元，水管类规格最多，价格差别也大，50×60厘米水管，其单节批发价为8.70元、零售价10.44元，最小的5×30厘米水管，其单节零售价仅0.30元。

十年后的1974年5月，武汉市土产公司陶瓷批发部编印的《武汉全国陶器牌价表》中说:

> 武汉市场销售的陶器品种达数千种之多，涉及湖北省以外的有江苏宜兴(六类共302个品种)、湖南新化(只砂吊一种)、常德(仅饭钵一种)、铜官、湘阴、醴陵、桃源、广东佛山石湾(主要是工业用陶)，河北峰峰(水管)，山东淄博，山西太原等多个产地，湖北省境内有(汉川)马口、蕲春、(麻城)宋埠、(黄冈)巴河、大悟、安陆、随县、武汉洪山等地，在分类方式一如同前的情况下，同时期蕲春陶器品种83个、(麻城)宋埠13个、(黄冈)巴河68个、大悟4个、安陆8个、随县8个、武汉洪山68个品种，同表上马口陶器则仍然六类齐全，共计167个品种，其中陶水管仍为60种之多。

在高度计划经济的时代，两份牌价表所列的陶器目录基本上涵盖了武汉市场全部的陶器产品，也间接说明了马口窑场对武汉市场的供应量。

此外，1972年10月由湖北省应城县(汉川邻县)日杂公司编印的《应城县日用杂品销售牌价(陶器)》

显示：价格目录共 110 页，其中马口窑陶器名录占 68 页，京山 4 页，应城本地 10 页。另有湖南铜官和湘阴窑的产品 28 页，其中的器物因名称、规格不统一而无法进行品种价格的对比，但水管类器物中规格最大的 40×60 厘米陶水管，其单节批发价 7.63 元、零售价 8.77 元，最小的 5×40 厘米水管，其单节零售价 0.41 元。这些数据可帮助说明 20 世纪六七十年代马口陶器产品的价格情况。

第五章　马口窑与陶器研究

一、马口窑的兴起、发展与衰落

马口镇的历史，如前所述在宋元以前并不见经传，目前已知最早的记载是见于明嘉靖《汉阳府志》。此后，明万历《汉阳府志》卷十二载"尹御史名良任墓，在梅城系马口"，成为马口之为原名"系马口"的佐证。再往后也陆续见到一些有关明清以后马口与陶器烧造或其他一些信息。其实，这个依汉江而建的小镇，现代考古学可以证实，早在西周时期，左近就有人类在此繁衍生息。[1] 但千余年来，除了关于三国关羽系马的传说，这里并没有给后人留下多少典故史迹，马口亦曾发掘过明代墓葬。[2] 地方史志的记载、村民家谱的描述、周边多带"窑"字的村名、民间的种种传说，也仅仅能够告诉我们，明清以来这里曾经是一个远近闻名的大窑场，直到 20 世纪末才逐渐衰落。前几节已将有关马口窑的文献记载、各时期窑业发展状况、考古调查与发掘情况、马口窑陶器收藏等作了些概述，为进一步认识和了解马口制陶业的缘起、兴旺与衰落，探寻马口窑陶器的装饰特点、艺术成就以及其历史地位，有必要再做一些细微的探究。

(一) 马口制陶业兴起的历史背景

探索马口制陶业的发展，离不开对本地区历史上行政区划的调整变更、社会经济发展变化状况、人口资源环境变迁等诸多因素的讨论，而马口制陶业的兴起则恰恰是由上述多个因素连锁变化而直接推动的结果。

1. 本地区政治经济中心的变迁

武汉市由于长江、汉水的天然阻隔，被分隔为武昌、汉口、汉阳三个不同的相对独立的区块，如今常被称为"武汉三镇"，别看这座闻名于世的"九省通衢"之城，其在元朝以前的中国历史上，并不是本区域的政治、经济与文化中心。在元朝以前相当长的一段历史阶段，两湖地区(湖北、湖南)的政治中心大多是位于江汉平原西部的江陵(今湖北荆州市)境内，元朝疆域辽阔，实行行省制度而设立的湖广行省，其辖地范围大体包括今湖北南部、湖南全省、广西和贵州大部、广东部分地区。至元十八年(1281)，武昌(当时称鄂州)才正式成为大区域湖广行省的行政中心，到这个时候鄂州(今武昌)才正式取代荆州(江陵)的地位，区域政治中心的东移为明清两代武汉地区经济社会的发展奠定了基础，包括汉川马口在内的区域因毗邻武汉，又携水路交通之便，从此迎来了历史发展的大好机遇。

从行政区划的调整变动情况来看，今天的武汉市汉阳区既是当年汉阳府治之所在，又是汉阳县的衙

---

① 湖北省文物考古研究所. 汉川乌龟山西周遗址试掘简报[J]. 江汉考古, 1997(2)：10-13.

② 汉川县文化馆. 汉川马口明代石椁墓[J]. 江汉考古, 1985(4)：35-37.

署所在，即府、县两级行政中心。由于长江阻隔的缘故抑或另有别的原因，与武昌隔江相望的汉阳城，一直存在着一个州府级的行政机构——汉阳府（或郡），在汉阳作为郡、府一级机构存在的数百年间，其管辖范围非常狭小，属县仅有汉阳、汉川两县。至清雍正七年（1729），汉阳府才扩大管辖范围，辖地包括汉阳、汉川、黄陂、孝感四县，但在光绪二十五（1899）"夏口厅"成立以前，今天著名的"汉口"其实一直都是隶属于汉阳县的辖镇，而汉川县辖的马口，在同治十二年（1873）全县33个主要集市统计中，已经成为汉川县最大的集市，马口多年来其实是与汉口一样，同属于汉阳府辖的两个工商业重镇之一，二者的联系似乎相当紧密，从这一点不难看出马口曾经有着相当突出的历史地位。

2. 明朝赋税制度改革的影响

有记载表明，马口开始生产陶器，是在明朝后期的隆庆年间。该时期手工业发展迅速，生产力水平有了很大的很高，明政府自嘉靖（1522—1566）之后，"完全废除轮班制，一律征银，下令'各处轮班匠役，每名按季征银，如弘治十八年例'。于是官工徭役制基本上废除，过渡到代役租制。这种生产关系上的变化，使广大工匠的技术和产品投入了市场，并且和众多的城市及农村的手工业者的技术互相结合，在各个不同的地方经营作业，推动了手工业生产的发展，特别是纺织、炼铁、制瓷、印刷等技术和产量，较前又有了提高"。①

特别是万历首辅张居正大力推行"一条鞭法"，把原来的徭役改为用银代役，使得农民对封建国家的人身依附关系又有了进一步的松弛，农民生产的产品与市场的联系也更加紧密了，工匠们的技术和产品也得以更多地投向市场。这一改革对当时商品经济的发展也起了推进作用。随着社会生产力的提高，手工业脱离农业独立发展的趋势比以前更加显著。在当时，从农业中分离出来的劳动力只有极少数人从事手工业，但是从事手工业的人口比以前确实是增加了。除去大量从事个体经营的手工业者如铁匠、木匠、窑匠等"百工杂作"之外，还出现了更多的雇工。像这种从农业分离到手工业中的劳动力日益增多和各个手工业部门分工日益细密的情况，标志着手工业生产的发展和社会分工的加强。这一重大的赋税改革措施，为明朝末年手工业的发展带来了前所未有的契机，也为适逢此时诞生的马口制陶业创造了良好的发展机遇。

3. 移民与制陶技术的传入

汉川市马口镇所在的江汉平原，由于多年来的开垦，明清时期可耕地面积与人口都有了较大规模的增加。据史料记载，北宋时期全国的经济重心已偏处东南，南宋迁都临安后，政治中心的南迁，更加速了中国经济重心南移的历史进程。随着经济重心南移的完成，两湖地区也同南方其他各地一样，社会经济日趋兴旺。宋元时期，湖广人口相对稀少，加之元末明初的战乱，人口进一步凋落，闲田旷地较多，开发程度较低，因而成为吸引移民的重要因素之一。清同治《汉川县志》载，"（元末）川沔一带，烟火寂然，至明初仍是土旷赋悬，听客户插草立界"，说明当地人口稀少的景象；再者，两湖地区优越的自然环境也成为吸纳移民的重要因素。长江、江汉流经的两湖平原水土资源丰富，湖泊众多，交通便利，湖区有大面积肥沃的淤积滩地，易于耕种，且雨量充沛，四季分明，有利于谷物的生长，这些都使之成为明清两代极具潜力的新兴农业开发区。即便是鄂西山地，也因其山大林深，拥有丰富的野生资源和山林草地，也逐渐成为外地流民极具吸引力的移居之地，土地资源的充裕与当地人口的稀少，使得明清时期外省人口大举流入该地区。史料和传说都指向其中一个重要的方向——江西，各种信息表明，迁入人口尤以江西人为多，这一点从马口现居民中不少姓氏的家谱也得到相应地证实。移民时间断断续续达数百

① 浙江省高等师范学院. 中国通史讲义[M]. 杭州：浙江人民出版社，1983：408.

年之久，两湖地区从明初开始成为典型的移民型社会。①

江西陶瓷业素来发达，商周时期的印纹硬陶烧造技术已相当成熟，《景德镇陶录》云："江西窑器，唐在洪州，宋出吉州。"到明代，景德镇成为全国制瓷业的中心，"清代景德镇的瓷都地位更为突出，除了宫廷用瓷、外销瓷，社会上的民间用瓷也几乎绝大部分由景德镇供应，景德镇以外地区的窑场多数只是生产一些缸、坛之类的日用陶器"。② 江西移民大规模地迁入两湖地区，不可避免地也会有一批从事制陶业的工匠随迁而来。现居马口镇周边的肖氏、胡氏、刘氏、黄氏等诸多姓氏家族的家谱，提供了相当丰富的信息可资佐证。

(二) 马口制陶业繁荣兴旺的原因探析

马口制陶业的兴起亦可能出于偶然，但其繁荣生产的背后，必然有众多因素支撑。其内在原因包括先进的生产管理和过硬的产品质量，同时产品能够符合大众的审美情趣，满足人们的某些精神需求。这些内在因素再加上外在方面如优越的自然环境、便利的水路交通、庞大的市场需求、完善的销售等，确保了马口制陶业的繁荣。在同时期的武汉周边地区，并不是仅有马口窑一家存在，被湖北美院李正文教授称为湖北三大民间窑口的麻城蔡家山窑、蕲春管窑，也都创造出佳绩，相比较而言，还是马口制陶业的规模与高度要胜出一等。

1. 自身因素分析

在组织管理上，早年的马口窑便是采取专业化生产模式，每一位拉坯工匠、每一位画工都要经过长达七八年乃至十年的专业训练，使得其在人力资源利用与制作工艺技术方面得到了充分的保证。马口窑在利用原料上调配以高质量的"化妆土"，试制出专门的釉料，以保证陶器的呈色。设计生产的产品贴近百姓生活，满足了不同功能层次的需要。一次可装烧上万件器物的大龙窑，且数十条龙窑汇集在一个相对狭小的区域，形成规模化生产，遂逐渐成为湖北民间陶器的代表。此外，马口制陶业的发展壮大，本地区具备丰富的原料资源当然是不争的事实，但当地潜在的文化底蕴与民间文化传统亦不可小觑，以简单实用之器，完成造型设计，传递出朴素的情感，烧成喜庆的色调，精雕细刻出雅致的纹饰等，这一切都离不开以本地区深厚的文化教育背景作支撑。

一个有趣的现象似可提供一些参考，明代中后期，江汉地区陆续发生了一系列影响全国的重大事件。明武宗(正德皇帝)无子，诞生于安陆(后改承天府，今湖北钟祥)兴王府的朱厚熜赴京继位，是为嘉靖皇帝，其师石首人袁宗皋于嘉靖元年成为礼部尚书兼文渊阁大学士，随后石首人张壁于嘉靖二十三年就任礼部尚书兼东阁大学士，沔阳人傅颐任户部尚书，石首人王之诰任北京刑部尚书兼南京兵部尚书，更有江陵人张居正官至万历内阁首辅，在其任上实施了史称"张居正变法"的"万历新政"。

此外还有不少来自该地区的官员，如隆庆辛未进士、工部尚书、崇祯元年任吏部尚书、加太子太保的天门人周家谟，嘉靖丁未进士、工部尚书加太子少保的应城人李幼滋，嘉靖丁未进士、尚宝司少卿的监利人李先芳，嘉靖壬戌进士、四川按察使、应城人张崇伦，隆庆丁卯进士、户部尚书、应城人陈蕖，万历丁未进士、兵部尚书、应城人徐养量，隆庆辛未进士、浙江道御史、汉川人尹良任，万历甲戌进士、都察院右佥都御史、汉川人尹应元等陆续入朝为官。明廷中出现了一大批诞生于江汉地区的朝廷高官，即是史上所称与"浙党"齐名的"楚党"。

---

① 张国雄. 明清时期的两湖移民[M]. 西安：陕西人民教育出版社，1995：20-21.
② 陈虹，等. 千年瓷韵(上)[M]. 上海：上海人民美术出版社，2002：58.

在文学艺术方面，与之同时代的有主张"世道既变，文亦因之，独抒性灵，不拘格套，重视通俗文学"，被誉为400年前我国文学革新运动一面旗帜的文学"公安三袁"之袁宗道、袁宏道、袁中道，还有在中国文学发展史上影响很大的"竟陵派"首领、天门人钟惺、谭元春。

明清两代，每三年一次在京城举行的考试称为会试，各省举人皆可应考，逢辰、戌、丑、未为正科，以举人经会试考中者为贡士，由贡士经殿试赐出生者为进士。会试中榜的人数非常有限，每榜多则三百，少则仅数十人。在中榜难度如此之大的环境下，一大批来自江汉地区的子弟入选，不仅说明了本地区上榜考中的人数之多，更说明了该地区教育普及的程度。无论如何，金榜题名者必是少数，却可以帮助我们推测判断一个庞大的受教育群体散布在广阔的江汉地区乡村。一个地方受教育人口的数量与质量，往往会在文化教育方面得以充分的体现。

2. 江汉地区的开垦与人口增加

顾炎武在《天下郡国利病书》中称：

> 明初，荆江两岸及湖区大筑堤垸，垸田大盛。

据《荆江大堤志》及《长江水利史略》中载：

> 明嘉靖二十一年，堵塞郝穴口，并加固新开堤……到清顺治七年，堵塞庞公口后，从湖北江陵枣林岗起，至监利县城南止，全长182公里的荆江大堤始连成一个整体。

民国《湖北通志》载：

> 清康熙十三年，清政府议准湖北省沿江各府、州、县一些地方官吏管理汉江堤防，议准由汉阳知府等六府同知，分督江夏等十一县丞、汉川等十县典吏，每逢夏秋汛涨，各干所属地方率堤老圩甲，搭盖棚房，备置桩篓、柴草、芦苇、锹筐等项器物，堆贮棚所，昼夜巡逻，看守防护，冬春兴工修筑。

《清史稿·河渠》：

> 嘉庆十二年湖广总督汪志伊言，"堤垸保卫田庐，关系紧要，汉阳等州县均有未涸田亩，未筑堤塍，应急筹勘办，以兴水利而卫民田"。

《湖北通志》另记：

> 汪志伊奉命制楚，勤求治理，内可以宣泄积涝，外可以防江水身盛涨向内地倒灌，使平原湖区水利得以改善。

从此，长江以北以及汉江两岸的广大地区逐渐成为人们繁衍生息的宜居之地。

堤垸围垦与兴修水利并举的直接结果，就是江汉地区得以大规模开发，农田大增。宋元时期，全国粮食产销中心在江浙一带，民间流传"苏湖熟，天下足"，到明代后期，江浙粮食已需从湖广调入，"苏湖熟，天下足"遂演变成"湖广熟，天下足"。明末清初虽然重复了元末明初土地大批抛荒的过程，但通过清康熙及其以后的一系列奖励垦荒、扩大耕地面积的措施，本地区农业生产再度得到发展和恢复，"湖广熟，天下足"的美誉一直延续下去。粮食产量的增加，使得两湖地区的人口迅速上升，有研究表明，"官方史籍中，清代人口数字有史以来第一次在乾隆六年（1741）突破1亿大关（达1.4亿），1776年突破2亿，1790年突破3亿，1834年突破4亿"，"咸丰元年（1851），人口冲至清代最高值的4.3亿"。足够养活本区人口、尚且还有能力外援粮食的湖广地区，其人口增速亦不会少于全国，本地区部分县市的人口变化情况也大致能够帮助说明，大规模的人口增长伴随而来的必然是对生活日用品的大量需求。

3. 水陆交通环境的变化影响

《大清一统志》"汉阳县"条下：

> 汉水故道在今汉口北十里许，从黄金口入排沙口东北折，环抱牯牛洲至鹅公口，又西南转北至郭师口（今汉阳郭茨口）对岸，曰裹河口，约长四十里，然后下汉口。明成化初，忽于排沙口下，郭师口上，直通一道，约长十里，汉水迳从此下，而故道淤塞。

关于汉水河道的变迁，虽然还另有说法，但比较一致的意见是，自明朝中叶，由于汉江水道的变化，导致汉水入江口逐渐稳定在今龟山北麓的位置，拉近了马口与汉口的距离。汉水的这次改道，使得经马口直通汉口的稳定水道最终形成，两地之间的交通与经贸联系更加方便，汉口慢慢地发展成为中国内地著名的港埠和货物集散地。

清末至民国初，纵贯中国南北的京汉、粤汉铁路以武汉为中心链接，与横穿东西的长江水道形成十字交通格局，使得武汉地区的交通地位再一次提升，背靠江汉平原的汉川马口，拥有着取之不竭的原料资源，又处在紧邻大汉口的一侧，加上如此近便的交通，终于成为繁华的工商业市镇。

4. 汉口的兴起与通商口岸的建立

汉口的兴起，一般认为始于明成化年间汉水改道以后，主要是利用长江、汉水的水运之便，作为码头和商业市镇发展起来的。明末，汉口镇就已经与江西景德镇、广东佛山镇、河南朱仙镇一并成为中国的四大名镇。清初，汉口的工商业和水上运输业获得了很大的发展，到清嘉庆时（1796—1820），人口已突破十万大关，成为华中地区的商业中心，人口激增，消费市场进一步扩大，刺激了更多的农产品和家庭手工业品逐渐的商品化，同时也促进了郊区自然经济的解放。汉口镇以其强大的经济辐射能力把四周县域卷入商品经济的滚滚洪流。根据1858年的《天津条约》，汉口被辟为对外通商口岸，外国商人获得了在长江中下游通商和航行的特权，从而将对华贸易向中国腹地推进，此后，汉口先后开辟了五国租界，与17个国家在汉通商，建立了12个领事馆。①

坐拥有"九省通衢"之誉的地理位置，使汉口一开始登上历史舞台，就通过大江航道，不断地接受来自长江三角洲地带新经济因素的影响。汉口周边地区的手工业、商业活动得以迅速发展起来，得交通之利的马口制陶业随之迅速超越邻近其他地区的生产，而成为供应汉口市场的主力。

5. 晚清民国时期与新中国成立初期武汉政治经济地位的变化与影响

19世纪中叶的鸦片战争，揭开了中国近代史的序幕，从晚清开始直到中华人民共和国成立的百余年

---

① 皮明庥，欧阳植梁. 武汉史稿[M]. 北京：中国文史出版社，1992：333.

间，武汉地区经历了风云激荡的伟大变革，1851年爆发的金田起义，太平军很快进占湖北，"从1852年底到1856年底的四年间，太平军四克(汉)阳夏(口)，三克武昌，兵锋所至，遍及湖北南部、东部和中部数十州县"。[①] 直到太平天国战败，武汉成为主要的战场。"从1889年秋冬到1907年秋，张之洞主持两湖大政达18年之久"，[②] 张之洞督鄂，创办了一系列近代工业。清末20年官办工业的结果，使湖北出现了10余个较大型的轻重工业企业，且初步形成体系，官办与官商合办的企业数量占同期全国总数的24%。可以说当时湖北的工业基础，不仅在内地各省中居于首位，就是与沿海的江苏、广东、河北相比，也并不逊色。梳理清末湖北商业发达的原因，大致有这么三条，第一条是自然条件的优势和历史的商业基础，第二条是汉口开埠以后进出口和转口贸易逐年增加，第三条则是晚清地方政府重视和支持发展商业。1911年的武昌首义，令武汉全国瞩目。到1916年，汉口市区人口有24万多人，武昌、汉阳市区约20万人。

张之洞督鄂开创的具有现代性质的制造业、工商业和文化教育等事业，在20世纪乃至当今仍在发挥着重要的作用，对于今天武汉的现代化建设，仍具有积极的启示。经过近20年的惨淡经营，湖北由一个深居腹地、经济文化均处中等发达程度的省份，一跃而成晚清全国最重要的机器工业中心之一，某些门类(如钢铁工业、军火工业)在当时的东亚也占据领先地位。新式学堂的创办、留学生的派遣、洋操洋械新军的组训，也居全国各省前列，就清末洋务事业的综合发展水平而论，湖北驾乎天津而直追上海。

民国期间，汉口升格为特别市，其地位得到进一步提高。1926年10月，北伐军攻克武昌，1927年武汉国民政府成立，成为全国革命中心。1937年，应对抗日战争，国民政府临时迁入武汉。抗战前夕，城市建设的规模有了一定程度的扩展。全市居民24万多户，人口达123万，其中汉口80.1万、武昌30.9万、汉阳12.4万。有史料表明，此时的汉川马口，外来从商者众，经商极易成功。在抗日战争时期，马口成为抗战后方，抗战胜利后又有许多外地商人蜂拥而至，使得该地商业更加兴旺，商人们通过汉江再经由长江航运，将马口窑陶器运销全国各地。1949年中华人民共和国成立，武汉成为中南五省大行政区的中心，马口再一次搭上了时代发展与大规模经济建设的列车。

(三)马口窑制陶业的衰落

马口窑陶器以日用陶器为主，在特定时期也部分生产过建筑与工业用陶，一直以来，它服务于百姓日常生活和生产，产品经数百年而未衰。但是，经过20世纪末，由于我国改革开放后各方面社会经济的变化与现代化进程，人们的生存状态和经济结构发生了很大的改变，马口窑陶器生产与时代发展的不协调开始逐渐显现出来，表现出诸多方面的不适应。

1. 产品功能用途与老百姓现实的使用需求不适应

马口窑陶器的主要用途是盛装粮油食品，江汉地区湿热的气候环境，对容器的防水、防潮、防霉、防湿等有较高要求。一直以来，正是马口窑陶器恰好具备了这些实用功能，在农业生产如粮油、蔬菜等无法保证人们一年四季需求平衡的情况下，储备、储存功能显得尤其重要，马口窑陶器因之便有了极大的用武之地；但当时代发展到各家各户对食品的独立储备功能弱化时，以往家家户户必备的坛坛罐罐就显得有些难以作为了。今天人们的日常生活，其实并没有完全离开陶瓷器皿，每家每户的餐桌上，仍然摆放着碗、盘、碟等瓷器器皿，但普通的粗陶器的确已经逐渐淡出人们的视线。究其原因，马口窑的全

---

① 皮明庥，欧阳植梁. 武汉史稿[M]. 北京：中国文史出版社，1992：333.
② 罗福惠. 湖北通史·晚清卷[M]. 武汉：华中师范大学出版社，1999：199.

部产品从来都是坛、罐、壶、缸之类较为粗糙的陶器，从来就没有生产过细腻的瓷器，虽然也烧过一些如饭钵之类，终未成气候，当这些粗糙陶器的使用功能逐渐退化时，马口窑制陶业的萧条也就不可避免地发生了。

2. 新材料的替代作用

伴随着城市排水工程与农田灌溉所需一时大增的陶水管烧造，虽也曾提升了市场对马口窑产品的需求，但新材料、新产品很快涌现，并随之完成了更先进更适用产品的转换替代；伴随着科学技术的进步与社会生产力的发展，钢管、铁管、水泥管、塑料管等完全取代了陶质水管。同时，借助科技进步与先进设备批量生产的塑料、金属、玻璃、搪瓷等实用品，在非常短暂的时间内，快速进入老百姓的日常生活，各种质地的现代化工业品便完全替代了这些略显粗糙的陶质日常生活用器。

3. 与经济发展变化不适应

在商品经济不甚发达的年代，陶器烧造成本低廉，在价格上具有非常明显的竞争优势，实用价廉的陶器几乎是老百姓日常生活的最佳选择；但随着社会经济的发展，人们的购买力不断得到提升，审美情趣也会随之发生变化，当普通人家也都有能力承受和购买更适合自己相应消费水平的质高价优的且相对精致的物品时，相对粗糙的陶器就更显得与时代和经济发展不合拍。手工产品在成本、价格、利润诸多方面根本无法跟现代化机器大工业生产的产品相比，一般情况下很难满足产品升级换代的需要，二者不可同日而语。马口窑陶器是典型的手工业生产，产品性能、质量、外观等无法满足人们日益增长的物质文化与生活需求，在成本、价格等皆处于劣势的状况下，衰落其实就是必然的了。

4. 与社会变化方面的不适应

在物质生产相对贫乏的年代，马口窑陶器还无意中曾起到过传播民间民俗文化的载体作用，陶器的型制、装饰、图案、文字等以不同方式参与到人们社会生活的方方面面，如婚丧嫁娶的需要、逢年过节的礼俗、标语口号的传播、精神与情感的需求等，这些都是批量生产的现代工业品所不能比拟的。千篇一律的现代工业产品，无法具备民间民俗文化的承载功能；而伴随着文化传播途径的多元化，失去了民间民俗文化传播载体功用的普通陶器，也很难长久地留在人们的记忆中。

伴随着与市场相适应而生产的马口窑陶器，因服务百姓，贴近生活，产品的生命力就显得旺盛；反之，当产品不能满足现实需求，市场也就会失去。窑场在濒临破产与消亡中关闭，艺失人散，是可以预料到的事情。当然，对于如何保护与传承这类物质与非物质的双重文化遗产，政府和社会各界也在逐渐引起重视，探索也没有停止。

二、马口窑陶器的装饰特点与釉料釉色

(一) 马口窑陶器的装饰特点

1. "施化妆土"是马口窑陶器的一大特色

马口窑烧造的日用陶器、工艺陶器等基本上经过了这道工序，工业陶器如陶水管则没有经施化妆土工序。化妆土的应用一方面遮盖和弥补了陶器胎体表面的粗糙及颜色的单一，另一方面也为胎体装饰和绘画创造了条件。在一定程度上可以说，马口窑陶器装饰的前提应该是来自化妆土的应用。

马口窑常见的装饰工艺有堆塑、贴塑和模印等。人们将细腻的白泥在胎体表面以手指代笔进行堆塑造型，创作出具有浅浮雕式的艺术特色，进而再辅之以刻、划、点等，丰富了陶器的装饰内容。刻划花

主要表现在刀功技法上，以刀代笔，粗犷、有力、大气；运用刻花和剔地相结合的装饰技法也，称为刻花剔地法，其线条具有阴刻线和浅浮雕结合的艺术效果，是马口窑陶器的独特装饰技法，也是区别于同时期湖北其他窑口的重要装饰工艺。在人物、动物的眼睛和花卉的花蕊处，通常采用点上一个或数个小孔，类似于绘画里的点睛，这被称为点睛法或点花法，是马口窑装饰绘画的独特手法之一。它具有提示和强化作用，能起到画龙点睛的艺术效果。马口窑的点睛装饰技巧，在技术上是一种创新，体现了民间匠人对中国传统绘画精髓的深刻领悟。水花装饰法又称为"水划花"，是马口窑陶器的另一大装饰特色，其特点是利用化妆土的厚度和流动性产生浅浮雕的艺术效果，刻划的线条宽厚，与化妆土釉面形成厚度和深度的对比，手法干脆利落、动感十足，具有浓厚的中国画大写意绘画风格，方便快捷，如花、鸟、虫、鱼等都是一笔成形，其效果远高于传统的刻花剔划技法，更适于批量生产。

以事先雕刻成形的纹样、字模等图案进行印花装饰是为模印，是在尚未干透的器物坯体上压印出各种装饰图案，有作主体装饰，有作辅助装饰；模印纹一方面起到装饰和美化作用，另一方面又增强了器壁与结合部间的强度。

马口窑中出现过少量描花装饰，其方法是用毛笔蘸白泥在未施化妆土的坯体表面描绘纹样图案；大多以圆形或方形寿字纹、如意纹、菊花纹作点缀，以白泥描绘的线条在坯体表面形成一定厚度堆积，待坯体晾干后将器物倒过来浸入釉缸，近底部分及底部保留露胎；入窑烧成后由于未施化妆土的坯体表面整体颜色较深，呈青褐色或酱褐色，描花的图案则呈亮黄色，两种色彩形成强烈对比，产生出具有类似于描金装饰的艺术效果。

装饰构图的一般程序是从颈部到腹部再到近底处，先以弦纹从颈、肩、腹部直至分段划出各段位置，然后用不同的线条分别界出各个块面，分别装饰题材各异的纹样，主题纹样有八仙、十八学士等题材，这是马口窑陶器中一个较为独特的现象。锁坛、八仙坛等装饰人物画面，要求画工临场发挥，比较难画的题材有"半幅銮驾""十八学士""状元打马游街""闹春图"等，锁坛等繁缛的绘画装饰，代表了马口窑陶器装饰工艺的最高水平。

部分器物施釉不及底，一方面是便于入窑套烧，不易粘连；另一方面是这种方法不仅用釉少，且烧成后还可形成层次上的美感，可以说既是工艺的需要，也是实际的需求。后期部分产品，釉层有空缺，则是缩釉现象，主要原因是人工调制的釉料中碱性成分过高，在高温时出现缩釉，属质量问题。马口窑陶器没有采用一般常见的草木灰和石灰石原料作釉，而是以特别选定的"南漳灰"与汉江"漕泥"调配作釉，保证了无毒的特性和釉色的美观，而经施釉后烧制出来的陶器，则呈近似古铜的鳝鱼黄色，这一技术为马口窑所独创。

2. 文字装饰题材反映的现实意义

文字装饰类题材是马口窑陶器装饰的一大特色，文字装饰类题材包括款识、口号、诗文、吉言和符号五种形式，如"民国拾九年造"（1930）、中间为两面展开的民国旗帜，两侧刻有"民国"二字的瓦当等为我们了解马口窑陶器制作年代提供了准确的断代标尺；"同治七年"款器也因此成为迄今已知最早的纪年器物。作坊、商号款"永兴槽坊""喻利记号"则告诉我们器物归属清末民国，而地名、厂名款"马口新民工厂"乃至专门标记的"中国制造"则明确说明了其制作年代为1949年之后。标明器物用途的如"山西汾酒""酒香""状元红""香茶可口""油香"等除告知该器的用途外，大多还含有些广告的意味。

真正值得注意的是标语口号中的文字内容，它反映了一定时期的社会文化生活，涵盖了政治、军事、法律及工农业生产等诸多方面的内容，既有鲜明的时代特征，又真实地记录了当时的社会政治生活情况。这类题材主要集中在20世纪五六十年代这段比较特殊的时期，"口号"一词在《现代汉语词典》中的解释是：供口头呼喊的有纲领性和鼓动作用的简短句子，"标语"是用简短文字写出的有宣传鼓动作用的口号。这清楚地告诉我们，标语和口号在本质上是一致的，只是表现形式不同而已。标语是用文字来加以表达的口号，口号是用声音来传播的标语。

在现代社会中，标语和口号正逐渐融为一体。它是一种特殊的文化现象。在特定的历史时期，一定程度上肩负着重大的社会责任，既可以传达政党、组织、政府的主张和意图，也可以反映群众的企盼和呼声；既可以倡导积极进步的东西，也可以反对消极、落后的东西；既能在政治、政策层面引导、教育群众，也能在文化、情感层面熏陶、影响人们。标语和口号对于影响社会舆论，促进文化传播，完善社会功能，推动社会发展，都能够产生积极的影响。

(二) 马口窑陶器的釉料、釉色及相关问题

1. 釉的应用与马口窑陶器釉料

研究认为，釉的起源可能与新石器时代制陶的陶衣有关，但陶衣无论是外观还是显微结构都不透明，且胎釉结合不牢，陶衣也没有形成玻璃态，尚不能称为釉。另有一种说法可能更为确切，就是当柴草做燃料时，燃烧后生成的草木灰通过各种偶然的机会积聚在坯体表面，在高温状态下熔融成玻璃态物质附着在坯体表面，或气流夹带的草木灰与红热的坯体表面相接触，生成玻璃态物质，于是产生了高温釉。

早在商周时期，原始瓷器上就有了世界上最早的高温釉，在长期的生产实践中，人们逐渐摸索出在釉的配方中使用石灰石或草木灰，可以降低釉的熔融温度，使之成为光亮、透明、不吸水的釉，不过此时的施釉工艺还处在初创阶段，从出土的类似原始瓷的器皿来看，一般采用的是刷釉和浸釉工艺，方法是先将釉料调成泥浆，在坯体成型后，再涂刷或浸入釉浆内施釉。北宋以前的瓷釉基本上采用的是流动性较强、釉层较薄的石灰釉；南宋时期创新了石灰碱釉，为以后青瓷艺术的发展带来了新鲜血液，著名的龙泉青瓷就是石灰碱釉，石灰碱釉的发明与应用，是传统青瓷工艺的一个巨大进步。

釉的种类很多，按釉料可分石灰釉、长石釉、铅釉、无铅釉等；按温度高低可分高温釉、低温釉等；按烧成后的外表特征可分为透明釉、有色釉、无色釉、结晶釉等。釉的出现，使瓷器的胎质更加致密，外表光泽显得柔和，不易渗水，给人以明亮如镜的感觉，同时也提高了使用强度，抵抗了酸碱的侵蚀，中国瓷器之所以享誉海内外，釉的发明与应用起到了不可或缺的决定性作用。

传统马口窑器采用的是高温釉，釉料为易收集、且无毒的灰釉，也称为钙釉，它以二氧化碳作为主要溶剂，原料是把分别称作"南漳灰"和汉江河床中的"漕泥"这两种物质经适度配比调和而成，成釉效果非常好。对于地处汉江边的马口来说，河床中的"漕泥"极易获得，从汉江中游的鄂西北南漳县运来"南漳灰"也并不困难，查《南漳县志》载：

> 蛮河航道，1952年前，蛮河中下游，由县城东行，经武镇，在宜城岛口入汉水，通航武汉。旺水季节水深2~3米，可以航行载重5~8吨的木船。

从南漳走水路顺汉江而下，不过两三日路程。当然，马口也曾用本地出产的芝麻秆、黄豆秆、棉花秆灰配制釉料，虽然也无毒，但成釉效果却远不如南漳栎木灰。

2. 黄釉陶瓷器与马口窑陶器之"鳝鱼黄"色

关于陶瓷器的两大装饰手法，一是釉色，二是纹饰，前者比后者抽象，表达的内容复杂甚至有些玄

妙。釉的发明与运用，不仅使得陶瓷器器表光滑、不易污染，而且美观实用，并增添了色彩。关于陶瓷器的颜色，在汉代绿釉出现以前，只有单色，如红、灰、黑和黄色等，汉代以金属铅的化合物作基本助溶剂，以铜和铁为着色剂，大约在700℃的氧化气氛中烧成绿釉陶器，是一种低温铅釉陶器。虽然有毒的铅釉陶最终没有能够作为实用器走入人们的生活，但从此却发明了色釉，当着色剂的某些规律陆续被人们发现并渐渐掌握后，便烧造出了色彩斑斓的器物。

关于黄釉陶器，早在商周时期出现的印纹硬陶，就因含铁量较高而呈现出黄褐色，汉初的原始瓷器甚至还是黄褐釉，只不过它们都是在当时生产条件无法控制的情况下不经意间产生的。隋唐时期出现黄釉瓷器，烧造黄釉瓷器的窑址已被发现，陆羽《茶经》称"寿州瓷黄"，说的是唐代寿州窑以烧造黄釉瓷器为主，釉色有蜡黄、鳝鱼黄、黄绿等，是为最早的"鳝鱼黄"色器。"寿州窑"址位于今安徽省淮南市上窑镇，唐时属寿州，故名，隋"淮南窑"也指此地。"隋唐黄釉分两类，低温以三彩为主，高温则以寿州窑黄釉为典型，这一时期黄釉色彩逐渐纯正。"①宋元时期的黄釉器，按马未都先生的说法，是零零星星、悄无声息。但明代，"黄釉作为宫廷创烧品种当始于永乐一朝，以后自宣德至崇祯时期，均延续了黄釉的烧造，使之成为明代皇家的规范，凡内外施黄釉瓷器仅限于皇帝御用，以黄寓皇"。②

代表黄釉最高水平的是史称"娇黄"的清代弘治黄釉，康熙以后逐渐开禁：

> 清中叶后，国力日衰，皇家对黄釉的把握松弛，加之康乾盛世时，黄釉呈自由状态，柠檬黄、米黄、淡黄、浅黄、姜黄等不再以标准黄色为基准，自由发挥，有的还盛极一时，道光时期民间高手将竹刻艺术移植到瓷器上，染成竹黄色，以期神似，黄釉至此走入民间，虽此黄非彼黄，但它说明了一个道理，瓷器为社会物证，准确地反映了多个历史时期的社会面貌。③

马未都先生谓："天地玄黄，国人自古以来就对黄色有如此清晰地认识。""金属器尤以黄金为贵，金黄色遂成为精神追求的象征，这样最具暖色的颜色，没有任何人为可控釉色能与之媲美。""黄釉的发展在中国陶器史上是一个奇迹，因客观烧造条件的限制，黄釉久未长大，待时机成熟时，又陷于皇家森严的制度，带上桎梏，正是这一残酷的限度，让黄釉登上皇家地位也是陶瓷地位的最高峰。"④

上述马未都先生的这番议论是对黄釉陶瓷器准确与恰到好处的评述。

"鳝鱼黄"作为结晶釉的一种，配釉时用少许长石，并加少量的镁，经近1300℃的高温氧化焰烧成，釉色黄润，带黑色或黑褐色斑点，颇似鳝鱼的皮色，故名。其实，早在明代就见到过鳝鱼黄的说法，《陶雅》说，"鳝鱼皮以成化仿宋者为上"，说明宋已有之。有资料表明，有着北方"定窑"和"磁州窑"风格的南宋"吉州窑"，就曾烧造过酱黄釉陶器。马口窑陶器的釉色，泛黄、美观、有光泽，"鳝鱼黄"是其典型特点。但马口窑陶器并不是用长石加镁的办法配制釉料，而是在坯体上先施优质的白色化妆土、采用滤除灰中碱性的上等"南漳灰"，按一定比例调和"漕泥"等独特工艺研磨配制成釉，以高温烧成具有暖色调的"鳝鱼黄"色，满足了人们实用与审美的双重需求，再配以纹样装饰，烧造出流行广泛、影响深远的陶器。

① 马未都. 瓷之色[M]. 北京：紫禁城出版社，2011：95.
② 马未都. 瓷之色[M]. 北京：紫禁城出版社，2011：104-105.
③ 马未都. 瓷之色[M]. 北京：紫禁城出版社，2011：108.
④ 马未都. 瓷之色[M]. 北京：紫禁城出版社，2011：91，109.

3. 马口窑陶器后期彩釉及其他

历史上的低温铅釉陶器,不知是否因为釉中含有毒性的重金属,而未能作为生活用器使用并流行开来,但它却为"唐三彩"的出现开辟了道路,铅釉技术的发明和推广,为陶瓷工业的发展作出了很大贡献。由于铅釉的折射指数高、流动性大、熔融温度范围宽,避免了石灰釉、碱釉中常见的缺陷,使得釉层更加清澈、透明,这些都为后世釉彩的发展奠定了基础。

由于釉料中所含化学成分不同,致使烧造的陶瓷器呈现出不同的颜色,原始瓷器因釉料中含有氧化铁,所以呈现出青色、青黄色和褐色。汉代以后,当人们陆续掌握了铁、锰、钛等着色剂的规律后,便烧造出黄、黑、褐、酱等各种不同颜色的陶瓷器。

单一色泽的陶瓷器某时刻会让人略感疲惫,追求色泽变化,尤其是自然的色泽变化就会自觉不自觉地成为工匠们的愿望,将此愿望付诸实施时,也许探索了很久,但不论多久,当其愿望终成为事实,才让人发现原来陶瓷可以具有另一类审美。

颜色上升为艺术的表现手段是古人在不自觉中完成的,当古人发现瓷器不仅仅是使用的器皿时,艺术的魅力就从中闪现了出来。①

马口窑的彩釉陶器,吸收了前人烧造技术的成就,尽可能学习并参考了邻近地区其他窑口的特点,顺应了当地人们的审美习惯,根据市场的需要,采用化学合成釉,在釉料中掺入铁粉、锰粉、铜末、钴料等物质,烧造了绿、红、蓝、酱等丰富多彩的各色陶器,如仿湖南北部地区铜官窑绿釉的产品就占有一定比例,不过,这类陶器已不再是以传统的日常生活用品为主了。

三、马口窑陶器的历史地位

(一)马口窑陶器在民间艺术、美术中的地位

民间艺术是我国传统文化的精华之一,是民族艺术的重要组成部分,也是现代美术创作的宝贵源泉和丰富矿藏,忽视它,就不能真正了解民族文化及其基本精神。它以一种质朴、普及的审美形式,作用于人们的精神生活和物质生活,反映着劳动人民对生活的感受、爱憎和欲望,并以丰富的内容对人们起到道德、历史、风俗、文化的教化作用。群众创造了民间美术,也创造了极高的精神境界,并成为维系社会发展的一个方面。民间陶瓷在民间美术中又有着十分重要的地位,陶器的发明是人类迈入新石器时代的标志之一,它直接继承了原始艺术使用与审美共存的性质,经由集体传承和历史积累而不断发展,植根于群众之中。民间陶瓷遍布人们生活的角落,具有极大的普遍性与普及性。民间陶瓷是生产者的艺术,也是生活的艺术,它所呈现的细微、生动、精美、粗放,充满浓厚的生活积淀和意趣,展示出一个时代人们的生存状态和理想。

马口窑陶器是湖北民间陶器文化中的突出代表,在中国的民窑序列中,马口窑经年不息,大气而温馨、豪爽又典雅,丰富多彩、不拘一格,从不同侧面记载了数百年汉川马口地方的民俗生活史,向我们展现了一幅江汉平原百姓生活的历史画卷。马口窑陶艺是中国民俗文化宝库中一份珍贵的非物质文化遗

---

① 马未都. 淡妆浓抹总相宜——色斑[J]. 紫禁城,2009(11):89.

产，在工艺技术上，采用拉坯成型法，施化妆土，用透明灰釉，烧成器物呈黄绿相间的雨滴状，深沉、稳重而明亮；在装饰方法上，以"刻划花"为主，古朴传神，飘逸潇洒，花鸟鱼虫生机盎然，极富生命活力；在化妆土上，进行剔刻然后再施釉，呈现出强烈而协调的暖色，寓喜庆于和谐之中。长期以来，马口窑陶器深受广大民众所喜爱，成为必不可少的日用品或礼仪用品。数百年来，这些陶器与当地民众日常生活息息相关，其影响及至今日。在江汉地区的广大城镇、乡村，生活在这里的人们，几乎无人不知晓马口的"八仙坛"，且声名远播国内外，它们是湖北民间陶器中不可多得的艺术精品，在历史、艺术和科学研究上都具有极高的价值，是重要的文化遗产。

马口窑陶艺在漫长的历史演化过程中，逐步形成了技艺成熟、工艺讲究的独特风格，其制品单纯、质朴、深厚的特点，在相对封闭环境下，保留了民间纯正的特色，这些纯真、质朴而保留了民间陶器的原汁原味的特征，使之在中国民间陶瓷中显得十分突出。

马口窑陶器还有一个诸多民间陶器所不具备的特点，即出口海外与对外文化交流传播。马口陶瓷厂开发的彩陶工艺，生产的笔插、烟缸、座狮、空雕龙坛等彩陶工艺美术品，曾销往美国、日本、东南亚等国家和地区。李正文先生说："此类器物在日本大受欢迎，称'系马口陶'，专业的地图上还标有'系马口窑'的标识，1999 年我曾在日本见到过类似马口窑的刻划陶器。"

(二) 工业陶器的历史地位

马口陶瓷厂从 20 世纪 50 年代开始生产陶水管和硫酸缸，陶水管一度占领武汉市场，其品种就有 60 个之多。20 世纪 80 年代汉川陶瓷工业系统还组建了特种工业陶瓷厂和建筑陶瓷厂等，产品一度兴旺。

传统马口窑生产日用陶、工艺陶和工业陶三大类。

工业陶指主要用于各种工业的陶瓷制品，可分为普通陶瓷和特种陶瓷两大类。普通陶瓷多作日常生活所用；特种陶瓷用于各种现代工业和尖端科学技术的特种陶瓷制品。马口窑的工业陶以普通陶瓷为主，其中包括建筑陶和化工陶。建筑陶包括有砖瓦类、面砖、排水管和卫生洁具等；化工陶包括各种化学工业的耐酸、耐碱的容器和管道等。

普通陶瓷为黏土类的陶瓷，它由黏土、长石、石英配比烧制而成，其性能取决于三种原料的纯度、粒度与比例。一般质地要求坚硬、耐腐蚀、耐酸碱、耐磨系数高、不氧化、不导电、能耐一定的高温，且加工成形性好。马口的陶土资源丰富，可塑性好，煅烧收缩变形少，耐火度、硬度、成品耐酸碱、化学稳定性好，具有良好生产工业陶的资源条件。

清代至民国，马口窑有着专门生产砖瓦类的窑厂，现在汉川地区的老建筑、老民居中所用灰砖、灰瓦，亦不少属晚清民国时期马口窑厂生产。

中华人民共和国成立初期，马口窑厂受湖北省轻工业厅委托，生产了一批武昌东湖风景区景观建筑的绿釉屋顶装饰构件，湖北省财政厅也曾定制过绿黄釉琉璃瓦。马口窑厂生产的面砖和卫生洁具，有藏友收藏了当年生产的一套卫浴面盆，为酱色釉，应为定制，产量不大。

工业陶器的产值与效能，需要大批量的生产。20 世纪 50 年代中后期，为配合国家全面"赶英超美"的大跃进运动，国内掀起了大规模经济建设的浪潮，中国开始了自己的工业化进程，马口窑陶器迎来了工业陶发展的黄金时代。

在"三面红旗"的指引下，我国工业、农业生产突飞猛进。从城区的市政建设，到乡村的农田水利工程，急需大批量的陶水管。马口的陶水管生产，规格多样，产品齐备。工人日夜连班续烧，仍供不应求，这一盛况一直保持到 20 世纪 70 年代中期。这一现象可以从《武汉陶器价格表》中窥见一斑。马口生产的陶水管，不仅广泛用作城市建设的下水管、排水管，还大规模应用于农村农田基本建设的通水管道。乡村百姓将其作为灶台上的烟囱，这一景象在马口附近村中，迄今仍然可见。

马口的化工陶，民国时已开始生产，日本和德国曾定制过化工药水坛。20世纪50年代初，马口窑曾批量生产湖北地区工农业所需的各种规格化工容器，如装硫酸溶液的药水坛。如腹部刻有标记的"自生固氮菌剂硫酸坛"即是证明，化工坛胎壁坚厚，肩部有一个半圆形把手，便于搬运。湖北省化工生产重点企业——葛店联合化工厂所需的化工陶容器和各种化工陶管，均为马口窑定点生产、对口供应（见图5-1）。

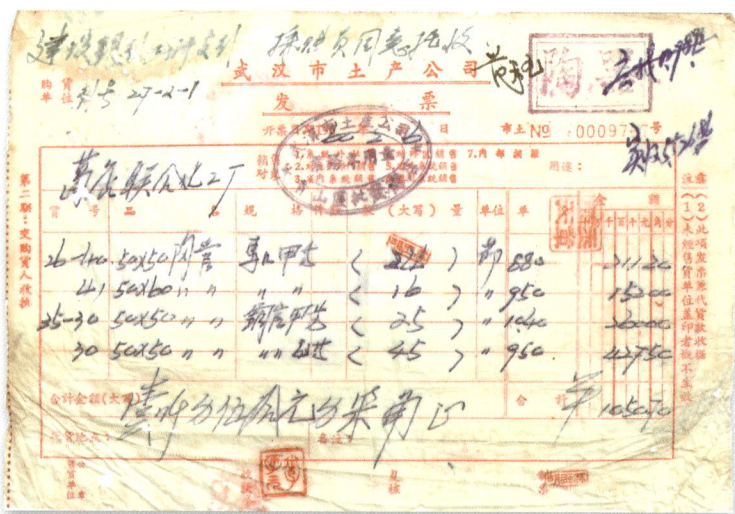

图 5-1　葛店化工厂陶器交易发票

工业陶是马口窑生产过程中不可缺少的一页，在20世纪50年代中后期及其以后一段时间里，为当时国民经济的发展起到了重要的促进作用。在马口窑产量最高的后40年中，有近20年时间，工业陶生产占半壁江山，工业陶生产占整个马口窑产量、产值全部的70%以上，马口工业陶凸显出重要的实用价值。

四、马口窑陶器的艺术与文化价值

马口窑陶器之所以受到关注，还在于它独特的艺术与文化价值。"八仙坛"曾被作为高校陶艺教材，在陶瓷美术界有着较高的知名度。以"八仙坛"为代表的马口陶艺品，其刻花和划花技术，属湖北民间陶艺独创，国内外绝无仅有。

（一）人生观与社会价值观

很久一段时间以来，马口窑陶器并不为人们所了解，也因此而未能引起足够的重视，包括专业人士、陶瓷史家在内，一般认为它历史较短，产品又都是日常生活器，其经济价值自然不高。许多人对近年来马口窑陶器的追捧、对市场的升温感到难以理喻，实际上，在湖北地区明清以来的所有民窑中，马口窑陶器是十分重要且独树一帜的。马口窑是长江流域中部地区影响最大，延续时间最久，既有历史记载、又见丰富实物的民间窑口，自明代隆庆年间有记载开始至1990年前后停止烧造，历经400多年不间断地传承，生产了大量具有艺术价值的陶质艺术品。同时，因马口窑生产的陶器，品种繁杂、数量极多，涉及城镇乡村生活的方方面面，实用性强，为研究明清以来百姓生活的最佳素材，提供了宝贵的原始资料。

(二)民俗主题与吉祥文化

民俗是一种传承的民间文化，民俗是人类社会群体生活中因需要而产生的。《汉书》曰："上之所化为风，下之所化为俗。"一种美好的风俗现象，一旦创造出来，为社会所认同，为群众喜闻乐见，就可能世代传承，延续至今，先秦古籍如《易经》《诗经》等就有相当多的文字记载。从汉代画像石，至唐宋时代的风俗图像，无一不渗透反映和折射出民俗的风范，中国传统的风俗图案创作表现形式多样，在明清两代达到传播高峰。可以说，许多物质的、精神的文化事项，都汇总到民俗之中。

民俗文化在分类上通常包括社会民俗、物质民俗、信仰民俗、游艺民俗等，马口窑作为世俗生活的产物，充分表现出这种民俗文化的特征。

从社会民俗看，马口窑作为近现代中国乡村的一个缩影，沉淀着数百年来农村社会的宗族、姓氏、家庭、社团的组织制度和政治制度的演变习俗，包括农业、商业、手工业等诸多生产劳动习俗。从物质民俗看，马口窑展现出江汉平原地区民众的日常生活面貌，包括衣、食、住、行、饮食器皿、人生礼仪等大量生活习俗。从信仰民俗看，马口窑文化表现出我国南方地区民众精神的心意民俗，包括宗教信仰、道德规范、神灵崇拜，记录和保存了流传楚地的民间文学、民间艺术、神话传说、民谣谚语等。从游艺民俗看，马口窑记录并保存着汉民族岁时、节庆中大量的游艺竞技活动，如春节舞龙舞狮、清明踏青、七月乞巧、中秋赏月等。

任何艺术形式都根植于特定的历史、文化和时代背景，是具有民族特色和区域特色思想情感的展现。中国各地民俗差异很大，但在吉祥文化方面的追求却是基本相通的。在中国人心中，吉祥有着多彩的内容，如《尚书》中福有五种，"一曰寿，二曰富，三曰康宁，四曰攸好德，五曰考终命"。民间也把"五福"解释为福、禄、寿、喜、财，所谓"人臻五福，花满三春"。古时称男子为"吉士"，好日子为"吉日""吉月"等。《周易·系辞》有"吉事有祥"的句子，说明吉祥的本意是美好的预兆。

马口窑的吉祥文化，从装饰题材上，大致可分为四大类。第一类，祥禽瑞兽题材，如龙、凤、鹭、狮、仙鹤、牛、马、羊、鼠、兔、蝙蝠、鱼、蝶等。第二类，花卉果木题材，如牡丹、莲花、梅花、兰花、菊花、松、竹、桃、柿、葫芦、瓜等。第三类，人物神仙题材，如八仙、福禄寿三星、牛郎织女、仙女、寿叟与婴童，以及《三国演义》《西游记》《封神榜》《红楼梦》《水浒传》等文学作品中的人物。第四类，文字符号题材，如暗八仙、文房四宝、太极八卦图，以及福、禄、寿、喜字、回纹、万字纹、曲线纹、如意纹、祥云纹等。此外，还有部分风景、建筑、花篮、花瓶等。

马口窑的装饰艺术，如同中国花鸟画艺术一样，具有"比兴移情"的明显特点。它不单是为了纯粹的悦目欣赏，更重要的是指物譬喻、以借物比兴的手法，使艺术形象存在或服务于人的某种观念程式。它往往是通过下层平民百姓都能理解的象征寓意，表达风俗民情的吉祥福善和热爱生活的积极心理；既与自然结合，又与社会相通，还与人性相融合，使人之情性、社会伦理达到天人合一的契合。在马口窑表现民俗主题的花鸟作品中，可以看到观念意识与形象组合的关系，前者居于主导地位，后者不过是前者的表述与形式外化。这种"形""意"关系的组合，妙趣横生，显示出中国艺术独特的美学风范。

就其组合方式而言，或以名称谐音表达，或以图案形象表达。有取物之声韵，如蝠与"福"，柿与"百事"谐音；有取物之形状，如圆月喻之"团圆"，葫芦取其形性喻多子多孙；有取物之特性，如松、竹、梅品性高洁，莲喻"君子"；有取物之意蕴，如菊花世称"寿客"喻为长寿，牡丹花为富贵花等。在以上各种表达方式中，尤以谐音取义最为常用，如鹿与禄、桂与贵、桔与吉、鱼与余、鲤与利、嘻与喜等。马口窑吉祥文化展现出的生命观念、道德观念、财富观念、幸福观念与民俗文化紧密关联，表现出强烈的观念性和象征性，表达了人们对现世生活的热爱、对美好未来的憧憬与追求。

(三) 积极进取的价值取向

儒、释、道思想作为中国传统文化的集中代表，渗透在中国人的精神、文化和现实生活中。传统宗教与传统文化的关系非常密切，宗教文化对社会规范、伦理道德、社会习尚的形成起着重要的推动作用。

"儒教"曾长期作为中国官方意识形态存在，居于主流思想体系地位。如家伦理以仁爱为基石，以忠孝为核心，以仁、义、礼、智、信为普遍原则，形成包括家庭道德、政治道德和一般社会道德的伦理体系。儒家"以人为本"的文化思想，对中国的陶瓷艺术发展产生了深远影响。受儒家思想的影响，中国陶瓷艺术的审美特征，形成了以人的道德教育替代宗教文化的传统理念。如装饰题材中"君子如玉"精神，以常见的"四君子——梅、兰、竹、菊"或"岁寒三友——松、竹、梅"来表现品质高洁，比喻忠贞的友谊，将人的伦理、道德规范、思想情感予以物化。

儒家思想强调个人的社会责任，强调修身、齐家、治国、平天下，提倡积极进取的入世哲学，给中国艺术带来了政治热情、进取精神和社会使命感。在马口窑陶器绘画题材中，许多作品体现了这一特征。如"状元打马游街""十八学士""鲤鱼跳龙门""二甲传胪""读书做官""一举成名""状元及第"等，表现的就是民间所渴求的金榜题名的美好愿望，体现了当时社会的普世价值观。这一思想在民间具体表现为激励子孙发奋读书，期待有朝一日金榜题名，从而实现建功立业的人生理想。作为民间生活用品的马口窑陶器，由于其使用和流通的长久性和广泛性，居于传播和宣传儒家积极进取的普世价值观意义，因此也就具备了与同时代的主流绘画相同的功能，达到"成教化助人伦"(张彦《历代名画记》)的教育作用。儒家的入世哲学和倡导的伦理观念，其中包含的为人之道、为孝之道和为官之道，在很大程度上决定了中国传统文化发展的精神方向，极大地影响了中华民族的民族性格。

释教也称为佛教，为世界三大宗教之一。佛教思想作为中国哲学史的重要组成部分，也成为中国文明的一个重要组成部分，在佛教伦理中，"三世轮回""因果报应""无缘大慈，同体大悲"等观念，劝人为善、济穷救急，包含着许多人类共同的道德内容，与中国传统的道德主流的儒家道德有相通之处，且流传更广，更深入民心。佛教不仅为中国艺术带来了精神追求，也丰富了艺术表现的形式、题材和内容。在中国历代的经典美术作品中，佛教题材占有相当大的比重，佛经中动人的故事常被艺术家们用为绘画题材，佛教对中国的宗教、哲学、艺术和文学都产生了巨大影响。

"莲花纹"和"万字纹"是与佛教关联的标志性符号，莲花代表净土，象征纯洁，寓意吉祥，因此在佛教艺术中成了主要的装饰题材。在马口窑陶器中，常以宽窄不一的莲瓣纹为器物近底的装饰，并成为主要形式，"万字纹"做陶器腹部的锦地纹和肩腹间的模印纹图案也十分常见。佛教的"万"字纹样，象征庄严无比、功德无量、轮回运转，以示"万德吉祥"、幸福无边。塔作为佛的象征，其建造一直流传至今。从史籍记载来看，塔在我国的出现是伴随着佛教的传入而同时传入的。"塔，即是佛"。在马口窑的装饰题材中，也可以看到以塔作为主题纹饰。

佛教纹样的装饰形式，延续了元明两代青花大罐的装饰手法，宗教意义已经淡化，但依然可以看出这种形式背后的思想渊源。佛教在绘画、雕刻等主流艺术方面的影响也辐射到后来的民间艺术，在绘画艺术中，佛教用天国仙境来衬托人间苦难，用无边的佛法和广大神通，补充脆弱的人生，在引人入胜中给人以美的享受。

道教是中国土生土长的宗教，道家思想是中国本民族的哲学。道家崇尚以自然为本，强调返璞归真，重视坤德，道法自然，深深影响了中华民族的政治、经济、文学、艺术等领域。道家崇尚朴素、"安贫乐贱""恶杀好生""积德修行"，强调人与自然和谐，众生平等，追求自然的思想，对中国绘画和工艺美术起到了积极的指导作用，深深影响了中国艺术的审美意识和审美取向。老庄哲学是道家学说的雏形，其"清净天为""道法自然"的思想影响巨大。

道家思想对马口窑陶器的影响属于深层的哲学境地，而道教对马口窑陶器的影响更为直接，从形式到内容均有体现。以道家思想为基础的本土宗教，教化众生追求自然、和谐、乐生贵生、广行善举、利物济人，通过修道积德达到形神统一、进而得道成仙。由此产生的神话故事，神仙崇拜和民风民俗，极大地丰富了艺术创作的形式和内容。如"八仙坛"是清代至民国时期的代表性产品。八仙在民间的传说十分久远且备受百姓喜爱，八仙人物多为下层失意之士，流落江湖，行侠仗义，游戏人生。如铁拐李，祖腹跛足，为人治病，起死回生，借以点化成道。封建时代生活的下层百姓，期盼着侠士和仙人来济世救人，八仙故事正好符合平民百姓的理想与精神寄托。明代嘉靖年间，由于皇帝推崇道教，官窑瓷器上喜用八卦纹、八仙纹、云鹤纹等道教题材做装饰也可说明。在马口窑的绘画题材中，最为常见的八仙人物及暗八仙图案、太极图、仙鹤纹、祥云纹等，便是道教代表性的符号和图像。

由此，我们可以清晰地看到，包括马口窑艺术在内的许多中国传统艺术和民间艺术，从形式、内容到思想，既有儒家、佛家和道家的人生哲学，也体现出佛教和道教的精神寄托。

在马口窑表现的古典小说人物题材中，如《西游记》《封神演义》《三国演义》等，在内容情节上，也是三教兼具，在价值取向上或儒、或道、或佛，在艺术上也是采三教之华而为之。中国主流哲学是在儒、道互补和儒、佛、道三教合流中演变和发展的，与帝制社会政治相协调，成为政治的一种辅助性的精神力量，并形成了与主流社会相和谐的稳定传统，成为民族之间沟通的重要桥梁。

(四) 与时俱进的审美情趣

民俗文化是流动和发展的，它在社会的每个阶段都会产生变异，并在变异中求得生存和发展。当中国社会处于政治变革或是经济转型的关键时刻，民众的思想观念和生活方式的转变必然也会表现在民俗文化的变化上。艺术家不是历史学家，在艺术家的视野里，历史是一幅宏观的背景，艺术家凭借着想象力和品评力，神驰于历史细节所提供的审美空间。

明代以来，马口窑陶业开始兴旺，早期马口窑陶器的特点是器型硕大、浑圆饱满，以文字吉语、动物贴花、堆塑、模印为代表性特征。清代马口窑在此基础上重点发展刻花和水花，首创八仙坛与十八学士坛，马口窑创新发展达到历史上的兴盛期，马口窑陶艺已逐渐形成自己的体系和独特的风格。民国时期，马口窑进一步规范器物程式，八仙坛人物刻画更加写意，形象简洁概括，从具象走向抽象。民国初年，随着白话文运动，器物上出现了白话文的标语口号。中华人民共和国成立后，马口窑先后经历了体制改革、技术革新和转型升级，马口窑陶器生产进入了现代工艺阶段，一直延续到马口陶瓷厂解体。20世纪80年代初，马口窑陶器年生产量曾达到190多万件，其中的工艺陶"八仙坛"曾多次获得国家和省级奖项，并陈列于北京人民大会堂，成为马口窑发展的巅峰。

马口窑陶器符号中大量元素，是荆楚地理、社会、文化及意识形态在特定的历史条件下的产物，展现了一幅完整的中国传统民间工艺标本的发展脉络，可以让我们从艺术的角度，看到马口窑文化与时俱进的审美情趣，体现出传统与现代的碰撞与融升。

清朝末年，大清帝国由盛而衰，透过马口窑陶器上刻划的洋人、洋伞、燕尾服，仿佛看到，敞开大门后的中国，风雨飘摇。汉口的租界，货船从长江口上来，将洋火、洋布、洋油以及洋枪、洋炮倾销到中国内地。西方文明冲击着中国固有传统文化和习惯，开始改变已经持续了数千年的农业社会的生活方式。

100多年前的武昌首义，全国景从，帝制崩塌，民国肇始，结束了中国2000多年的君王专制，使国家和社会发生了历史性的转型，透过马口窑百年前传承的大酒坛和瓦当上一枚枚十八星旗模印，眼前可浮现出汉川人民紧随武昌起义，高举义旗，手擎"汉阳造"，投入大革命的叱咤风云。当年的马口窑工，一定是以无比欣喜和满腔的热情，将这一伟大的历史时刻，拓印在那散发着窑温的陶器上，让我们今天仍然可以感受到跳动的历史脉搏。

1949年10月1日，首都军民在天安门举行盛大的集会和游行，庆祝中华人民共和国开国大典。世界把目光投向了北京，投向了新的中华人民共和国。日月轮回，星移物换，马口窑伴随着中华人民共和国的成立，由发展、壮大，到鼎盛、衰落，走过40多年的历程。这一时期，马口窑以独特的装饰艺术和表现技法，记录了我国社会发展的许多重大事件，最为特殊的便是马口窑的"口号坛"。20世纪50年代初，延续数百年的蝙蝠纹（肩部）和莲瓣纹（底部）被彻底简化，八仙人物改为肩扛锄头的农人形象，中国当代大量的政治运动被直接反映到这一阶段生产的陶器上，八仙人物和口号交替，成为马口窑的主要装饰。

马口窑的标语口号大部分内容记录的是近现代中国发生的重要事件，其中又以1949年前后至"文革"时期为多。中华人民共和国成立后成长起来的一代人，很多有亲身经历。马口窑口号坛包括政治口号、经济口号、行业口号、生活口号和健康口号等。从中可以看到，随着时代的发展和进步，马口窑在装饰艺术上也发生了重要的变化。陶器本身并没有政治性，但它却见证了近现代中国的重大政治历史事件，是一个民族的历史记忆，是一个国家的历史文物和实物档案。今天不少人仍在使用口号坛，陶器上记载的历史事件，他们都是亲历者，因而人们对它们有一种恍如昨日的亲切感，看到自己的亲历，如同回望近现代中国的百年史。

民俗乃是历史的积淀，这一点从马口窑民俗艺术的演变来看，尤为典型。任何一种民俗既是历史的，也是现实的。民俗不仅是一份珍贵的艺术遗产，更是一座蕴积丰富的文化库藏。一代人或一个时代对以前的民俗都会有所继承，有所改变，有所创新，这种时段之间的变化就是民俗的时代性。在文化的流传和嬗变过程中，陶器具有见证、记录、传播、交流和传承等方面的功能，它承载的是博大精深的中华文明和百姓对美好生活的向往与追求，寄托着人们对亲人、对天地宇宙、对世间生灵万物的无尽想象和由衷赞美。

马口窑陶器艺术体现了人们的伦理道德情操、审美意识以及精神世界的内在追求，并使之上升到哲学的境界，其展现出的精神内涵融合了科学（技）、艺术（艺）、道德与审美的多维度和谐之美。

结束语　保护与传承　任重而道远

人类经历了渔猎时代、农业时代、工业时代到如今的信息时代，形成了一个个与不同时代、不同地区经济基础相匹配适应的文化特色。同时，每个国家、每个民族甚至每个地区在不同时代形成的文化也都具有鲜明的个性，正是这些独特的文化，构成了丰富多彩的世界。因而研究传统文化，也是为了探讨振兴民族文化之路。

从新石器时代起就已经诞生的陶器，伴随着绵延数千年的农耕文明，悠然地走进人们的日常生活。从此，这些无论怎么看都觉得有些粗糙且世俗的器物，以各种不同的形态，构筑起人们生活所需的存储空间。现代化的进程，快速地改变着人们的生存状态，那些熟悉的过去正渐行渐远，与所有同类型文化遗迹一样，如何进一步弄清楚马口窑址的详细分布与保存状况？如何更加详尽地记录其工艺、装饰、烧造等生产的全过程？如何挖掘出其背后的教育、文化、艺术资源背景等？制定出切实可行、且符合自身实际的文物与非物质文化遗产保护规划，加大对其科学、历史、艺术方面的研究，传承马口窑陶器文化等，这是我们必须面对的事情。

一、马口窑址群现状

(一)村镇建设、环境变迁与遗址的关系

汉川历史悠久，人文资源丰富，文化底蕴深厚。近些年来，通过地方政府和社会各界一系列的保护、抢救、挖掘和创新，民间特色文化已成为汉川市一张张精美的"文化名片"；然而，民间文化所受到的冲击和破坏也是巨大的，其流失速度更是惊人。

21世纪的马口镇，高楼大厦鳞次栉比，公路两旁盖满了现代化的工厂，新农村建设遍及乡村，走进马口，映入眼帘的，不是四通八达的公路就是白墙红瓦的新房。这座曾经以生产马口窑陶器而闻名于世的窑场，只是一处埋入地下的遗址了。地表依稀尚存的一丝历史踪迹，只存在于那常常被忽略的街头与村湾的房前屋后，村中老屋处或许还能见到破坛乱罐堆筑的院墙，田间地头也偶尔露出一些色泽斑驳的残窑断壁，长满杂草的山岗上不时可捡到一些破碎的陶片，即便覆盖了厚厚的尘土，依然无法掩映住马口窑陶器飘逸的装饰图案与晶亮的黄釉色。

这里的人们已不再依靠泥土和作坊生计，生活对窑址的蚕食仍然还在继续，虽然拥有省级文物保护单位、省级非物质文化遗产两块招牌，也难以阻止这一天天没落的命运，这便是马口窑址的现状。

给马口镇繁荣兴旺带来了生机与便利的汉江，依然还在马口老街的尽头流淌，只不过在历经了1983年的汉江截弯取直后，汉江河道从此改道北移，与镇上拉开了些许距离，当年河边帆船林立、商铺云集的场景，已经如静静流淌的江水一样，一去不复返了，名噪一时的马口窑陶器，当然还能从当地老人的回忆中寻觅些隐约的答案，但马口窑址的现状告诉我们，遗址遭受破坏的危险时刻都在逼近，而对于它

的保护，却仍处在一种粗放的状态，迫切需要有行之有效的具体措施。

（二）物质文化遗存与保存现状

36条龙窑并烧，是传说中马口窑场规模最大时的景象，数百年的盛衰经历将慢慢地淹没在这历史的长河中。曾经繁华的窑场上，大多已被现代化的城镇、乡村、道路、工厂等占据和覆盖，最新的地面调查表明，多数龙窑窑址已荡然无存，那些与生产、加工、晾晒、码放、运输等相关场所更是了无踪迹，地面依稀可见、保存尚可的窑址也只剩下位于荒郊野岭的少数几处。面对窑场上杂草丛生的衰落景象，这些随时都有可能在较短时间内灰飞烟灭的遗迹，这个延续了数百年、曾经影响过千千万万人生活的宝贵遗产，或许就会在我们眼前消失，不能不引起我们的极大关注。

传统陶器发展到今天，部分作为物质文化史的组成部分陆续走进了一座座新建的博物馆或藏家的库房，成为传统文化的代表作品；部分实用器因其实用功能，或许因其综合价值尚不被人们所识，仍然留存民间。

传统马口窑陶器的停烧时间并不太长，历史上生产的日用陶器数量庞大、质量精美，已经深入千家万户。由于对其历史、艺术以及收藏价值等不了解，导致一些精美的陶器或遭损毁或被丢弃。前些年，只要是马口窑陶器曾经使用和流传的地方，人们拆房搬迁时，一般是将陶器弃之一旁，十分可惜。近来处境略有些改观，时代的变迁以及人们认识水平的提高，加上少数"古董商"们不断地"淘宝"，呈现出另一番景象。今天的马口，的确难以见到精美的民间陶器，这种现状实在令人担忧。

至于事关马口窑陶器生产相关的窑具、工具等，我们在从事考古调查和发掘工作时，曾经有意识地做过一些征集工作，地方从事非物质文化遗产保护的专家们也做过一些收集、整理。总的来说，成效虽有，不足更多。具体表现在认识仍然不足，深入研究不够，窑具、工具收集不齐全，未能达到通过收集窑具、工具等，来展示、复原、再现马口制陶工艺之效果。

（三）非物质文化遗产保护的紧迫性

湖北民间陶器，特别是近代以来的民间陶器，长期以来很少得到社会应有的关注，尤其是20世纪80年代之后，这些粗糙的陶器开始陆续退出人们的日常生活，甚至产品滞销，窑场倒闭，艺人散失，技艺失传。

马口窑陶器之所以广为流传，与它所处的地理环境、自然经济状况、人们的社会生活等密不可分，而本地区的生产方式、生活方式、风俗习惯、审美爱好等，更是它生存发展的根基。在此背景下，工匠们通过总结出材料的特性，运用恰当的工艺技巧，积累经验，制作出实用美观的器物并使之发扬光大；工匠们掌握了程式化的装饰手法，以高度简练的概括、自由流畅的笔法、创造性的夸张变化，刻划出具有抽象意味的纹饰，起到了表情达意的作用，传达出相应的文化观念和审美趣味，展示出民俗文化观念的生活底蕴和情感依托。这即是马口窑陶器的精华之所在，成为我们整理、研究并保存这部分文化遗产的当务之急。

掌握马口窑陶器制作技艺的工匠，不少人已经作古，目前在世的也年事已高。据了解，当地年轻人已没有多少人在从事这类工作，更谈不上技术的传承发扬。前面讲到，无论是拉坯、绘画还是烧窑，都不是一年两年可学会的，绝非一日之功。因此，邀请年长的师傅通过示范、讲解等，也应成为当务之急，把这些资料以文字、图片、影像等各种不同的手段记录并永久传承下去便成为十分紧迫的任务。

二、保护　规划　研究

(一) 深入调查研究

近些年的工作还是卓有成效的，使得马口窑址从不曾开展过任何文物保护工作的普通窑场，上升到省级重点文物保护单位，使之在保护与研究方面发生了质的飞跃，为下一步开展文物保护打下了良好的基础。但是，关于近现代民间窑址的保护与民间陶器的利用研究，并没有现存的经验可以借鉴。对于这类由小规模家庭制陶作坊发展起来，成为有一定规模的窑场，再由窑场演变为数个规模生产的陶器产业基地，如何开展文物保护与研究工作，还有许多值得探讨的问题。我们认为，重点是抓好基础工作，调查工作要放在首位。所谓调查，就是要摸清家底，它的保存现状与破坏程度究竟怎么样？要研究下一步如何做好保护？要详细了解曾经生产过什么产品？生产了多少产品？其产品种类、风格、样式、工艺、特色等细节究竟怎么回事？必须通过进一步的实地考察，如实记录，为今后的保护传承、开发利用留下更丰富的信息。

(二) 拓宽研究领域

1. 加强马口窑陶器艺术、工艺研究

不论是在物质文化遗产还是在非物质文化遗产方面，马口窑陶器艺术都有其独特的地位。对于马口窑陶器的研究，可以通过总结在材料运用和工艺技术上的经验，了解本地原材料的构成、原料所含化学元素分析，探索工匠们是如何在有限的条件下制作出具有实际功能需要的陶器。一般认为，马口本地的陶土含铁量较高，烧成后颜色较暗，因此采用在坯体上施化妆土，刻划出对比强烈的纹样，配烧出暖色调的黄釉，达到实用美观的效果等。这些都需要更深入、更科学、更详细的科技与检测数据支撑，而对于艺术方面的研究则更需要从历史、人文、习俗等方面来深入探讨。

2. 加大历史、文化、科学研究力度

陶器烧制的方法从柴窑、煤窑到电窑，无论是燃料还是窑体结构虽然有了颠覆性的改变，但人们对于泥土的亲近，对于这个绵延了数千年的传统艺术，却始终怀有深厚的情感。提起瓷器，许多人马上就会想到景德镇。多年来，人们似乎普遍认同湖北无瓷窑，其实这应是一个误会。在武汉市江夏区，就沉睡着一个沉寂千年的宋代"湖泗古窑群"遗址，它是武汉市为数不多的古遗址中的全国重点文物保护单位之一。湖泗窑址群规模宏大，分布范围广，再现了湖北地区千年前陶瓷生产的盛况。有古陶瓷专家称湖泗窑址群是"长江中游古陶瓷生产的一个重要链接，使黄河流域和长江流域陶瓷生产的历史得到衔接，使中国陶瓷生产的长河成为一个完整的系列"。① 而马口窑的确认，似乎正在进一步拉长这根链条，从而引发对湖北地区其他窑址及其所生产的陶瓷器的再认识、再研究，其作用不能低估，它必将推动与促进相关领域的研究进展。

3. 开展乡土教育

运用美术形式传递情感和思想是人类历史上一种重要的文化行为，通过学习美术，弘扬和传承优秀的民族文化，实际上是保持文化生态的多样性。在此方面，教育起着关键的作用，因为一种文化的保存

---

① 寻访千年古窑：亲近现代陶艺[N]. 楚天都市报，2009-11-20.

与发展，很大程度上取决于该文化的拥有者学习知识和将知识代代相传的能力，通过教育培养出一代代的文化继承者，通过物质形态，达到薪火相传。

从美术的角度认识文化，主要是从不同的器物造型和艺术造型中诠释文明密码，而它们的造型特征恰恰是美术教育所依凭的重要载体，在初步搜集、整理工作之后，将这些地方传统美术文化资源放在特定的自然环境和特殊的文化背景中，研究它所折射出的当地人的生存方式历程，可揭示出当地人的价值观、审美观和人生观，从而达到一种文化的解释。

对民间艺术进行抢救性的调查、整理，仅是一种史料性的归档，更应通过调查、收集、对比、整理和研究传统文化资源，培养优秀民间艺术的认同感与乡土情结，以珍视本土优秀文化遗产。在当前以倡导多元文化倾向为主流的环境下，通过挖掘民间传统文化的遗存，并将其拓展为可资利用的教育资源，是非常必要的。愿有更多的人能抱着抢救和弘扬民族文化的态度，更多的用群体行动来保护和弘扬民间文化。

(三) 制定保护规划

一个地方、一个城市乃至一个国家，会因为保护历史而平添厚重，也会因为破坏历史而丧失记忆。值得欣慰的是，2008 年 3 月 27 日，"马口窑址群"被湖北省人民政府公布为湖北省第五批省级重点文物保护单位。2009 年 2 月，中央电视台《寻宝——走进孝感》栏目对现场近 2000 件藏品进行鉴别，专家组认定《马口窑黄釉刻花人物罐》勇夺"民间国宝"桂冠。2011 年 6 月 10 日，"马口陶器烧制技艺"入选湖北省第三批省级非物质文化遗产名录。

然而，马口窑业的辉煌，并不为世人所熟知，时刻面临损毁危险的马口窑址和即将失传的传统制陶工艺也许要不了多久就会变成现实，因此制定保护规划刻不容缓。

1. 遗址的保护规划

2009 年年初，徐勇民教授曾在省政协会上提出《关于拯救、保护、研究和开发马口窑的建议》，希望赶快做好马口窑的保护与传承工作。文物管理部门、非物质文化遗产保护部门、地方政府也都在陆续开展工作，但一直缺乏切实可行的计划与具体的实施方案，在当前经济建设迅猛发展的时代，瞬间的耽搁都有可能造成天大的遗憾，规划显得尤为紧迫。

2. 马口窑陶器制造工艺与传承人

鉴于迄今并没有成熟的经验保护这些近现代民间工艺，当地政府已经开始着手借鉴国内外经验，对一些掌握特殊技艺的手艺人及其家族，由政府出面予以扶持，以保证这些手艺人仍然用原材料、原工艺和原方法来生产传统产品，为民间工艺的生存、发展、传承创造良好的生态环境；通过仍然健在的老艺人传承技艺，让更多的人了解本地的民间文化。

三、传承 开发 利用

(一) 立足传统 做好传承

陶器是实用器，亦是先辈们的艺术创作，承载了历史的诸多信息，反映了各时代的真实生活。马口窑陶器作为已经存在了 400 多年的传统工艺品，在新形势下如何让它再生存和发展，是历史赋予当代人的使命。如可以通过组织老艺人如举办陶艺兴趣培训讲座，使得马口窑陶艺得以延伸，让更多人了解本地民间文化遗产；对于马口窑陶器制作工艺，可经由老艺人口述后，撰写成书；邀请美术、陶艺专家对马口窑陶器进行专业评估，以扩大马口窑的知名度。对于即将消逝的传统制陶工艺，当务之急是抢救和保护，其次才是利用。保护是前提，传承是目的，希望这些象征民族文化的根，不会在我们这一代手里失传。

(二)重点保护与旅游开发

一个窑址，不能简单地将其看作是一个生产作坊的遗迹，或仅仅是一个考古意义上的文化遗存，而应该站在更高的角度对其进行梳理分析，通过确定重点，使那些还没有遭到毁灭性破坏的窑址得到完整保护，再通过划定保护区，控制窑址周围建设地带，迁移影响窑址本体保护环境的一切建设项目(包括民居等)。通过建立博物馆加强陈列展示，配合旅游开发给游人提供休闲参观的场所，将窑址群置于绿色生态区的整体建设规划保护之中，充分利用传统的制陶工艺，结合现有资源条件，发展当地的旅游业及陶瓷产业，使其发扬光大。

关于这一点，精明的马口人早已作过尝试，不知从何时起，他们将破碎的残罐乱坛，码砌成高低错落的民宅院墙，加以充分利用。本来窑里烧出的废品只是弃物，但经过人们的精心利用，反而成为古镇的一大景观。这些黄褐色坛坛罐罐砌成的院落，或许已经深深地留在了人们的记忆里，在当前尤其需要有超前的意识，抓好这方面的工作。

(三)打造地域文化产品，形成特色文化产业

陶器与人们的生活息息相关，把传统的制陶工艺与现代艺术有机地结合起来，拓宽产品种类和提高工艺水准，并加以有效利用，是一个非常现实的问题。无论从产品的质量、器形、种类、工艺，马口窑陶器都达到很高的水平，如何利用好这一丰富的资源，打造地域文化产品，形成特色文化产业，需要我们做出回答。

陶器艺术既是精神层面的抽象表达，也是回归本土、进入家庭的世俗领地，在日渐浮躁的都市中，陶艺能使人们的心灵得到安宁和平静。如果说金、木、水、火、土构成了我们丰富多彩的物质世界，那么，陶艺的制作过程与其紧密相连，除了这些自然属性，陶艺的乐趣还在于，在没有出炉之前，谁都不知道作品会以怎样的形态呈现，最后一秒的惊喜让人充满期待。

人类在与自然环境的长期互动中，创造了灿烂的历史文化，由于各地风物、民俗差异，出现了丰富多彩、独具特色的造型艺术，是人类宝贵的资源。具体到马口窑陶器的收集、整理、研究，这些坛坛罐罐自身的艺术价值与商业价值也还远未得到挖掘，特别是对于一些珍藏品的收集，要加大宣传马口窑陶器的收藏价值，吸引藏家们的收藏保护行动；对马口窑陶器的生产，建议政府给予政策支持，以避免企业因为经营困难倒闭，而导致工艺失传；举办"马口窑陶器展"，与各地的马口窑陶器收藏爱好者取得联系，邀请他们提供藏品参加展会；让艺术家们创造条件，通过不断创新，使原始工艺与现代工艺有机地结合起来，以适应不断变化的市场需求，使古老陶器焕发新的生机。

附录一 龙窑与隧道窑简介

(一)关于龙窑

1. 龙窑的起源及特点

龙窑是一种长达几十米乃至超过百米的隧道形窑,就像一条巨龙匍匐在山坡上,因此人们形象地把它叫作"龙窑"。龙窑是在商周时期火膛和窑室连为一体的升焰式窑基础上发展起来的,它多依山坡和土堆,与地平线构成10°~20°的倾角,前端低处为窑头、火膛,后端高处为窑尾、烟囱所在,因窑身为长条形,宛如一条自山上而下的火龙,因而得名,又被称为"蛇窑"或"蜈蚣窑"(见附1-1)。

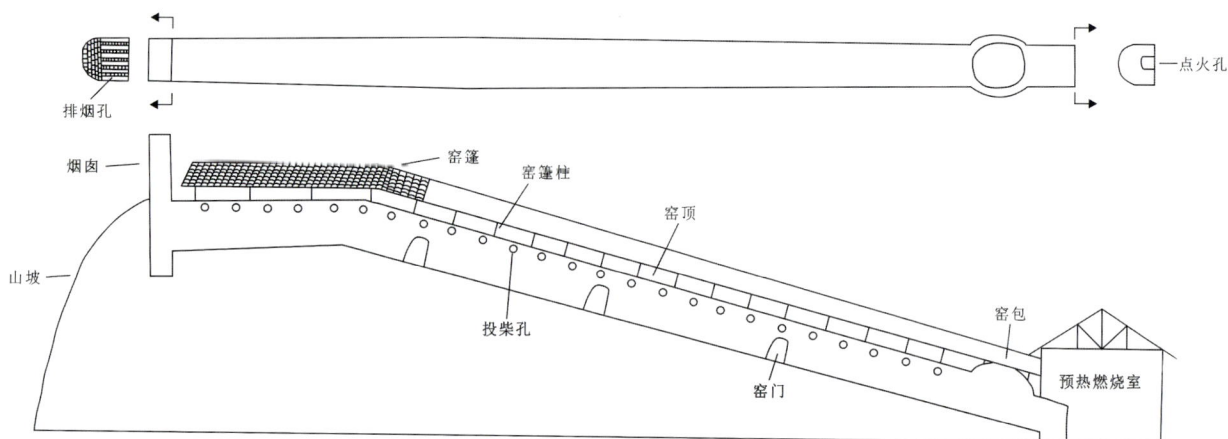

附 1-1 龙窑结构示意图

据考古发掘最早的龙窑在商代就已出现,如江西角山清理了一条商代龙窑;[①] 浙江上虞李家山发掘了一座保存较好的龙窑,遗迹残长5.1米,倾斜度多为16°,建筑简陋,结构简单。[②] 这一时期的龙窑,既烧印纹硬陶,又烧原始青瓷。此后,龙窑长度逐渐增加,倾斜度和结构不断改进,三国时龙窑长度已超过10米,两晋时期发明了分段烧成技术,南朝时期倾斜度、结构渐趋合理,隋唐时期完全成熟,长度一般在20~30米,宋、元时期长度显著增加,最长的整体斜长竟达135米。由于窑炉长,为了达到良好的烧成效果,在结构上进行了较大的改进,有的将窑床砌成阶梯状,有的将窑体砌成弯曲状,有的则在窑室内砌筑多道挡火墙,将其分成若干个小室,挡火墙下部设有烟火孔,使窑内部室与室相通,即所谓"分室龙窑"。明清时期以来,南方地区仍在使用龙窑烧制陶瓷器。

① 李荣华,周广明,杨彩娥,赵建华. 鹰潭角山发现大型商代窑址——中国原始青瓷烧造年代向前推进千余年[J]. 南方文物,2001(1):9-10. 江西省文物考古研究院,等. 角山窑址——1983—2007年考古发掘报告[M]. 北京:文物出版社,2017.

② 胡继根. 浙江上虞县商代印纹陶窑址发掘简报[J]. 考古,1987(11):984-986,1008.

龙窑的特点在于它的窑身很长，且具有一定的倾斜坡度，其长度与坡度的比率即窑头至窑尾的高度差决定了龙窑的抽风能力；窑身较短的龙窑则要求有较大的坡度，坡度过大，窑身又短，火焰在窑室内停留的时间短，不利于窑内温度的提高；反之，窑身愈长，其坡度就不能太小。龙窑本身的倾斜形式就起到了烟囱的作用，依靠坡度大小控制抽力，控制火焰温度或气氛，在热利用方面，比馒头窑技高一筹，它有效地利用了烟气热量(预热坯体)和产品带走的热量(加热空气)，使废气热损降到最小，并将烧成温度提高到1300℃左右。不过，影响龙窑烧成温度的不仅包括龙窑结构，装窑的技术也能够影响窑温(见附1-2)。

龙窑除能大规模提高产量外，它能够保证一次性装烧的众多陶坯烧制成功，还便于烧造水缸等大件形体、器壁厚实的器皿，龙窑生产周期短(因为升降温速度较快)，产量大于倒焰式馒头窑。此外还有一个重要因素也值得注意，就是用普通黄泥制作陶器，因为黄泥密度高，加热过程缓慢，这就需要龙窑来保证烧制成功。

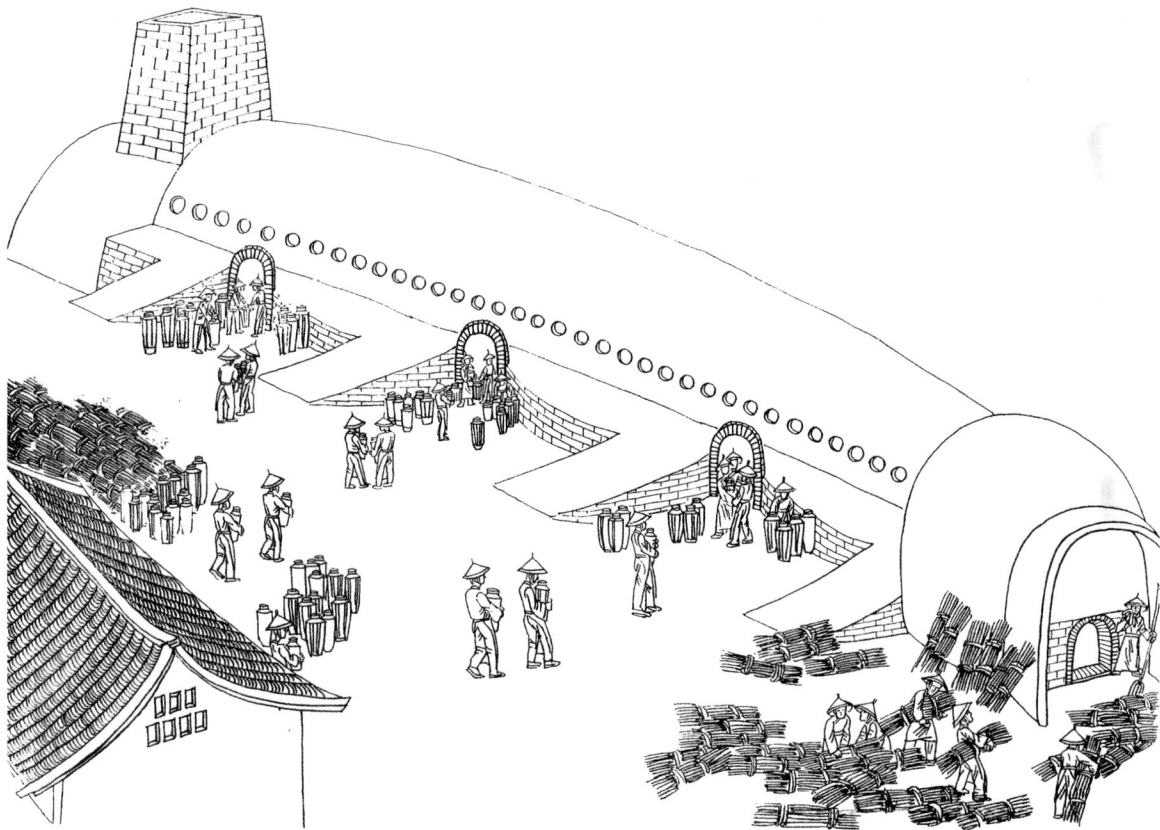

附 1-2　龙窑全景速写图

2. 龙窑的结构与建造

龙窑是窑炉的特定形制之一，其窑身狭长，以黏土或砖坯砌筑，建窑时必须尽量利用自然地形地貌的高低落差，依倾斜的山坡建筑而成，窑头低，窑尾高，看似一条向下俯冲的巨龙，由窑头、窑室、窑尾和排烟室四个部分组成。龙窑窑头为火膛部分，是大规模堆柴烧火的地方，平面呈半圆形，窑头有预热室，断面不大，便于开始烧窑时热量集中，利于燃烧。窑室又称"窑床"，位于火膛和窑尾排烟室之间，似斜长的甬道，是放置坯件的部位，平面呈斜坡式长条形，分别由窑顶、投柴孔、窑壁、窑门、窑底组成，中部略宽，前后端略窄。窑室中部开设有窑门，在窑墙上筑弧形拱顶，便于装窑出入，窑室两侧各设一排投柴孔(俗称鳞眼洞)，窑门与投柴孔的数量，一般视窑室的长短而定。窑底倾斜，一般铺底砖和砂。窑尾设排烟室，具有调节火焰流速和排烟的作用，排烟室由烟火柱与烟火墙组成，有出烟孔，窑内的烟由烟囱排出，一般龙窑的窑尾不设烟囱或只设较矮的烟囱，据当地老人称，马口龙窑的烟囱高度在 8 米左右。整座窑一般是用青砖或土坯砖砌筑而成，窑门、铺地砖、烟囱等多用青砖，窑身全部采用土坯砖。

3. 龙窑的使用和烧造

装窑：是龙窑烧制前一道重要工序，看似不复杂，实际上对于烧成器物品质却是十分重要的，因为不同的位置、温度、气流会有所不同，把生坯放到适合的位置，对成品质量具有决定性作用。所以，装窑前一般都会让有经验丰富的师傅进行配窑，因窑床呈斜坡状，窑内每个脚坛和脚钵的底部都需用牙垫，使脚坛和脚钵在呈斜面窑床上垫成水平状，摆放需疏密均衡，墙边、中路均应留出火路通道，由于窑内火焰由下往上，不能让火路直线上升，因此摆放坯体时要错位，使火焰在窑内产生循环，坯体均衡焙烧。

烧窑：在烧成阶段，分预热升温、火膛集中燃烧和投柴孔添加柴火助烧。装窑完成后，由烧窑工用砖将窑门采用专用泥封住，窑背上的投柴孔(鳞眼洞)则由值班窑工先塞上眼坨子(当地称鳞眼坨)，再用泥封好。挑运工负责将燃料挑上窑背两侧，燃料基本上是芦苇、松枝和松木(俗称刚柴)等，每次烧窑需 150 担左右(每烧一窑需岗柴 1 万多斤，马口地区所用岗柴一般是从荆州、咸宁、洪湖等地区由水路运送而来)。预热升温有讲究，必须快慢适度，根据经验，分小火、小中火、中火、大中火、大火 5 个阶段进行，整个预热时间需 20 个小时左右，预热阶段的升温范围从常温开始，升至 700℃~800℃，即可以进入助烧阶段，约接火半小时后，可关闭炉门，只留有三眼通风口，然后依次由头向尾烧。

烧窑时，全凭匠人师傅长期积累的经验和熟练技巧，通常按季节变化配置燃料，决定烧制时间。有经验的师傅能把每一节(两个相邻投柴孔之间)烧成温度控制到几捆柴上，投柴时先把第一对投柴孔的泥坨掀开，两个烧窑工次第投入燃料，一般先烧坯体上部，待坯件由樱桃红色转变到鲜红色时，再开第二对投柴孔，仍烧坯件上部，而第一对孔则继续烧坯件下部，以此类推，逐渐向上。师傅们凭经验看火，必须勤烧勤看，两边的烧窑工人需经常交换对火色的意见，使温度均匀，做到同时烧上一孔的要求。烧好的孔仍将泥坨盖好，并用黏土涂抹封闭，如此操作直到全窑烧成为止。一窑器物的烧成时间由窑的大小而定，一般情况下烧一窑需要 7~15 天，夏季所需时间要比冬季少几个小时。

开窑：器物烧成约 3~4 小时后打开风口，以利于降温，然后自下而上分时段将投柴孔撬开。再分时段将窑门封砖逐渐撬开，如冷却过快，温度变化过大，窑内产品容易破裂。通常冷却需 8~10 小时，开窑过程需高温时进行，尽管冷却时间长，但此时窑内温度仍达 60℃~70℃，由窑工轮流进窑将成品和窑具运出，放在窑门外的堆场上。最后需将窑内清理干净，将牙垫等规整地码放一边，以备下次使用。同时，还要检查投柴孔(鳞眼洞)和窑内是否有破裂，对破损处要进行修复。

(二)关于隧道窑

1. 隧道窑的起源

隧道窑是现代化连续式生产烧成的热工设备，广泛用于陶瓷产品的焙烧生产，在磨料等冶金行业中也有广泛的应用。隧道窑诞生于 1765 年，开始时只能烧制陶瓷的釉上彩，1810 年开始用来烧砖或陶器，从 1906 年才用来烧造瓷器，1910 年以后渐渐有了许多改进的型式(见附 1-3)。

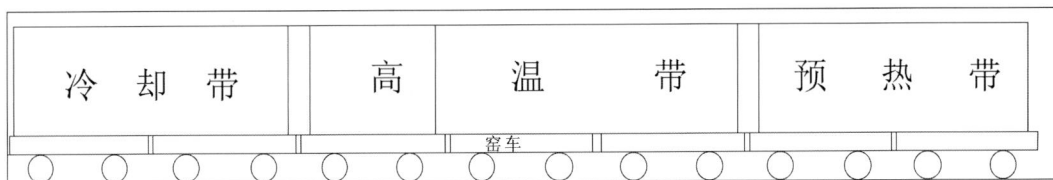

冷　却　带	高　温　带	预　热　带

窑车

附 1-3　隧道窑复原图

2. 隧道窑的结构与工作原理

隧道窑，顾名思义，是形状类似于隧道的窑，一般是一条长的直线形隧道，其两侧及顶部有固定的墙壁及拱顶，底部铺设的轨道上运行着窑车。燃烧设备设在隧道窑中部两侧，构成固定的烧成带，燃烧产生的高温在隧道窑前端烟囱或引风机的作用下，沿着隧道向窑头方向流动，同时逐步预热进入窑内制品，构成隧道窑的预热带；在窑尾鼓入冷风，冷却窑内后段制品，鼓入的冷风被加热后，作为干燥生坯的热源，构成隧道窑的冷却带。隧道窑主要用于陶瓷器的连续烧结，工作原理是在台车上放置装入陶瓷制品的匣钵，连续地由预热带入口用机械慢慢地推入，而载有烧成品的台车，由冷却带出口渐次被推出来。

3. 隧道窑的特点

隧道窑与间歇式倒焰窑相比，具有非常多的优点。第一，生产连续化，隧道窑生产周期短、产量大、质量高。第二，利用逆流原理，热利用率高，热量保持和余热利用都很好，非常省燃料，较倒焰窑节省燃料 50%~60%。第三，烧成时间短，普通大窑由装窑到出窑需要 3~5 天，隧道窑只需 20 小时。第四，节省劳力，烧成操作简便，且装窑和出窑都在窑外操作，也很便利，改善了操作人员的工作条件，减轻了劳动强度。第五，提高了产品质量，预热带、烧成带、冷却带三个部分的温度，保持在一定范围，烧成规律容易掌握，产品质量好，破损率少。第六，窑和窑具耐久，因为窑内不受急冷急热影响，窑体使用寿命延长。

但建造隧道窑所需材料设备较多，一次性投资较大，因是连续烧成窑，烧成温度不宜随意变动，一般适用于大批量生产和对烧成温度要求基本相同的制品，灵活性较差。如果换烧不同制品，则必须全面改变焙烧工艺，生产技术要求严格，窑车易损坏，维修工作量大。

由于隧道窑是连续性窑炉，热利用较好，且多数隧道窑使用的助燃空气采取的是自然风或冷却带吹入冷风，使空气变热，虽然利用了余热，但因为抽出的热空气中，常常混入高温带燃烧过的废气，导致助燃空气中的氧气不足，燃烧效果不佳。

隧道窑按烧成温度可分为三类：(1) 低温隧道窑——烧成温度约 1000℃，主要用于焙烧滑板砖和其他一些有特殊工艺要求的制品。(2) 中温隧道窑——烧成温度 1300℃~1650℃，主要用于烧成普通碱性砖、黏土砖、高铝砖、硅砖等。(3) 高温隧道窑——烧成温度大于 1700℃，一般介于 1800℃~1900℃，主要用于烧成中档镁砖、高纯镁砖等。

也有按照烧成制品进行分类，如硅砖隧道窑、碱性砖隧道窑等。

附录二 马口窑陶器代表性器物图录

一、坛类（108 件）

（一）锁坛（14 件）

附 2-1 "春宵一刻值千金"花鸟诗文锁坛【孝博 022】①

口径 10.5 厘米、底径 14 厘米、通高 32.3 厘米。

泥质红陶，胎质坚厚，外上化妆土，内外施釉，内壁酱釉。

直口，平沿，高颈，弧肩，深直腹，下急收，平底。颈部两个对称的圆形小穿孔。

颈下一周回纹，肩部一周如意纹，上、下腹各一周规整的回纹，中间以宽细相间的宽直线分隔，构成方形四开光画面，每组画面上两角衬角回纹，其中一窗题"春宵一刻值千金"，三窗内饰花草，表现了对新婚夫妻的美好祝福，下腹至底一周莲瓣纹。

制作工整，构图丰满，釉彩匀润，釉面光洁，装饰以刻划工艺为主，纹饰粗朴自然，错落有致。

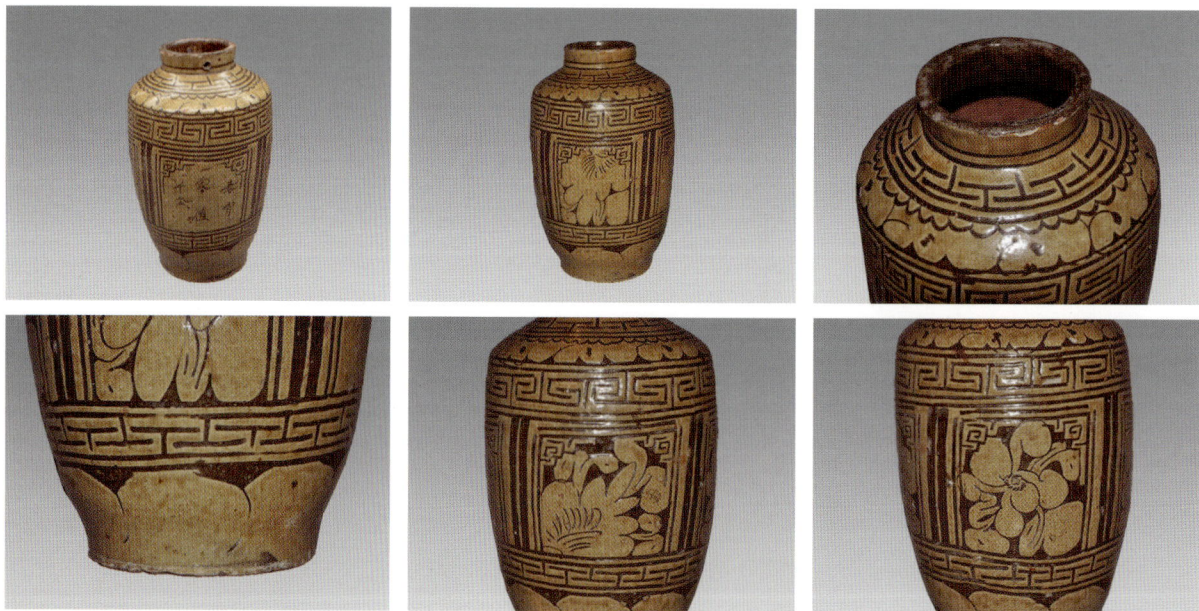

---

① 括号内编号为孝感博物馆内部编号，后皆如此。

附 2-2　十八学士骑马游街锁坛【孝博 066】

口径 11.2 厘米、底径 14.2 厘米、通高 35 厘米。

泥质红陶，胎体坚实，外上化妆土，内外施釉，内壁酱釉。

直口微侈，平沿，高颈，弧肩，深直腹，下收，平底内凹。

颈部两个对称的圆形小穿孔。颈下一周回纹，肩部一周缠枝花纹，上、下腹各一周规整的回纹，腹饰骑马学士人物图案和缠枝花纹，下腹至底一周莲瓣纹。

器物大气庄重，画面生动丰满，釉色亮丽润泽，保存较好。

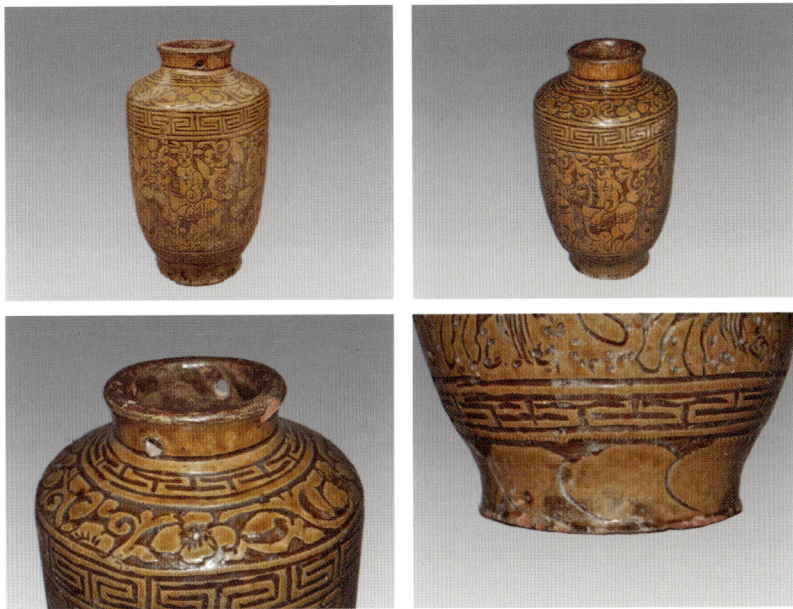

附 2-3　花卉宝塔纹锁坛【孝博 067】

口径 11.4 厘米、底径 13.8 厘米、通高 35 厘米。

泥质红陶，胎质坚厚，外上化妆土，内外施釉，内壁酱釉。

直口，平沿，高颈，弧肩，深直腹，下收，平底。

颈部两个对称的圆形小穿孔。颈下一周回纹，肩部一周缠枝花纹，上、下腹各一周规整的回纹，中间以宽细相间的宽直线分隔，构成长方形四开光画面，每组画面上两角衬角回纹，窗内分别绘宝塔纹和花卉纹，下腹至底一周莲瓣纹。

器物完整，工艺精致，釉面莹润光洁，剔花线条委婉生动，流畅传神。

附 2-4 戏曲人物花鸟纹锁坛【孝博 069】

口径 11.4 厘米、底径 16 厘米、通高 38.5 厘米。

泥质红陶，胎质坚厚，外上化妆土，内外施釉，内壁酱釉。

直口，平沿，高颈，弧肩，深直腹，下急收，平底内凹。

颈部两个对称的圆形小穿孔。颈下一周回纹，肩部一周缠枝花纹，上、下腹各一周规整的回纹，中间以宽细相间的宽直线分隔，构成长方形四开光画面，每组画面上两角衬角回纹；窗内分别绘花、鸟、戏曲人物、宝瓶等纹饰，下腹至底一周莲瓣纹。

器物完整，釉质肥厚，光洁莹润，纹饰繁缛，图案清晰，工艺精致。

附 2-5　十八学士骑马游街锁坛【孝博 034】

口径 10.2 厘米、底径 12 厘米、通高 25.5 厘米。

泥质红陶，胎质细腻坚致，内外均上化妆土，器外通体施釉，内壁无釉，釉色偏橘黄，釉面光洁。

侈口，卷沿，短束颈，斜肩，弧腹渐收，平底。

颈部两个对称的圆形小穿孔。颈下一周回纹，回纹外一周波浪纹，肩部一周如意纹，上腹一周规整的回纹，腹饰骑马学士人物图案，画面共五组人物造型，或仰望、或低头沉思、或前后顾盼，姿态各不相同，下腹一周双线弦纹，下腹至底素面。

作品为 20 世纪 70 年代末、80 年代初的产品，人物形象生动有趣，极富动感。

附 2-6　花卉宝瓶纹锁坛【孝博 088】

口径 11 厘米、底径 15.6 厘米、通高 36 厘米。

泥质红陶，胎质坚致，外上化妆土，内外施釉，内壁酱釉。

直口，平沿，短颈，溜肩，深直腹下收，平底略凹。

颈部两个对称的圆形小穿孔。颈下一周回纹，肩部一周缠枝花纹，上、下腹各饰一周规整的回纹，中间以宽细相间的宽直线分隔，构成长方形四开光画面，每组画面四角均衬角回纹，窗内分别绘花鸟纹、宝瓶纹、金瓜纹等，下腹近底一周莲瓣纹。

器物完整，釉面光洁，刻划技法生动娴熟，花姿鲜活，灵动秀美。

附 2-7 折枝花纹锁坛【孝博 089】

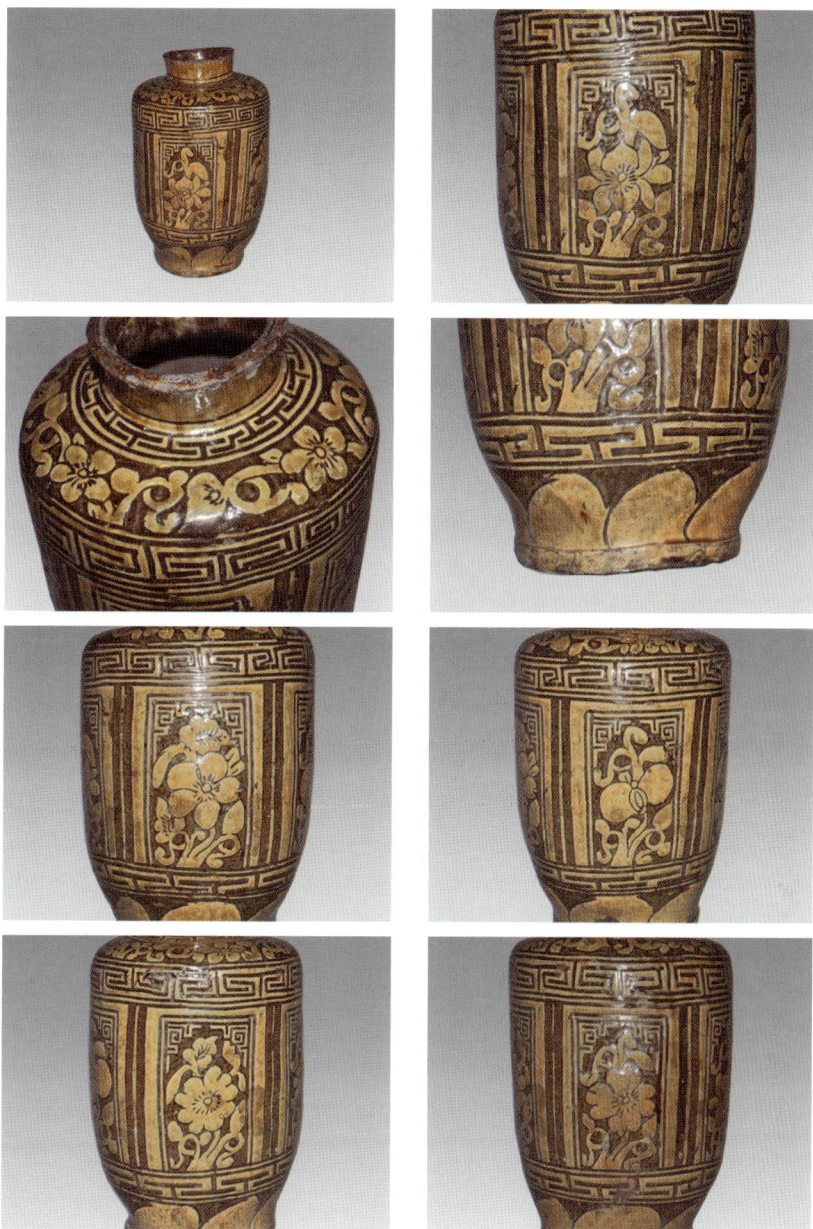

口径 11.5 厘米、底径 16 厘米、通高 35.4 厘米。

泥质红陶，胎质坚致，外上化妆土，内外施釉，内壁酱釉。

直口微侈，平沿，短直颈，弧肩，深直腹下收，平底内凹。

颈部两个对称的圆形小穿孔。颈下一周回纹，肩部一周缠枝花纹，上、下腹各饰一周规整的回纹，中间以宽细相间的宽直线分隔，构成长方形四开光画面，每组画面上两角衬角回纹，窗内饰折枝花纹、金瓜纹，下腹近底一周莲瓣纹。

器物完整，工艺精致，釉色浓润，釉彩明艳光洁，花纹线条流畅。

附 2-8　戏曲人物包公断案锁坛【孝博临-18】

口径 12.8 厘米、底径 20 厘米、高 45.5 厘米。

泥质红陶，胎质坚致，外上化妆土，内外施釉，内壁酱釉。

直口，平沿，短颈，弧肩，深直腹下收，平底略凹。

颈部两个对称的圆形小穿孔。颈下一周回纹，肩部一周缠枝花纹，上、下腹各饰一周规整的回纹，中间以宽细相间的宽直线分隔，构成长方形六开光画面，每组画面四角均衬角回纹，窗内分别饰戏曲人物包公断案图案、花鸟纹、宝瓶纹、金瓜纹等，下腹近底一周莲瓣纹。

器物完整，釉面光洁，刻划技法生动娴熟，花姿鲜活，灵动秀美。

马口窑——汉川马口窑址群考古工作报告

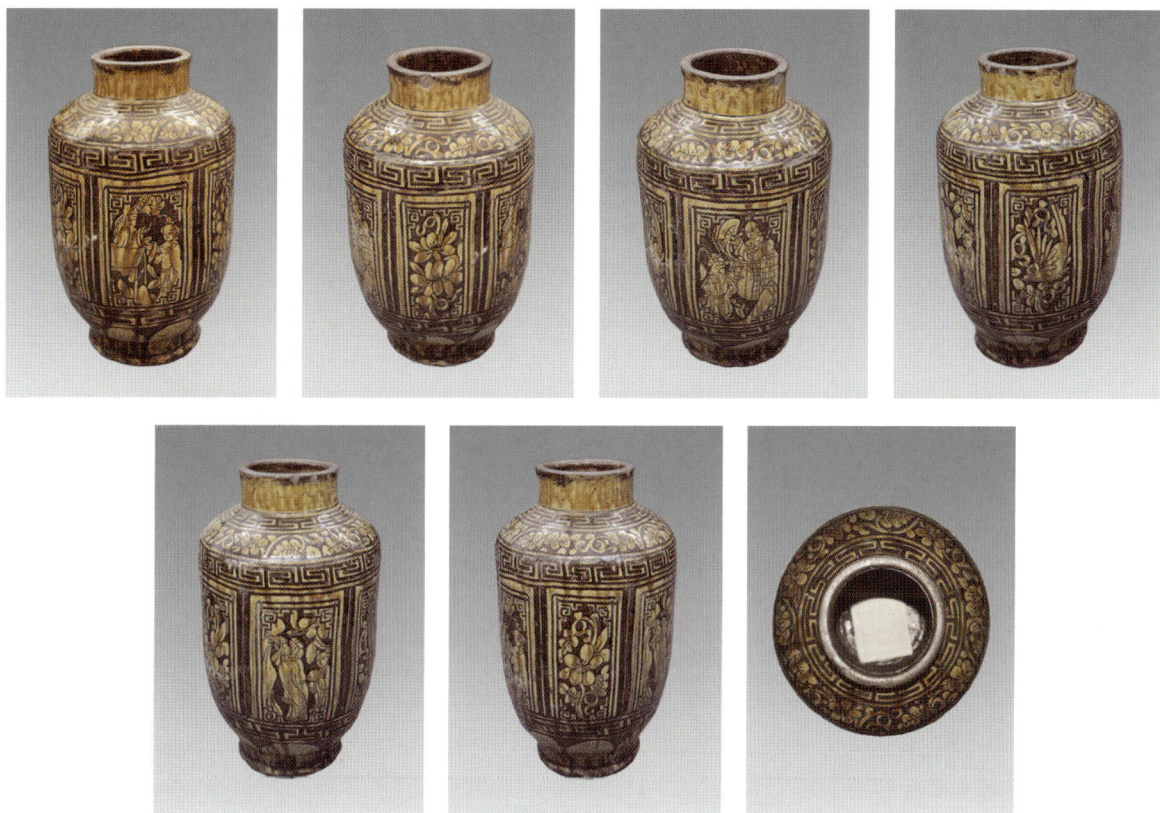

口径 12 厘米、底径 15 厘米、通高 37 厘米。

泥质红陶，胎质坚致，外上化妆土，内外施釉。

直口，平沿，高直颈，溜肩，深直腹，下急收，足外撇。

颈下部和肩腹间各一周回纹，肩部一周缠枝花纹，腹部为长方形六开光画面，六组画面分饰三组戏曲人物、两组折枝花纹和一组花鸟纹，每组画面四角皆衬角回纹，下腹至底一周莲瓣纹。戏曲人物为两人和三人组合场景，三人场景为《三国演义》中的空城计故事，城门头上，一人摇扇，一人端坐，往城下观望。城外司马懿身着战袍，披挂旌旗，手提长钺，作踌躇不前状，画面显示出两军战将表面平静、内心激烈冲突的情景。

器型端庄，釉色浓润，成釉黑白分明，人物生动，对比和谐，用笔纤细，刀法熟练。

附 2-10　缠枝花纹锁坛【A3-209】

口径 14.5 厘米、底径 18.8 厘米、通高 48.5 厘米。

泥质红陶，胎质坚厚，外上化妆土，内外施釉，内壁酱釉。

直口，平沿，高颈，丰肩，深直腹，下急收，平底略凹。

颈部两个对称的圆形小穿孔。肩部一周回纹，一周缠枝花纹，腹部上、下各一周规整的回纹，腹中部以宽细相间的宽直线分隔，构成长方形五开光画面。每组画面上两角衬角回纹，内饰桃花、荷花、玉兰、金瓜等五幅缠枝花卉图案，下腹至底一周莲瓣纹。

器型高大雄伟，通高近半米，制作工整，构图丰满，釉彩匀润，釉面光洁，装饰以刻划工艺为主，纹饰粗扑自然，错落有致。

附 2-11　戏曲人物锁坛【A3-386】

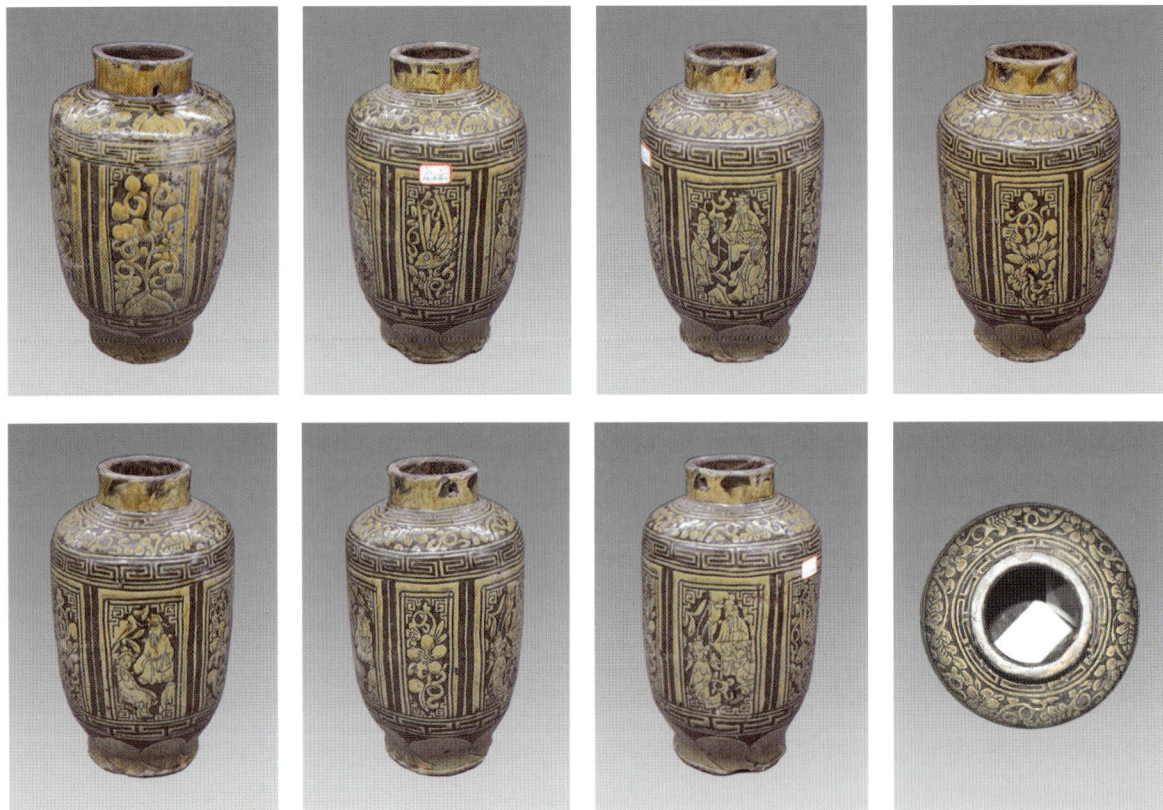

口径 11 厘米、底径 15.8 厘米、通高 38.6 厘米。

泥质红陶，胎质坚致，外上化妆土，内外施釉。

直口，平沿，直颈，溜肩，直腹，下急收，平底，底略外撇。

颈中部两个对称的方形小穿孔。颈下一周回纹，肩部一周缠枝花纹，肩腹间和下腹各一周回纹，腹部以宽细相间的宽直线分隔，构成长方形六开光画面。内饰三组戏曲人物、两组折枝花和一组花鸟纹，场景包括二人和三人组合，画面故事待考，每组画面内四角衬角回纹，下腹至底一周莲瓣纹。

造型端庄，釉彩明艳光洁，构图丰富，纹饰清晰，人物形象生动传神，线条细腻流畅。

附 2-12   戏曲人物锁坛【A3-387】

口径 11.8 厘米、底径 16.5 厘米、通高 38.8 厘米。

泥质红陶，胎质坚致，外上化妆土，内外施釉。

直口，平沿，直颈，斜肩，直腹，下急收，平底，底略外撇。

颈下两个对称的方形小穿孔。颈下一周回纹，肩部一周缠枝花纹，肩腹间和下腹各一周回纹，腹部以宽细相间的宽直线分隔，构成长方形六开光画面。画面窗内四角衬角回纹，内饰戏曲人物三组、折枝花两组和花鸟纹一组，包括二人、三人和五人组合的场景，画面故事待考，下腹至底一周莲瓣纹。

颈部有冲纹，造型端庄，釉质莹润，纹饰清晰，构图丰富，人物形象生动，线条细腻传神。

口径 12 厘米、底径 19 厘米、通高 45 厘米。

泥质红陶，胎体坚实，外上化妆土，外施釉，内壁无釉。

直口，平沿，直颈，斜肩，深直腹，下收，平底。

颈部无锁孔，颈下一周回纹，肩部一周缠枝花纹，肩腹间和下腹各一周回纹，腹部以宽细相间的宽直线分隔，构成长方形六开光画面。画面窗内上两角衬角回纹，窗内饰戏曲人物图两组、花鸟图两组和平安富贵图两组，包括二人和三人组合的场景，画面故事待考，下腹至底一周双线莲瓣纹。

器物完整，型体硕大丰满，釉彩明艳光洁，釉质匀润，构图丰富，纹饰细腻，流丽婉转，工艺精湛。

附 2-14　折枝纹短颈锁坛【5-60】

口径 13.4 厘米，通高 37.3 厘米。

口微敛，圆肩，直壁，深腹下收，平底略凹。

颈部无锁孔。肩部依次为一周回纹、一周三角棱形纹、一周如意纹，肩腹间一周牵牛花形纹，上腹一周回纹带，腹部为整幅画面，为菊花、鸢尾形折枝花纹，下腹一周卷草纹，近底一周莲瓣纹。

器物完整，胎质坚厚，釉色金黄，纹饰刻画繁丽工整，构图丰满。

(二) 折肩坛(66 件)

1. 平折肩弧腹坛(20 件)

附 2-15　"点点杨花入砚池"花鸟诗文坛【孝博 080】

口径 13.5 厘米、底径 16 厘米、通高 34.5 厘米。

泥质红陶，胎质坚厚，外上化妆土不及底，内外施釉，内壁酱釉。

直口，圆唇，短束颈，广肩，斜直腹，下收，平底内凹。

肩饰四朵水花纹，肩腹间一周云雷纹，腹部以宽线条分成长方形四开窗，其中一窗题"点点杨花入砚池"，另三窗内饰鸟纹，下腹至底素面。

釉色亮泽，器型丰满，鸟姿灵动，书法流畅，保存完好。

诗句出自北宋诗人周敦颐的《暮春即事》，描写读书人一心埋头书案，浸沉在书中的专注精神。

附 2-16　"风吹云动天不动"花草诗文坛【孝博082】

口径 14.3 厘米、底径 17 厘米、通高 34 厘米。

泥质红陶，胎质坚致，外上化妆土不及底，内外施釉，内壁酱釉。

直口，圆唇，短束颈，广肩，斜直腹，下收，平底。

肩部扁心形四开窗，窗内分别题"五子登科"四字，肩腹间一周万字锦模印纹，腹部以宽线条分成长方形四开窗，其中一窗题"风吹云动天不动"，另三窗刻有花草纹，下腹至底素面。

器物形体硕大，保存完好，釉色明亮，书法飘逸流畅。

附 2-17 "青云客度青云客"花鸟诗文坛【孝博 086】

口径 12 厘米、底径 15.5 厘米、通高 34 厘米。

泥质红陶，胎质坚致，外上化妆土不及底，内外施釉，内壁酱釉。

直口，圆唇，短束颈，广肩，斜直腹，下收，平底内凹。

肩部四朵水花纹，水花纹间以如意纹界出四窗，窗内分别题"状元及第"四字；肩腹间一周模印万字锦纹，腹部以宽线条分成长方形五开窗，一窗题"清云客度青云客"，另外四窗绘花、鸟和"福"字，下腹至底为素面。

器形硕大丰满，草书挥洒传神，图案简洁明快，品相完好。

附 2-18 禽鸟蟹鹤花草纹坛【孝博 065】

口径 13 厘米、底径 17 厘米、通高 36 厘米。

泥质红陶，胎质坚厚，外上化妆土不及底，内外均施酱釉。

直口，圆唇，广肩，直腹，下收，平底略凹。

肩部扁心形四开窗，窗内分别题"万子千孙"四字，各窗间饰宽线条水花纹，肩腹间一周模印云雷纹，腹部以宽线条分成长方形五开窗，窗内分别饰公鸡、鸟、螃蟹、鹤、折枝花等，下腹近底为素面。

器物大气厚重，硕大丰满，保存完好，动物、花鸟纹刻划生动。

附 2-19　喜鹊登梅坛【孝博 070】

口径 10.2 厘米、底径 13.5 厘米、通高 23.5 厘米。

泥质红陶，胎质坚致，外上化妆土，内外施釉，内壁酱釉。

无领，子母口，平折肩，直腹，下收，平底。

肩部一侧饰一组兰草纹，另一侧题"勤俭建国"四字，颈部和肩腹间各一周双线弦纹，上、下腹各一周双线弦纹，腹部以宽细相间的直线分隔，构成长方形四开光画面，每幅画面上两角衬角回纹，画面内四组饰姿态各异的"喜鹊登梅图"。画面红梅绽开，竹叶新展，喜鹊翘首顾盼，充满盈盈喜气，下腹至底素面。

器物造型规整，线条流利挺秀，釉面光洁莹润，工艺精致。

口径 13 厘米、底径 16 厘米、通高 36.5 厘米。

泥质红陶，胎质坚厚，外上化妆土不及底，内外施釉，内壁酱釉。

直口，圆唇，广肩，斜直腹，下收，平底。

肩部四朵水花纹，肩腹间一周模印万字锦纹，腹部以宽线条勾绘出长方形四开光画面，窗内再以单细线条绘出小窗，小窗内分绘鱼、蟹、蝶、花草等纹饰，下腹近底素面。

器物端庄厚重，釉色明亮艳丽，画面简洁生动，富有情趣。

附 2-21 "长安市上酒家眠"花鸟诗文坛【孝博 093】

口径 12 厘米、底径 16 厘米、通高 37.3 厘米。

泥质红陶，胎质坚致，外上化妆土不及底，内外施釉，内壁酱釉。

直口，圆唇，束颈，广肩，斜直腹，下收，平底。

肩部四朵写意水花纹，肩腹间一周模印万字锦纹，腹部以宽线条勾绘出不规则长方形四开光画面，窗内以双细线再绘一小窗，其中一窗题"长安市上酒家眠"，另三窗内分绘鹭、鸟和花卉等，下腹近底素面。

器物厚重大气，纹饰生动，意趣十足。

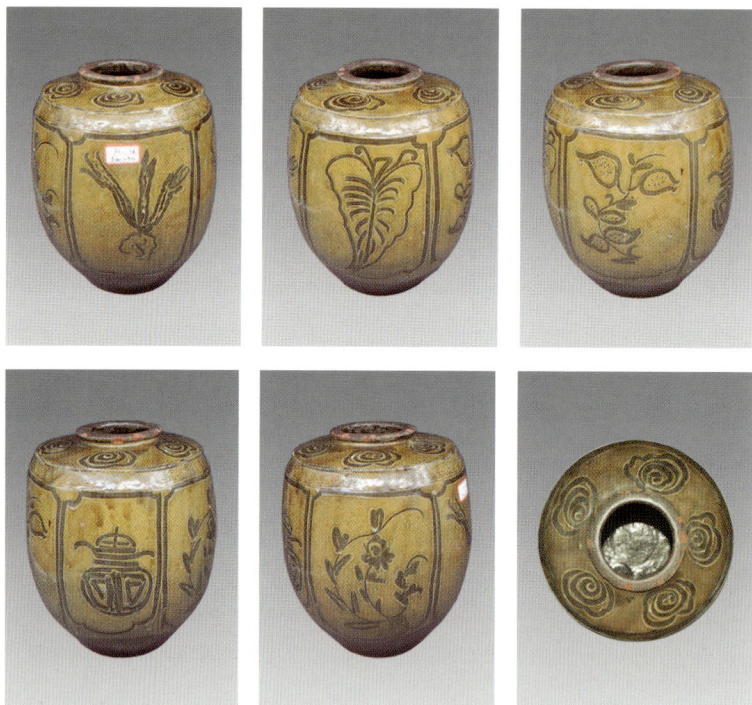

口径 14 厘米、底径 18.5 厘米、通高 37.5 厘米。

泥质红陶，质细，胎体坚致，外上化妆土，内外施釉。口沿有磕伤。

敛口，平沿，方唇，短束颈，平折肩，垂腹，下收，平底，最大径在下腹。

肩部五组水涡纹，肩腹间一周较浅的模印回纹，腹部以宽线条勾绘出不规则长方形五开光画面，内饰寿桃、艾叶、折枝花、葫芦形变体"福"纹等。

釉彩匀润，明艳光洁，模印清晰，水花技法娴熟，工艺精致，线条婉转。

附 2-23　春燕逐蜓诗文坛【A4-487】

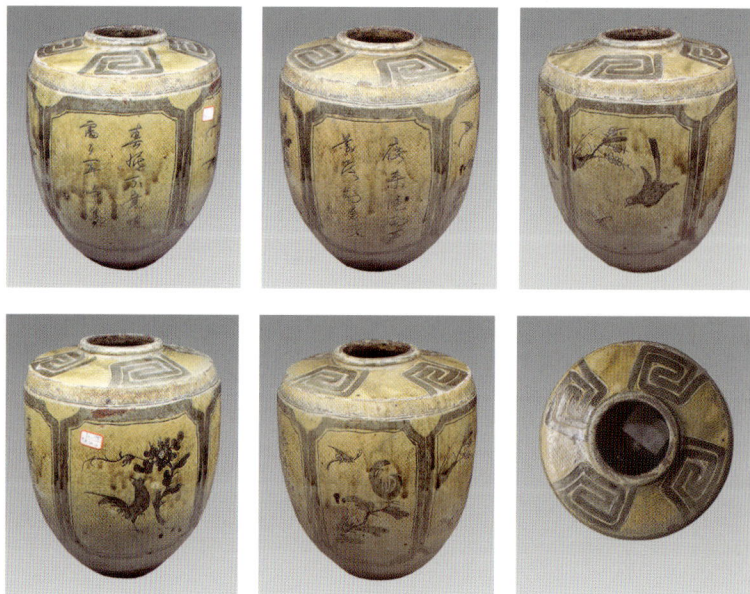

口径 15.5 厘米、底径 21.5 厘米、通高 44.5 厘米。

泥质红陶，胎质坚致，外上化妆土，内外施釉。

敛口，沿面平弧，短颈内束，平折肩，弧腹下收，平底内凹。

肩部四组方形卷曲纹，呈斜边的肩腹间上一周模印纹，模印由四种图案组合而成，腹部以宽线条勾绘出不规则长方形五开光画面，画面内三组分别饰春燕逐蜓、蝶恋花、春鸟报晓图，二组诗文："春眠不觉晓，处处闻啼鸟""夜来风雨声，花落知多少"。

腹局部有冲纹，釉面较薄，构图疏朗有致，纹饰活泼流畅，诗文与图案相映，构成一幅有动感和生命力的浪漫春曲图。

附 2-24　四季诗坛【A4-111】

口径 13 厘米、底径 16 厘米、通高 35 厘米。

泥质红陶，胎体坚致，外上化妆土，内外施釉，釉不及底。釉质肥厚浓润，色泽明艳。

敛口，圆唇，束颈，平折肩，弧腹下收，平底。

肩部四组水涡纹，呈斜边的肩腹间一周印痕不清晰的模印纹，腹部以宽线条勾绘出不规则长方形四开光画面，画面内一组诗文："春游芳草地，夏赏禄荷池"，两组竹纹。

纹饰清晰，线条生动流畅，工艺精致，器物完整。诗文出自北宋汪洙《神童诗》，此诗无题，或曰"四季诗"。

附 2-25　"落花流水尽文章"诗文坛【A4-157】

口径 13.8 厘米、底径 15 厘米、通高 35 厘米。

泥质红陶，胎质坚致，外上化妆土，内外施釉，内壁酱色釉，釉不及底。

浅口略敛，圆唇，束颈，斜折肩近平，弧腹下收，平底。

肩部五组水涡纹，肩腹间一周模印万字锦纹，腹部以宽线条勾绘出不规则长方形四开光画面，画面内容为诗文一组："落花流水尽文章。"折枝花两组，鸟纹一组。

器物完整，工艺精致，釉面莹润光洁，剔花线条委婉生动，书法流畅传神。诗文出自南宋诗人翁森《四时读书乐》："好鸟枝头亦朋友、花落水面皆文章。"

附2-26　"山行"诗文坛【A4-159】

口径13.5厘米、底径15.5厘米、通高30.5厘米。

泥质红陶，胎质坚致，外上化妆土，内外施釉，内壁酱釉，釉不及底。

敛口，平沿，方唇，短束颈，斜折肩近平，弧腹下收，平底内凹。

肩部两组水涡纹、两组折枝花纹，腹部与常见的开光画面不同，以宽线条随意勾绘出四个长方形框，画面内容分别为一组诗文："远望（上）寒山石影（径）斜，白雪（云）深去（处）有人家，庭（停）车坐望（爱）风（枫）林晚，霜月红如二月花。"三组折枝花纹。

器物完整，釉面光洁，水花技法生动娴熟，花姿鲜活，灵动秀美。诗文出自唐代诗人杜牧的《山行》，是一首描写和赞美深秋山林景色的七言绝句，画工用细针般的笔锋，随意刻录，书法细如发丝，可见其虔诚专注之情。有趣的是，里面有7个别字，也为后人提供了遐想的空间。

附2-27　状元红诗文花鸟坛【A4-195】

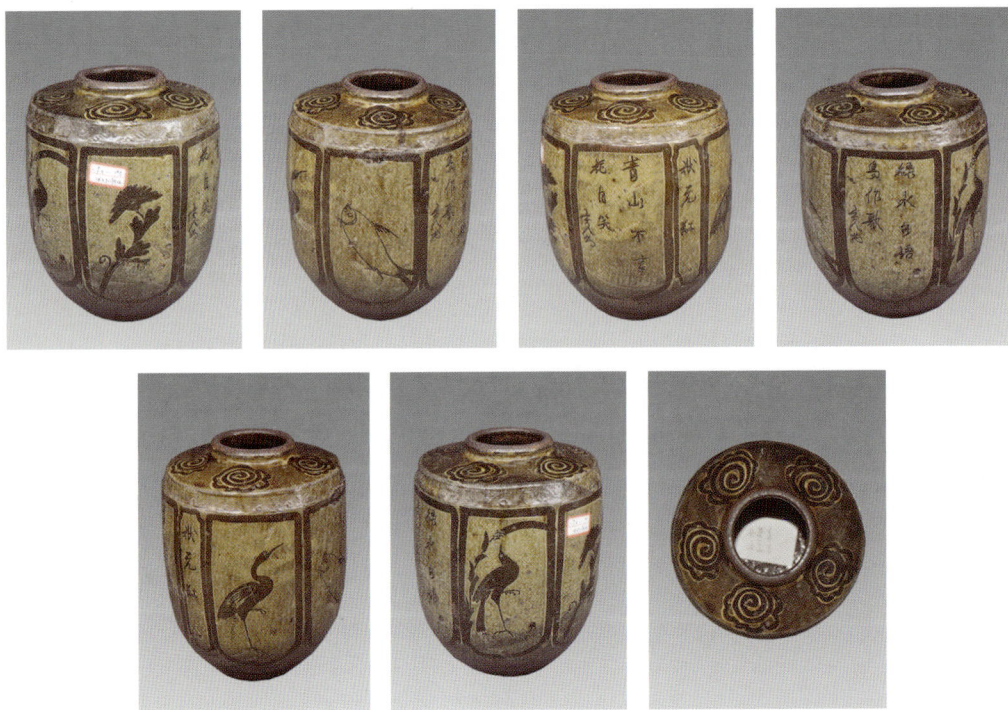

口径 13 厘米、底径 17 厘米、通高 35.5 厘米。

泥质红陶，胎质坚厚，外上化妆土，内外施釉，内壁酱釉，釉不及底。

直口，平沿，圆唇，短束颈，平折肩，弧腹，下急收，平底内凹。

肩部五组水涡纹，肩腹间一周缠枝花模印纹，印纹不清晰，腹部以宽线条勾绘出上方下圆形六开光画面，画面内容为一组鸡冠花、一组鱼纹、两组鸟纹、两组诗文："青山不言花自笑""绿水无语鸟作歌"。诗文后有"亥书"二字款，间隙题"状元红"三字。

器物完整，釉色润泽，花鸟纹以剔刻工艺为主，刀笔娴熟利落。诗文出自林则徐的诗："青山有色花含笑，绿水无声鸟作歌。"

附 2-28　鹿鹤同春诗文坛【A4-202】

口径 14.3 厘米、底径 17 厘米、通高 36 厘米。

泥质红陶，胎质坚厚，外上化妆土，内外施釉，内壁酱色釉，釉不及底。

敛口，圆唇，束颈，斜折肩近平，弧腹，下急收，平底。

肩部四组水涡纹、四组心形纹，心形纹内分别题四字："五福禄寿"；腹部以宽线条勾绘出不规则长方形五开光画面，画面内四角衬简易角回纹，内容为两组折枝花、一组鹿纹、一组鹤纹，一组诗文——"故人家在桃花岸，直到门前溪水流"。

该器呈五面形，釉面光洁，釉彩匀润，花鸟纹组合成"鹿鹤同春"之意。诗文出自唐代诗人常建《三日寻李九庄》："雨歇杨林东渡头，永和三日荡轻舟，故人家在桃花岸，直到门前溪水流。"诗中记叙了作者阳春三月乘舟访友的情景。

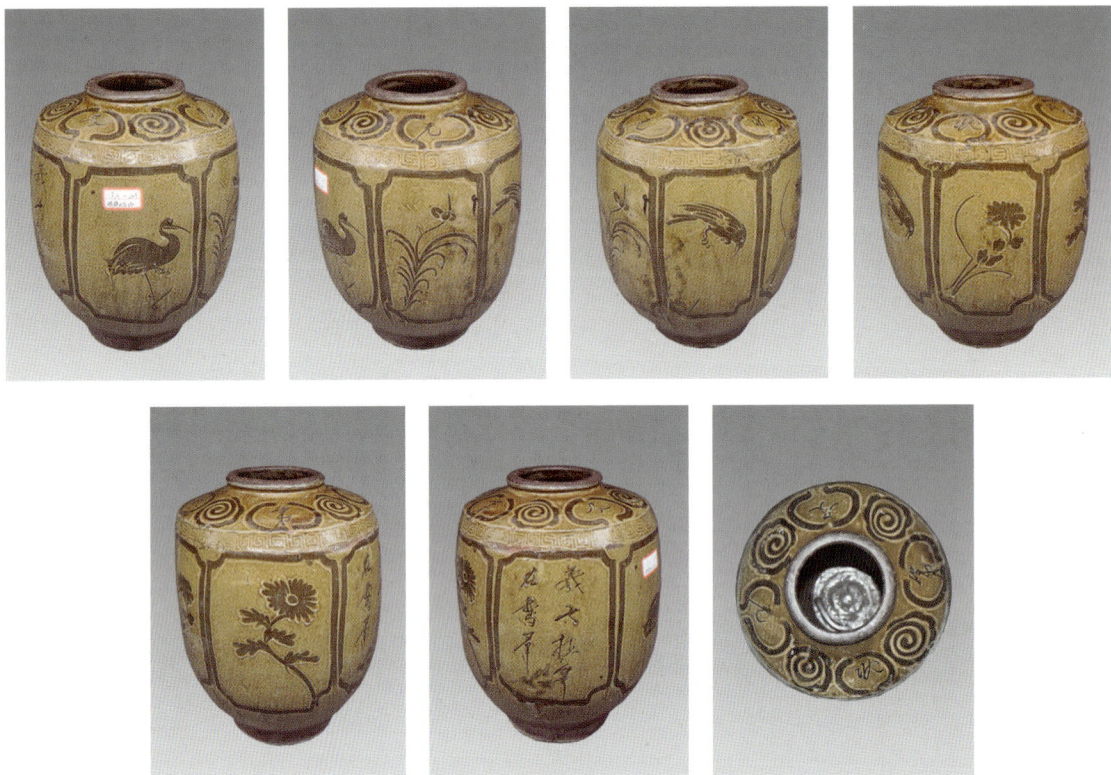

口径 14.3 厘米、底径 17 厘米、通高 40 厘米。

泥质红陶，胎质坚厚，外上化妆土，内外施釉，釉不及底，内壁黄绿色釉。

敛口，圆唇，短束颈，斜折肩，弧腹，下急收，平底。

肩部四组水涡纹、四组心形纹，心形纹内题四字："状元及第"，肩腹间一周模印回纹，腹部以宽线条勾绘出不规则多边形六开光画面，画面内有诗文"羲之提笔在鹅群"一组，鸟纹两组，折枝花纹三组。

器物完整，釉面浓润光洁，制作精致，纹饰清晰，花鸟纹为水花工艺绘制，姿态生动，圆润秀美。典故出自晋王羲之书《道德经》换群鹅故事，《晋书》卷八十《王羲之列传》记载：王羲之生性爱鹅，会稽有一位孤太太养了只鹅，叫声很好听，王羲之想买而未能得，于是就带亲友去观看，谁知老太太听说他要来，竟把鹅烹煮了，准备招待他，王羲之为此难过了一整天。当时，山阴有位道士养了一群鹅，王羲之观看时，多次恳求道士要求买鹅，道士对他说，你若替我抄一遍《道德经》，这群鹅就送给你，王羲之欣然命笔，写好后把鹅装在笼子里带回去了，一路上乐不可支；另有"羲之妙笔在鹅群"亦出自同一典故。

附 2-30 "文章自古成知己"花鸟诗文坛【A4-236】

口径 14.8 厘米、底径 18 厘米、通高 38.5 厘米。

泥质红陶，胎质坚厚，外上化妆土，内外施釉，内壁酱色釉，釉不及底。

敛口，圆唇，短束颈，斜折肩，近平，垂腹，下急收，平底。最大径在下腹。

肩部四组水涡纹、四组心形纹，心形纹内题"福、禄、寿、喜"四字，肩腹间一周模印朵花纹，腹部以细线勾绘成不规则长方形六开光画面，画面内容分别为一组诗文："一林高竹长遮日，文章自古成知己"，两组饰菊花折枝花纹，一组仙鹤纹，一组喜鹊纹，一组寿字图。

器物完整，工艺精致，釉色浓润，釉彩明艳光洁，花鸟纹线条流畅，婉转活泼。仙鹤为长寿之鸟，菊花寓意为长寿花，仙鹤、菊花、喜鹊组合，表示以贺喜寿之意。

附 2-31 "北斗七星三四点"花鸟诗文坛【A4-302】

口径 13 厘米、底径 17.5 厘米、通高 36.5 厘米。

泥质红陶，胎质坚厚，外上化妆土，内外施釉，釉不及底。

敛口，圆唇，束颈，斜折肩，弧腹，下腹稍鼓，下急收，平底。最大径在下腹。

肩部四只水涡纹，肩腹间一周模印棱形纹，腹部以宽线勾绘成不规则长方形五开光画面，画面内容为一组诗文："北斗七星三四点"，两组折枝花纹，两组鸟纹。

器物完整，釉质浓润，釉面光洁，模印清晰，纹饰疏朗有致。"北斗七星三四点、南山万寿十千年"，此联出自赵熙《容斋随笔》，地点在四川峨眉山洪椿坪仙峰寿星桥。古有"泰山北斗"的说法，山对斗、北对南、三加四等于七，十个一千等于一万，颇有一番味道。

附 2-32 "群鹅飞到凤凰池"花鸟诗文坛【A4-303】

口径 13 厘米、底径 18.5 厘米、通高 37 厘米。

泥质红陶，胎质坚厚，外上化妆土，内外施釉，釉不及底。

敛口，圆唇，束颈，平折肩，弧腹，下腹稍鼓，下急收，平底。

肩部一周水涡纹，肩腹间一周模印朵花纹，腹部以宽直线勾画出长方形六开光画面，画面内容为一组诗文："群鹅飞到凤凰池"，一组折枝花纹，三组鸟纹和一组树纹。

器物完整，釉质浓润，模印清晰，线条简洁，釉色偏暗，纹饰秀美，局部有灰色窑变。

附 2-33　八仙人物坛【7-1】

口径 13.5 厘米、通高 36 厘米。

泥质红陶，胎质坚厚，外上化妆土，内外施釉，内壁酱釉。

直口，圆唇，短束颈，平折肩，直腹下收，平底，最大径在上腹部。

肩部四只蝙蝠纹，间隙填花叶纹、朵花纹、莲花纹、碟形纹，肩腹间一周暗花边纹，暗花边纹由万字锦之间间隔团寿图案组合而成，腹部以四道粗直线将其分作四幅画框，每幅画框内再以双行细线勾画出四角饰对角回纹的长方形开光画面，画面中分绘四位"八仙"人物，分别是铁拐李、何仙姑、曹国舅、张果老，皆脚踩祥云，下腹至底一周莲瓣纹。

器型完整，胎质坚厚，釉色金黄匀润，构图丰满，人物形象生动典型、古朴，为八仙坛的代表作。

附 2-34　八仙人物坛【7-2】

口径 14.5 厘米、通高 36 厘米。

泥质红陶，胎质坚厚，外上化妆土，内外施釉，内壁酱釉。

直口，圆唇，短束颈，平折肩，直腹下收，平底，最大径在上腹部。

肩部四只头部内、外交错排列的蝙蝠纹，间隙填花叶纹、朵花纹、蝶形纹，呈斜面的肩腹间饰一周由万字锦间隔团寿纹图案组合而成的暗花边纹，上腹部一周粗线弦纹，腹部由四道粗直线将其分作四幅画框。每幅画框内再以双行细线勾画出四角饰对角回纹的长方形开光画面，画面中各绘一位"八仙"人物，分别为吕洞宾、韩湘子、汉钟离、蓝采和，八仙人物皆脚踩云头，下腹至底饰一周莲瓣纹。

器型完整，胎质坚厚，釉色金黄匀润，构图丰满，人物形象生动典型。

2. 平折肩直腹坛（14件）

附 2-35　鹿鹤同春花草纹坛【孝博 077】

口径 12.5 厘米、底径 16 厘米、通高 36.5 厘米。

泥质红陶，胎质坚厚，外上化妆土，内外施釉，内壁酱釉。

直口，圆唇，短束颈，平折肩，直腹，下收，平底。

肩部四只头向一致的蝙蝠纹，呈斜面的肩腹间饰一周模印万字锦纹，上、下腹各一周双线弦纹，腹部以双行宽直线分隔出四个画框，形成长方形四开光画面，每幅画面内四角衬角回纹，窗内绘鹿、鹤、宝瓶、折枝花等纹饰，下腹至底为一周莲瓣纹。

器物庄重大气，纹饰繁缛，制作精美。釉面光洁，釉彩匀润，花鸟纹组合成鹿鹤同春之意。"鹿鹤同春"又名"六合同春"，寓意天地四方，万物欣欣向荣。

附 2-36　花卉米格纹坛【孝博 079】

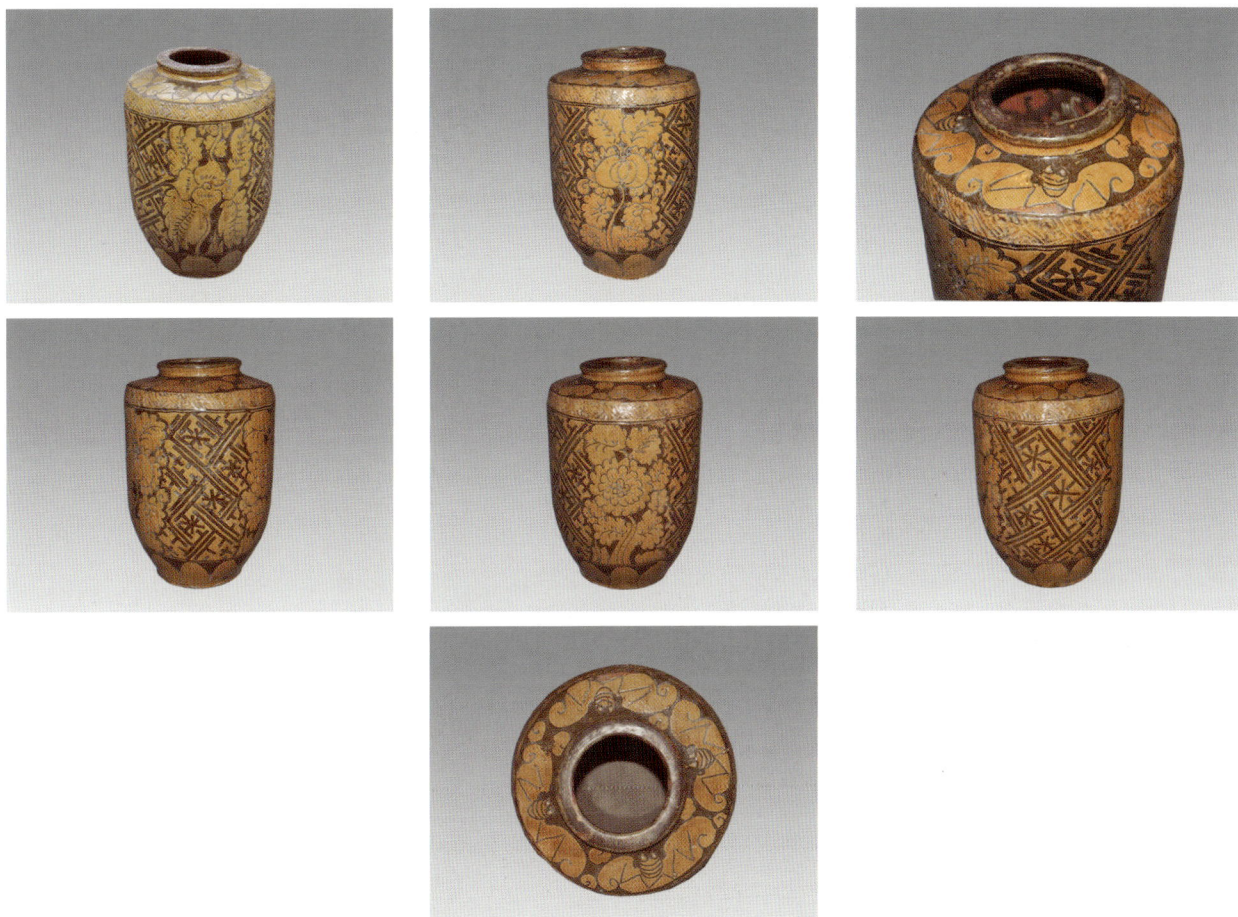

口径 13 厘米、底径 15.5 厘米、通高 35 厘米。

泥质红陶，胎质坚厚，外上化妆土，内外施釉，内壁酱釉。

直口，圆唇，束颈，平折肩，斜直腹，下收，平底。

肩部四只头向一致的蝙蝠纹，呈斜面的肩腹间饰一周模印万字锦纹，上、下腹各一周双线弦纹，腹部画面未分框为满腹纹饰，分饰花卉纹、瓜叶纹等，其余部分以米格纹填充，下腹至底为一周莲瓣纹。

器物完整，釉质匀润，制作工整，纹饰祥瑞，保存较好。

附 2-37　十八学士骑马游街坛【孝博 090】

口径 13 厘米、底径 15.5 厘米、通高 36 厘米。

泥质红陶，胎质坚致，外上化妆土，内外施釉，内壁酱釉。

直口，方唇，短颈，平折肩，深直腹，下收，平底略凹。

肩部四只蝙蝠纹，呈斜面的肩腹间饰一周模印万字锦纹，上、下腹各一周双线弦纹，腹中部饰上、下两层多组骑马学士图案，各组之间又以花卉纹填充，下腹至底部饰一周莲瓣纹。

人物神态朴拙，纹饰生动，装饰纹样图案充满整个腹部，几无空隙，口沿局部脱釉。

附 2-38　八仙人物坛【孝博 025】

口径 12.5 厘米、底径 16 厘米、通高 36 厘米。

泥质红陶，胎质坚厚，外上化妆土，内外施釉，内壁酱釉。

直口，圆唇，短束颈，平折肩，深直腹，下收，平底略凹。

肩部四只蝙蝠纹，肩腹间一周模印万字锦纹，上、下腹各一周双线弦纹，腹部以双行宽直线分隔出四个画框，形成长方形四开光画面，画面内上两角衬角回纹，分绘一位"八仙"人物，分别是铁拐李、何仙姑、吕洞宾和韩湘子，下腹至底为一周莲瓣纹。

器物形体硕大，釉彩浓润，人物形象生动，线条清晰流畅。

口径 13.6 厘米、底径 16 厘米、通高 36.5 厘米。

泥质红陶，胎质坚致，外上化妆土，内外施釉，内壁酱釉。

直口，圆唇，短束颈，平折肩肩，斜直腹，下收，平底。

肩部一周宽大写意水草纹，肩腹间一周模印万字锦纹，腹部以宽线条勾画出近长方形四开光画面，其中一幅有诗句"一行白鹭上青天"，另三幅分别为白鹭和花草而无其他装饰。

器物完整，纹饰生动写实，白鹭单脚立足，长尖喙后视，造型生动，手法粗犷。

附 2-40 十八学士骑马游街坛【孝博 063】

口径 12.5 厘米、底径 15.8 厘米、通高 34.5 厘米。

泥质红陶，胎质坚致，外上化妆土，内外施釉，内壁酱釉。

直口，圆唇，束颈，平折肩，斜直腹，下收，平底。

肩部一周缠枝花纹，肩腹间一周模印万字锦纹，上腹饰一周规整的回纹，腹部主体纹饰为学士骑马游街图案，下腹二周双线弦纹，弦纹之间填充一周水草纹，下腹至底一周莲瓣纹。

器物端庄厚重，腹部满花纹，纹饰繁缛，骑马学士人物传神，线条生动，口沿局部脱釉。

附 2-41　八仙人物坛【孝博 064】

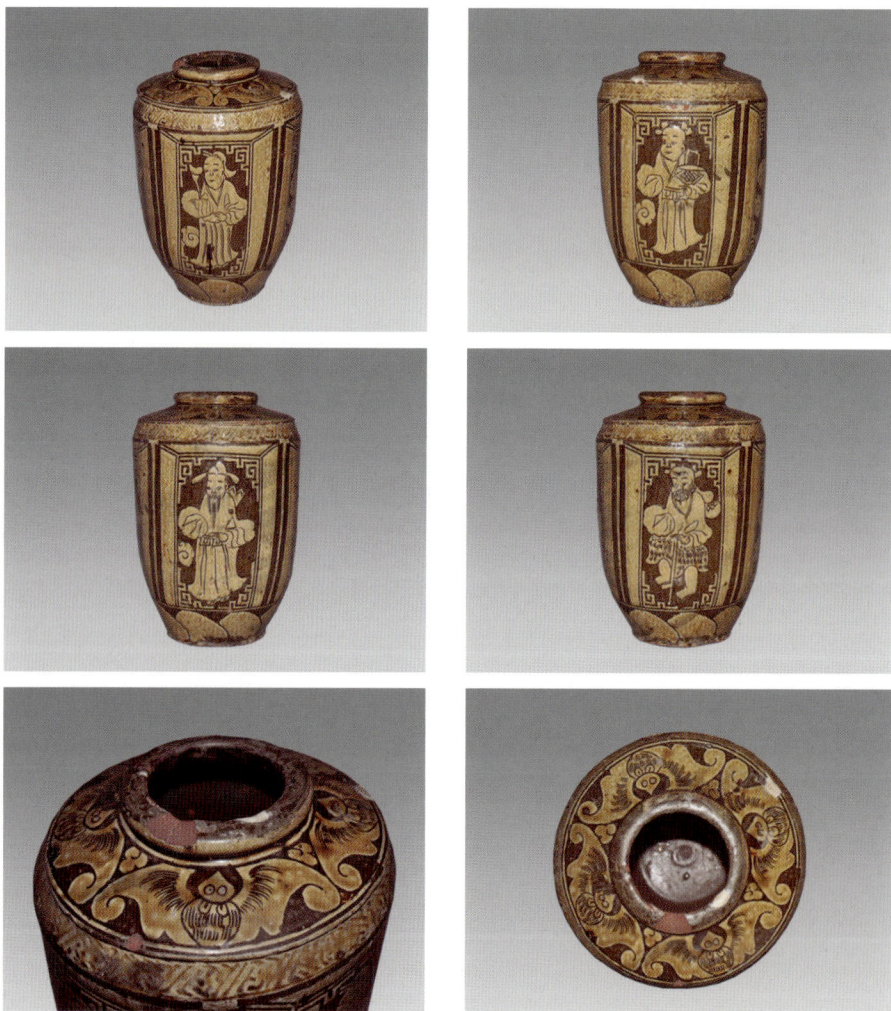

口径 12.8 厘米、底径 15 厘米、通高 35.5 厘米。

泥质红陶，胎质坚厚，外上化妆土，内外施釉，内壁酱釉。

直口，圆唇，短束颈，平折肩，深直腹，下收，平底。

肩部四只蝙蝠纹，肩腹间一周模印万字锦纹，腹部以宽直线分隔出四个画框，形成长方形四开光画面，画面内各用双细线开一小长方形窗，窗内四角衬角回纹，窗内各绘一位"八仙"人物，分别是铁拐李、何仙姑、曹国舅和蓝采和，下腹至底饰一周莲瓣纹。

形体硕大，釉彩浓润，人物形象生动，线条清晰流畅，口部有大块磕缺。

附 2-42　八仙人物坛【孝博临-2】

口径 13.2 厘米、底径 16 厘米、通高 37.5 厘米。

泥质红陶，胎质坚厚，外上化妆土，内外施釉，内壁酱釉。

直口，圆唇，短束颈，平折肩，深直腹，下收，平底。

肩部四只蝙蝠纹，肩腹间一周模印万字锦纹，腹部以宽直线分隔出四个画框，形成长方形四开光画面，画面内各用双行细线开一小长方形窗，窗内四角衬角回纹，窗内各绘一位"八仙"人物，分别是韩湘子、吕洞宾、汉钟离、曹国舅，下腹至底饰一周莲瓣纹。

形体硕大，釉彩浓润，人物形象生动，线条清晰流畅，器物已残破，后期经修复。

附 2-43　八仙人物坛【A6-364】

通高 15.5 厘米、口径 7.7 厘米、底径 9.5 厘米。

泥质红陶，质坚坯细，外上化妆土，施釉。

直口，平沿，短直颈，平折肩，弧腹下收，平底。

肩部四组蝙蝠纹，肩腹间一周双线弦纹，上、下腹各一周双线弦纹，腹部以双行宽直线分隔出四个画框，形成长方形四开光画面。画面内上两角衬角回纹，分绘一位"八仙"人物，分别是铁拐李、张果老、吕洞宾、何仙姑，下腹至底饰素面。

釉面较薄，纹饰工整，线条流畅，制作精致。作品为马口窑传承人胡圣幼于 2018 年制作，由于化妆土的不同，釉料不是采用南漳釉，也不是传统龙窑(柴窑)烧成，而是用电烧伐，可以看出新工艺与传统器的差别。

附 2-44　榴开百子开光坛【A4-382】

口径 14.2 厘米、底径 16 厘米、通高 35 厘米。

泥质红陶，胎质坚致，外上化妆土，内外施釉。

敛口，圆唇，短束颈，平折肩，直腹，下急收，平底。

肩部五只头向一致的蝙蝠纹，间隙填花瓣纹，肩腹间一周模印万字锦纹，腹部以宽直线分隔出四个长方形画框，形成长方形四开光画面，画面内四角衬角回纹，内容为吉祥图案，分别是两组花开富贵图、一组功名有成图，图案包括画轴、毛笔；一组榴开图，图中绘石榴果实绽开。下腹一周双线弦纹，下腹至底一周莲瓣纹。

釉面莹润光洁，制作精致，纹饰细腻秀美，以刻划工艺为主。石榴多子，是民间多子多育的象征，表达了人们对子嗣繁衍的渴求。

附 2-45　"福禄寿喜"锦地开光坛【A4-394】

口径 13 厘米、底径 16.5 厘米、通高 36 厘米。

泥质红陶，胎体坚厚，外上化妆土，内外施釉。

敛口，平沿，短颈，平折肩，深直腹下收，平底微凹。

颈部一周双线弦纹，肩部一周如意云头纹，肩腹间再一周双线弦纹，肩腹间一周模印锦地纹，腹部以双线勾画出圆形四开光画面，每幅圆形框内各一字，分别是"福、禄、寿、喜"四字，圆形框外饰一周花瓣纹，整个腹部皆填满万字锦纹，下腹至底一周莲瓣纹。

器物完整，釉质匀润，色偏暗黄，纹饰祥瑞，全器满饰万字锦纹，与花形开光构成锦上添花的意境。福、禄、寿、喜在民间流传为天上的四吉星，怀抱婴儿表示五福临门，手捧如意寓意高官厚禄，手捧寿桃意为长命百岁，喜鹊双飞寓意双喜临门，喜从天降。古往今来，吉祥文化的内涵随历史延续而发展，其社会功能涉及祈福纳吉、伦理教化和驱邪攘灾诸方面，福、禄、寿、喜是吉祥文化的核心内容，是彼此关联而又各具特色的吉祥主题。

附 2-46　锦上添花坛【A4-395】

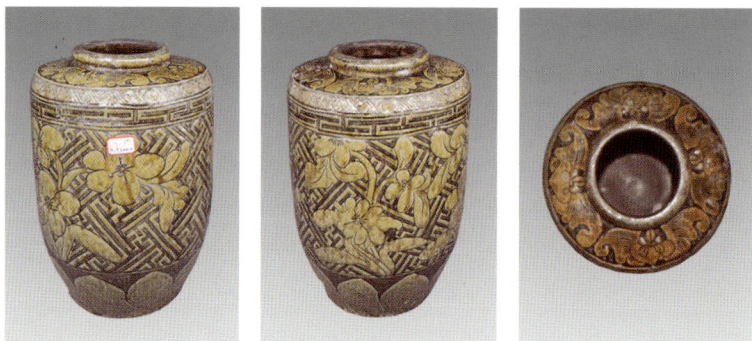

口径 14.3 厘米、底径 19 厘米、通高 40 厘米。

泥质红陶，胎体坚厚匀正，外上化妆土，外施釉，内无釉。

敛口，沿面平弧，短颈内束，平折肩，深直腹，下腹内收，平底略凹。

肩部四只蝙蝠纹，肩腹间一周由朵花、圆寿纹、万字锦组合构成的模印纹、上腹一周回纹，腹部装饰图案未作分隔，由三组把花纹和万字锦纹构成整幅花卉图，下腹一周双线弦纹，至底一周莲瓣纹。

器型完整，釉质肥厚润泽，器表光洁，色彩明艳，形体高大，工艺精湛，纹饰以剔、刻划为主，线条工整细致，刀法娴熟，图案丰富。

附 2-47　宝物纹八仙坛【A4-473】

口径 12.8 厘米、底径 17 厘米、通高 34 厘米。

泥质红陶，胎质坚致，外上化妆土，内外施釉。

敛口，沿面平弧，圆唇，短颈内束，平折肩，深直腹，下渐收，平底。

肩部四组蝙蝠纹，间隙填云形纹，肩腹间一周模印万字锦纹，腹部以双行宽直线分隔出四个画框，形成长方形四开光画面。画框内再以双行细线勾画出长方形窗，窗内四角衬角回纹，中间饰一组宝物纹，三组花卉图案，下腹一周回纹，一周莲瓣纹。

器物保存完整，釉质肥厚，光洁莹润，纹饰繁缛，图案清晰，颈肩部的窑变醒目美观。

口径 13.5 厘米、底径 19.5 厘米、通高 40 厘米。

泥质红陶，胎质坚厚，外上化妆土，内外施釉。

直口，圆唇，束颈，平折肩，深直腹，下收，平底。

颈部一周双线弦纹，肩部四只蝙蝠纹，肩腹间一周双线弦纹、一周模印万字锦纹，腹部以双行宽直线分隔出四个画框，形成长方形四开光画面，画框内再以双行细线勾画出长方形窗，窗内四角衬角回纹，每幅画面绘一位"八仙"人物，分别是铁拐李、何仙姑、曹国舅、张果老，下腹一周双线莲瓣纹。

釉彩浓润，形体硕大，人物形象生动，线条清晰流畅，下腹部有冲损纹。

③斜折肩弧腹坛(13 件)

附 2-49　模印钱花纹坛【孝博 004】

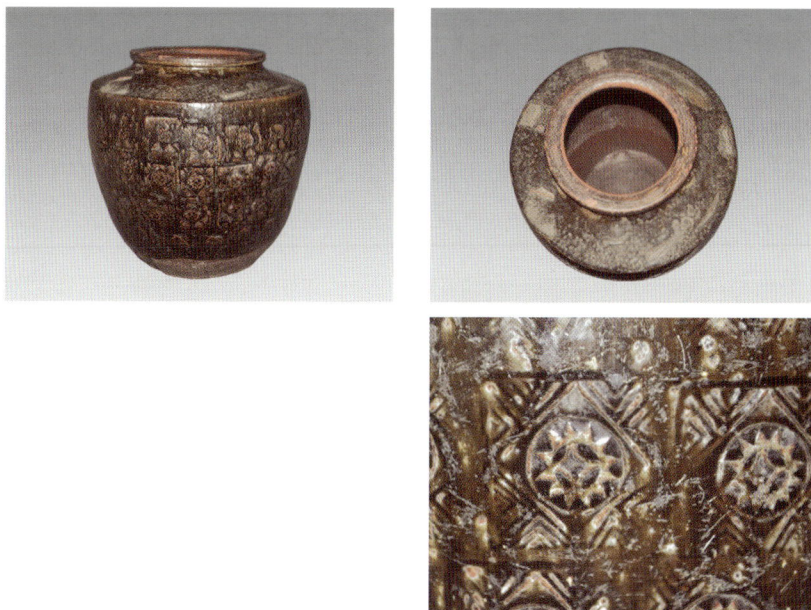

口径 21 厘米、底径 21 厘米、通高 33.5 厘米。

泥质红陶，胎质坚厚，内外施酱釉，器表釉不及底。

直口，平沿，方唇，短束颈，斜折肩，弧腹，下收，平底。最大径在肩腹间。

肩部素面，腹部自上而下排列三层由连续模印纹组成的装饰，饰满整个腹部，模印纹中间为钱花纹，逐渐向外为菱形框，边饰一周锯齿纹，最外层为方形框，菱形方框与方形框空隙填充三角形纹。下腹一周模印仰莲瓣纹，下腹至底素面。

以钱花纹为主题的构图，表达了人们对富裕生活的追求和向往，图案分别采用方形、圆形、棱形、三角形等多种几何构图组合形式，表现出作者独特的审美能力，铜钱为八宝之一，象征财富。

器型厚重硕大，模印清晰，工艺精湛，保存完好。

附 2-50　模印福鹿纹坛【孝博 005】

口径 17.5 厘米、底径 16.5 厘米、通高 31 厘米。

泥质红陶，胎质坚厚，内外施酱釉，器表釉不及底。

子母口，微敛，圆唇，平沿，短束颈，斜折肩，弧腹，下收，平底内凹。最大径在下腹部。

肩部一周、腹部四周模印圆形福字和动物"鹿"变形图案，模印纹图案有两种，一种似小篆变体"福"字，一种似动物"鹿"的变形图案，寓"福禄"吉祥之意。下腹至底部为素面。

器物构图精美，保存完好，腹部有一道窑粘痕。

附 2-51　模印蕉叶纹坛【孝博 006】

口径 19 厘米、底径 21 厘米、通高 36.3 厘米。

泥质红陶，胎质坚厚，内外施酱釉，器表釉不及底。

直口，平沿，方唇，短束颈，斜折肩，弧腹，下收，平底内凹。最大径在肩腹间。

肩部一周模印蕉叶纹，腹部交替四周饰模印蕉叶纹和菱形纹，蕉叶纹仅有叶片，菱形纹则由方形外框、重叠三角形加中间四个小菱形纹构成，另小菱形纹中间又由连珠纹组合的朵花纹构成，下腹至底素面。

器物古朴厚重，一侧面釉色偏黑，模印清晰，肩部有多处窑粘痕及支烧痕迹，口沿有磕缺。

口径 19 厘米、底径 21 厘米、通高 33.4 厘米。

泥质红陶，胎质坚厚，内外施酱釉，器表釉不及底。

直口，平沿，方唇，短束颈，斜折肩，弧腹，下收，平底内凹。最大径在肩腹间。

肩及腹部饰四种模印纹，其中方形模印纹三种，一是联珠纹组合的圆形朵花纹，二是联珠纹组合的菱形朵花纹，三是四组合的菱形纹，下腹一周模印覆瓣莲纹，下腹至底素面。

器物古朴厚重，纹饰清晰，工艺精湛，表现出马口窑早期的工艺特征。

口径 16.5 厘米、底径 20 厘米、通高 39.5 厘米。

泥质红陶，胎质坚厚内外施酱釉，器表釉不及底。

直口，平沿，方唇，短束颈，斜折肩，弧腹，下收，平底内凹。最大径在肩腹间。

肩部二周错位模印的圆形团花纹，腹部从上至下排列五列模印方框形菱花纹，模印纹最内层为一朵八角花瓣，一周八角星形。

器体厚重，纹饰清晰，釉彩匀润，明艳光洁。器内可见明显的拍印加工和荡釉痕迹。

附 2-54　模印仙鹤团花纹坛【孝博 009】

口径 14.4 厘米、底径 15.8 厘米、通高 28.7 厘米。

泥质红陶，胎质坚厚，内外施酱釉，器表釉不及底。

直口，平沿，方唇，短束颈，斜折肩，弧腹，下收，平底内凹。最大径在肩腹间。

肩饰两周错位模印花鸟纹，腹部五列模印纹，分别为二周模印花鸟纹和三周模印团花纹，团花纹全由小圆点组成，下腹至底部素面。

器物端庄厚重，保存完好，口部略磕。一侧面过火，肩部有窑粘痕。

附2-55　模印朵花纹坛【孝博026】

口径13厘米、底径15厘米、通高29.5厘米。

泥质红陶，胎质坚厚，内外施酱釉，器表釉不及底。

平沿，直口，短束颈，斜折肩，弧腹，下收，平底内凹。

肩部一周模印朵花纹，腹部三周模印朵花纹。模印朵花纹排列较为规整，布局疏朗有致，下腹至底素面。

器物制作精细，一侧面过火，保存完好。

附2-56　模印钱花纹坛【A2-240】

口径 19 厘米、底径 21 厘米、通高 30.8 厘米。

泥质红陶，胎质坚厚，内外施釉，釉不及底。

敛口，平沿，方唇，束颈，斜折肩，弧腹，下收，平底。最大径在肩腹间。

腹部从上至下三列模印纹，模印纹由内方外圆的钱花纹、一周棱形纹加边框为四方形的组合构图，图案四角内衬小朵花，外衬对称的三角形。

器型完整，工艺精致，模印清晰。

以钱花纹为主题的构图，表达了人们对富裕生活的追求和向往，图案分别采用方形、圆形、棱形、三角形等多种几何构图组合形式，表现出作者的审美能力，铜钱为八宝之一，象征财富。

附 2-57　如意寿纹坛【B13-243】

口径 14 厘米、底径 15.5 厘米、通高 24.5 厘米。

泥质红陶，胎质坚致，内外施酱釉，釉不及底。

直口，圆唇，短束颈，斜折肩，弧腹，下收，平底略凹。

肩部四组如意纹，分别由两个对应组合的如意纹构成，腹部八组变体寿字纹，分别由简单和复杂两种不同的图案各四组组成，呈一列排在腹中部。

器物完整，釉色浓润，釉面光洁，制作精致，装饰采用白色化妆土为原料，单线描绘而成，图案黑白分明，祥瑞古朴。

附 2-58　寿纹折枝花坛【B13-59】

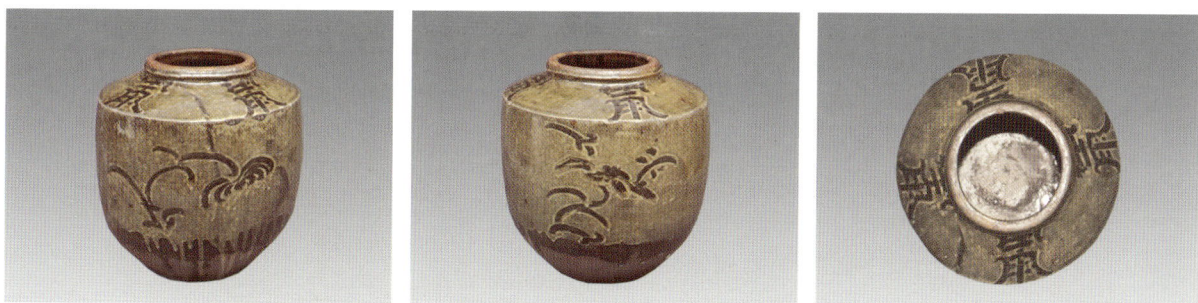

口径 12.5 厘米、底径 15 厘米、通高 23.5 厘米。

泥质红陶，胎体坚厚，外上化妆土，内外施釉，釉不及底。

敛口，平沿，尖唇，斜折肩，弧腹，下收，平底略凹。

肩部四组寿字纹，腹部三组折枝花纹，折枝花纹极其简化，仅为示意。

器物完整，釉层匀润，装饰采用水花法工艺，纹饰拙朴。

附 2-59　模印几何纹坛【A2-152】

口径 19 厘米、底径 20.3 厘米、通高 32.8 厘米。

泥质红陶，胎质厚重，外上化妆土，内外施酱釉。

敛口，方唇，平沿，束颈，斜折肩，弧腹，下收，平底。

肩部一周模印纹，上腹一周仰莲瓣纹，腹中、下部三周模印纹，模印纹分别由仰莲瓣纹、朵花纹，以及圆形、三角形、四方形边框阳纹组合而成。

器型制作较为完整，纹饰浅显粗糙。

附 2-60　宝物纹坛【B11-320】

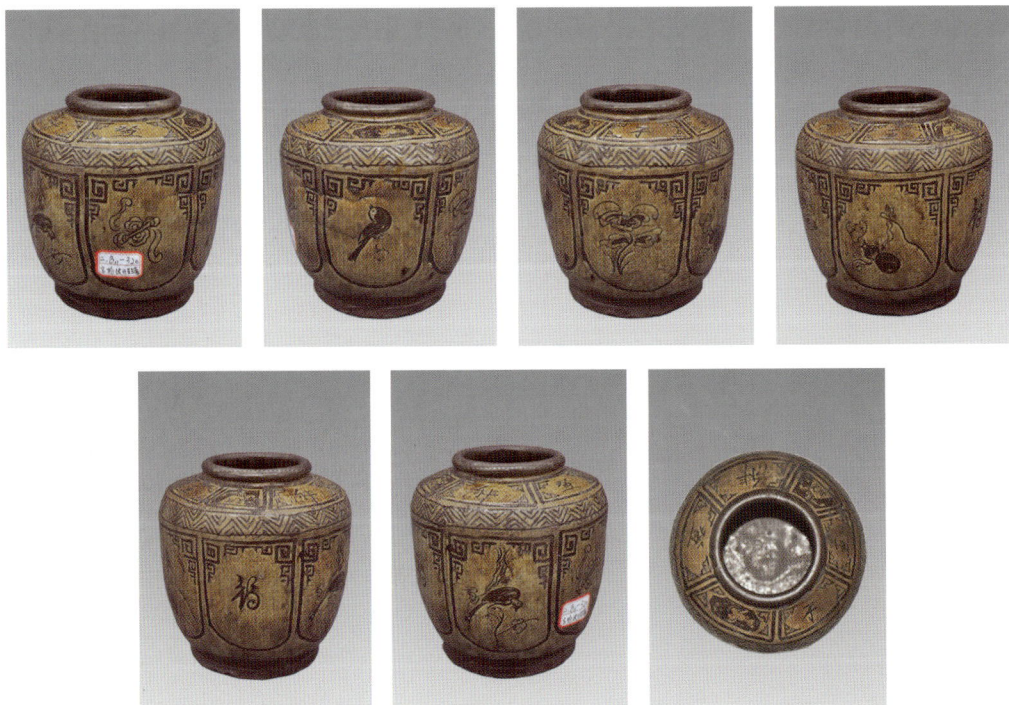

口径 9.8 厘米、底径 12.8 厘米、通高 17.5 厘米。

泥质红陶，胎质坚致，内外施釉，釉不及底。

直口，圆唇，束颈，斜折肩，弧腹，下收，平底。

肩部以双细线勾画出扇面形六开光，框内四角饰如意纹，四幅画面内分别题写"五子登科"四字。一组画面内绘宝扇纹，上题"状元"二字，一组画面绘葫芦纹，肩腹间一周棱形纹；腹部以单线勾画出上方下圆形六开光画面，画面内上两角衬角回纹。六幅画面内容分别为折枝花纹、喜鹊登梅图、画轴纹、鸟纹、"福"字纹和宝葫芦纹等，下腹至底素面。

器物完整，工艺精湛，构图丰富，纹饰工整精细。

附 2-61　桃花如意纹坛【5-64】

底径 17.3 厘米、通高 26.8 厘米。

泥质红陶，胎质坚致，内外施釉，下腹近底露胎。

直口，平沿，方唇，束颈，平折肩，扁鼓腹下收，平底，最大径在腹中部。

肩及腹部纹饰均用笔蘸化妆土描绘。肩饰一周桃花纹，腹部自上而下依次为一周如意纹、一周桃花纹、两周图案相背的如意纹，下腹至底素面。

花纹画法较随意，图案不规则，排列不整齐，但对比清晰，呈现出一种特别的装饰效果，一侧肩腹有冲损。

④斜折肩直腹坛(19 件)

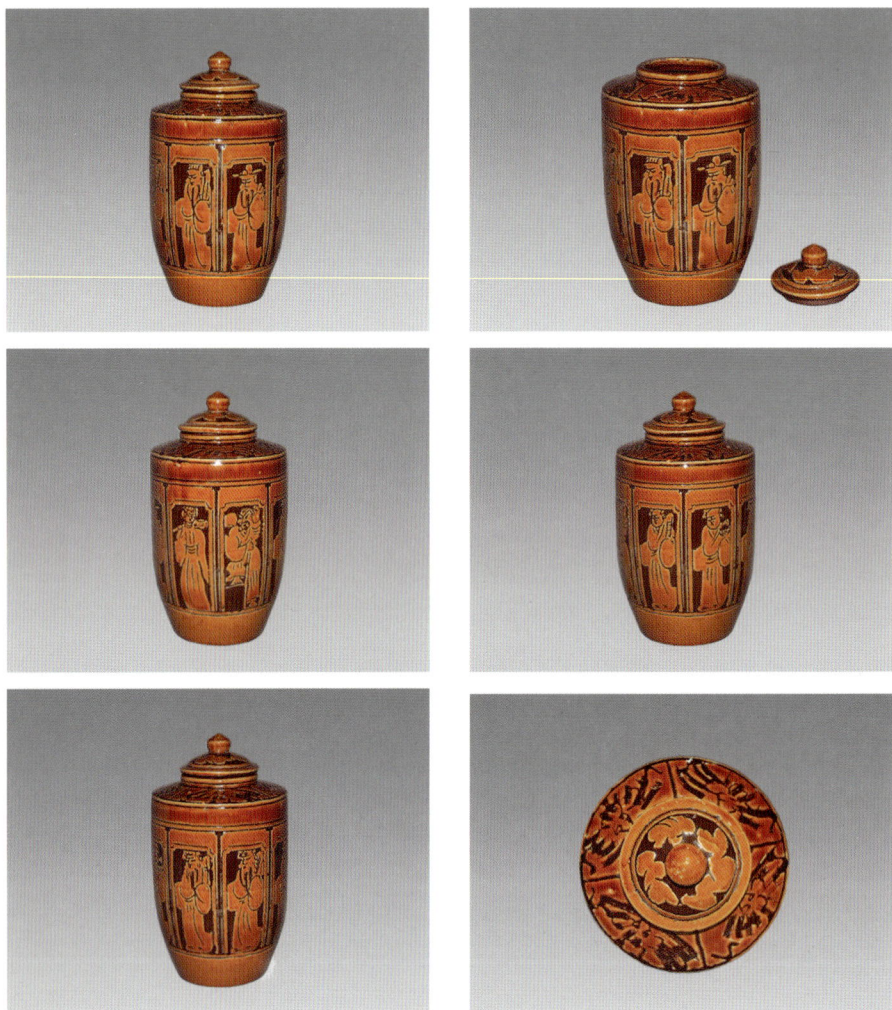

口径 9 厘米、底径 11 厘米、通高 23.2 厘米。

泥质红陶，胎质细腻坚致，外上化妆土，内外施黄釉。

直口，圆唇，短直颈，斜折肩，直腹，下渐收，平底，有原盖。

颈部、肩腹间各一周双线弦纹，肩部用四条短直线分出四个画框，每个画框内绘一只蝙蝠纹，腹部分别用一道宽直线与上、下腹的双线弦纹相连，分成八个画框，形成长方形八开光画面。每幅画框内再以单细线勾画出一个小窗，窗内分饰一位"八仙"人物，成为"八仙"齐聚一器的组合图，下腹至底素面。

器物造型规整，人物刻画精细，线条流畅，制作工艺精湛。

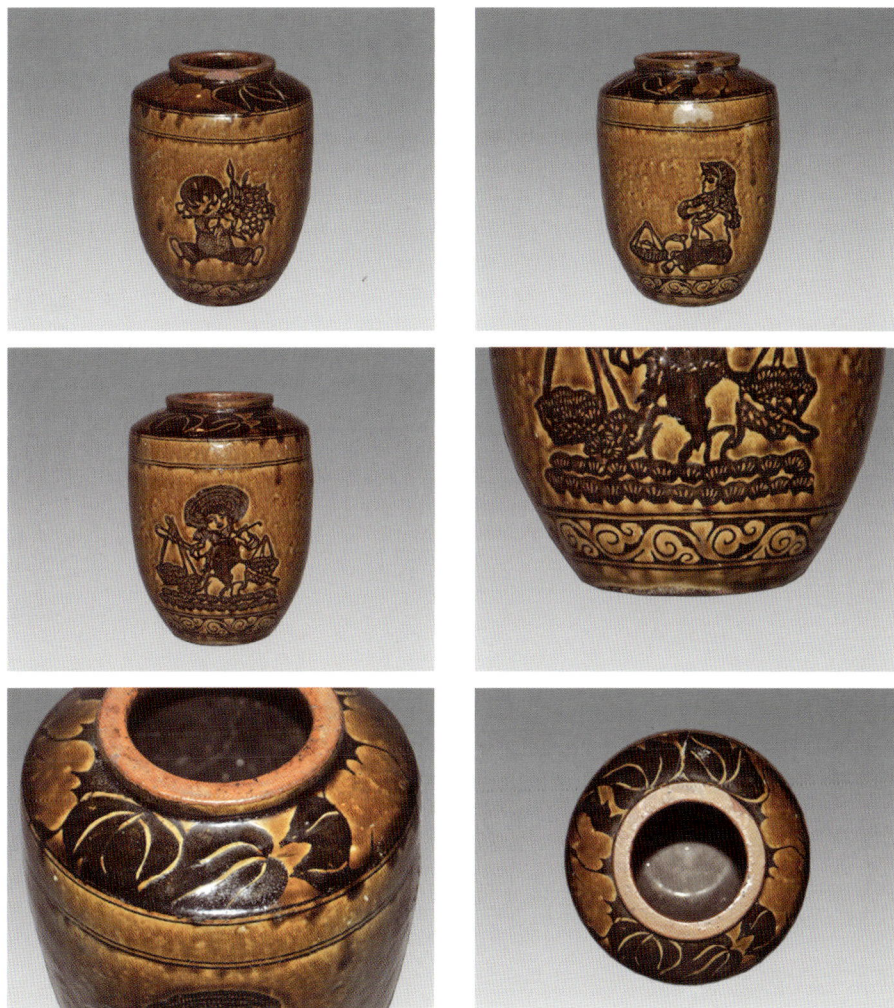

口径 9.5 厘米、底径 9.5 厘米、通高 20.5 厘米。

泥质红陶，胎质细腻坚厚，外上化妆土，内外施釉，内壁酱釉。

直口，方唇，平沿，短束颈，斜折肩，直腹，下渐收，平底。

肩饰掌状叶形纹，肩腹间及上、下腹各饰两周双线弦纹，腹部饰三组农家娃剪纸图，表现插秧、施肥、拾稻穗三种各异的人物形态。人物作动态的奔跑状，形成动感，下腹近底二周双线弦纹，内填缠枝花纹。

器物造型规整，釉色明艳光洁、浓润，儿童形象生动有趣，工艺精湛。

口径 10.5 厘米、底径 12.2 厘米、通高 27.5 厘米。

泥质红陶，胎质坚致，外上化妆土，内外施釉，内壁酱釉。

直口，平沿，短束颈，斜折肩，深直腹，下收，平底。

肩部四个椭圆形界面，内题"人民公社"四字，上、下腹各一周双线弦纹，腹部以双行宽直线将其分成四幅画框，画框内再以双细线勾画出长方形四开光画面。画面上两角饰对角回纹，每幅画面三字，内容为分段的口号文字，分别是"要各种""食品赶""超富过""全世界"，下腹至底一周莲瓣纹。

口号内容具有鲜明的时代特色，表现了"大跃进时期"广大人民群众积极向上的精神状态。

口径 10.3 厘米、底径 12 厘米、通高 28 厘米。

泥质红陶，胎质坚致，外上化妆土，内外施釉，内壁酱釉。

直口，平沿，短束颈，斜折肩，深直腹，下收，平底略凹。

肩部四个椭圆形界面，内题"学习文化"四字，上、下腹各一周双线弦纹；腹部以双行宽直线将其分成四幅画框，画框内再以双细线勾画出长方形四开光画面，画面上两角饰对角回纹；每幅画面中二至四字不等，内容为分段的口号文字，分别是"一切""都要""向土专家""学习"，下腹至底一周莲瓣纹。

局部釉面有窑粘痕，字里行间充满自信和学习力量。

口径 15 厘米、底径 19 厘米、通高 46 厘米。

泥质红陶，胎质坚厚，外上化妆土，内外施釉，内壁酱釉。

直口，圆唇，短束颈，斜折肩，深直腹，下收，平底。

肩部四只蝙蝠纹，上、下腹各一周双线弦纹，腹部以双行宽直线将其分成四幅画框，画框内再以双细线勾画出长方形四开光画面；画面上两角饰简化的对角回纹，画面内容分别为二位"八仙"人物，一面题"青山绿水花花世界"，一面题"丰衣足食幸福人家"，下腹至底一周莲瓣纹。

器型端庄硕大，保存完好。器物的时代特色鲜明，"八仙"人物体态肥胖，寥寥数笔，刻划不精。

口径 13 厘米、底径 16 厘米、通高 35 厘米。

泥质红陶，胎质坚厚，外上化妆土，内外施釉，内壁酱釉。

直口，圆唇，短束颈，斜折肩，深直腹，下收，平底内凹。

肩部四幅如意纹，上题"加紧生产"四字，肩腹间一周模印万字锦纹，上、下腹各一周双线弦纹，腹部以双行宽直线将其分成四幅画框，画框内再以双细线勾画出长方形四开光画面，画面上两角饰简化的对角回纹；画面内容分别为两幅八仙人物，另两幅分别题"中国人民团结万岁""消灭细菌战"口号，下腹至底一周莲瓣纹。

器物时代特色鲜明，人物体态肥胖，寥寥数笔。非常有意思的是，"八仙"人物刻划手法随意粗犷，不够精细。人物手持的不是法器，而是锄头、钉耙类农具，极具时代特色。

口径 13 厘米、底径 16.5 厘米、通高 36.5 厘米。

泥质红陶，胎质坚厚，外上化妆土，内外施釉，内壁酱釉。

直口，圆唇，斜折肩，深直腹，下收，平底内凹。

肩部四组蝙蝠纹，上题"抗美援朝"四字，上、下腹各一周双线弦纹，腹部以双行宽直线将其分成四幅画框，画框内再以双细线勾画出长方形四开光画面，画面上两角饰简化的对角回纹；画面内容分别为，一窗内题"土改实行农民翻身"口号文字，另三窗为"八仙"人物，下腹至底一周莲瓣纹。

器物完整，釉面均匀莹润，口部有磕缺，人物手持农具，器物题字和图案均体现出鲜明的时代特色。

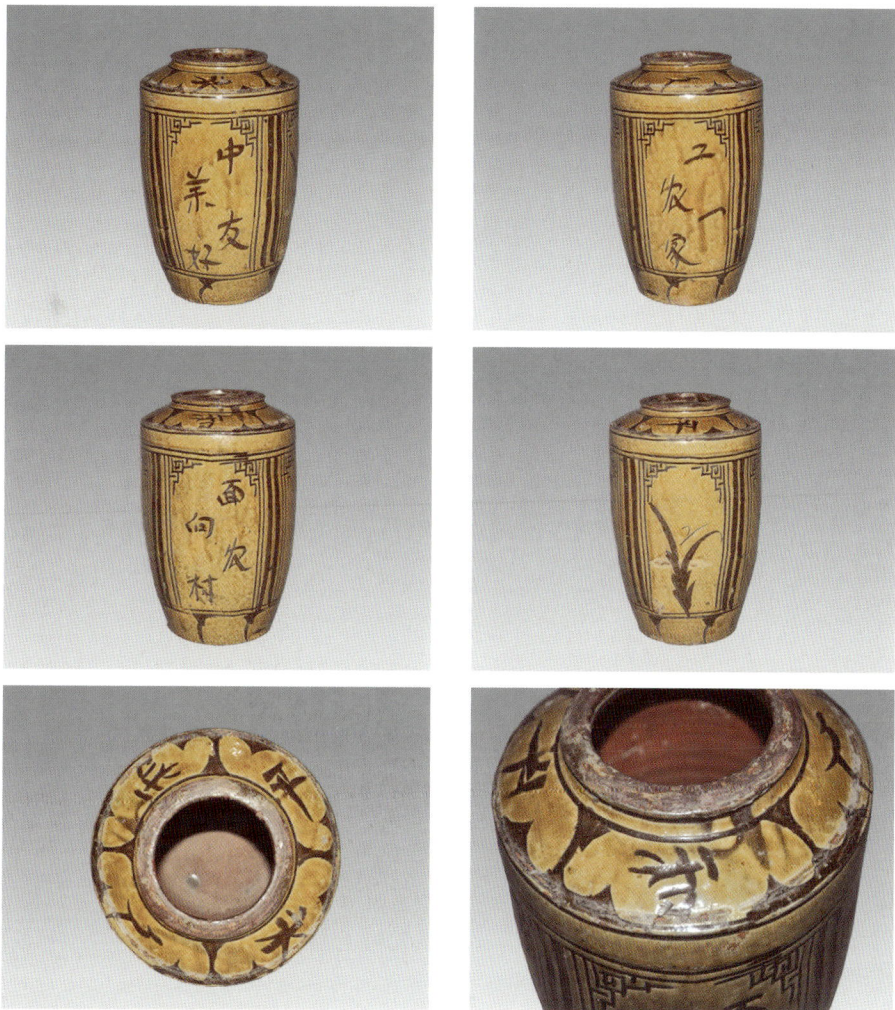

口径 11.5 厘米、底径 13.2 厘米、通高 28.5 厘米。

泥质红陶，胎质坚厚，外上化妆土，内外施釉，内壁酱釉。

直口，圆唇，短束颈，斜折肩，深直腹，下渐收，平底。

肩部四幅蝙蝠纹，上题"永久和平"四字，上、下腹各一周双线弦纹，腹部以双行宽直线将其分成四幅画框，画框内再以双细线勾画出长方形四开光画面；画面上两角饰对角回纹，画面内容为三组口号，分别是"中苏友好""工农一家""面向农村"，一窗为草叶纹，下腹至底一周莲瓣纹。

器物以文字口号的形式，记录了中苏两国友好交往的历史。

口径 14 厘米、底径 17.4 厘米、通高 44.6 厘米。

泥质红陶，胎体坚厚，外上化妆土，内外施釉，内壁酱釉。

直口，平沿，斜折肩，深直腹，下收，平底。

颈部和肩腹间各一周双线弦纹，肩部四只蝙蝠纹，上题"努力生产"四字，上、下腹各一周双线弦纹，腹部以双行宽直线将其分成四幅画框，画框内再以双细线勾画出长方形四开光画面，画面上两角饰对角回纹；四幅画面内容分别为四句口号："工农群众知识化""知识分子劳动化""用杂粮绿荒田""用瓜果美化城乡"。

器形高挑硕大，显示出精湛的拉坯工艺，口号时代特征明显。

附 2-71　鹿鹤同春坛【孝博临-20】

口径 14.5 厘米、底径 15.8 厘米、高 36 厘米。

泥质红陶，胎体坚厚，外上化妆土，内外施釉，内壁酱釉。

直口，圆唇，平沿，斜折肩，深直腹，下收，平底。

肩部四只蝙蝠纹，上腹一周弦纹，腹部以宽直线将其分成四幅长方形画框，框内再以单细线勾画出长方形六开光画面，画面内四角衬角回纹，画面内容分别为鹿、鹤、犬三只动物和三幅折枝花，下腹至底一周云气纹。

器物保存较完整，画面内容丰富，纹饰刻划生动，鹿鹤同春，寓意幸福美满。

附 2-72 "酒"字八仙人物坛【孝博临-5】

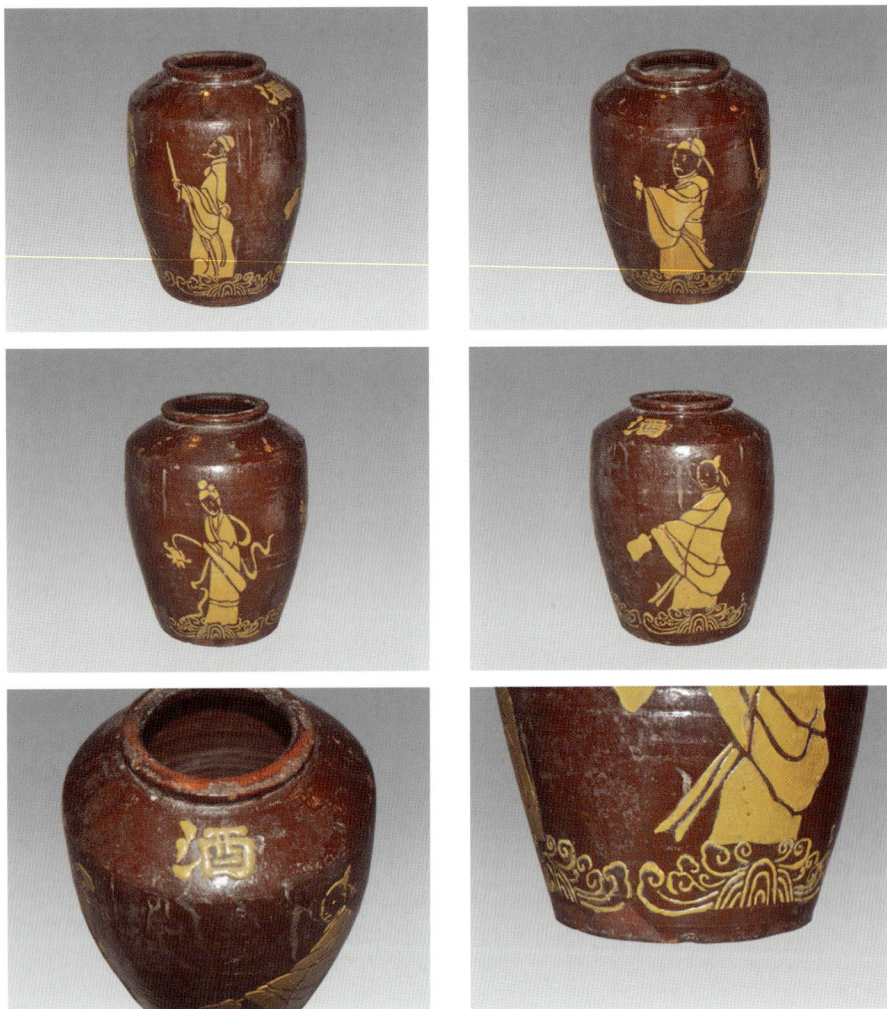

口径 13 厘米、底径 17.3 厘米、高 29.5 厘米。

泥质红陶，胎体坚厚，内外施釉。

直口微侈，平沿，斜折肩，深直腹，下收，平底内凹。

肩部以化妆土题一个"酒"字，腹部以化妆土分别绘四位"八仙"人物，分别为吕洞宾、曹国舅、何仙姑、汉钟离，四人均面朝左侧，手执法器，每名人物脚下饰写意波浪纹。

器物未上化妆土，而以化妆土作画，纹饰精美，较为少见。

附 2-73　"反对右派"口号坛【A5-114】

口径 10.3 厘米、底径 12.5 厘米、通高 29 厘米。

泥质红陶，胎质坚致，外上化妆土，施釉，坛内无釉。

直口，平沿，圆唇，束颈，斜折肩，直腹下收，平底。最大径在肩腹间。

颈部至肩腹间各一周双线弦纹，肩部四组蝙蝠纹，上题"永久和平"四字，上、下腹各一周双线弦纹，腹部以双行宽直线将其分成四幅画框，画框内再以双细线勾画出长方形四开光画面，画面上两角饰简化对角回纹；画面内容分别为四组口号文字："反对右派""民主专政""人民团结""提高技术"，下腹一周简化莲瓣纹。

器形完整，釉呈雨滴状，下腹局部有枯釉。

1957 年进行的"反右运动"，错划右派约 55 万人，包括一批知识分子、爱国民主人士、少数共产党员和干部；文化大革命中，大部分右派和摘帽右派再次受到冲击。1978 年，中共中央决定对除极少数右派分子外进行了平反昭雪。口号坛留下了中国"反右运动"的珍贵实物资料。

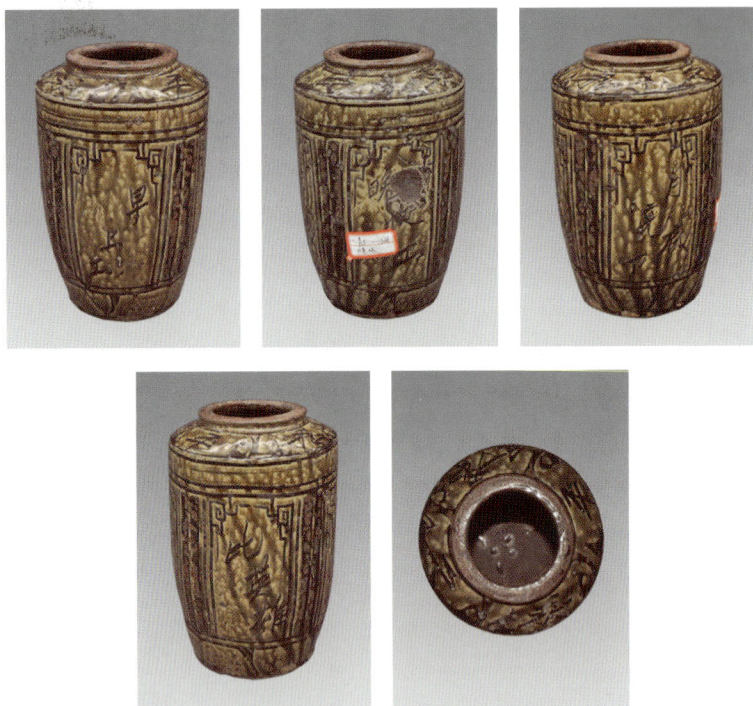

口径 10.8 厘米、底径 13 厘米、通高 26 厘米。

泥质红陶，质坚，外上化妆土，施釉，坛内无釉。

浅口，平沿，短颈，斜折肩，直腹，下缓收，平底微凹。

肩部四只蝙蝠纹，上题"永久和平"四字，上、下腹各一周双线弦纹，腹部以双行宽直线将其分成四幅画框，画框内再以双细线勾画出长方形四开光画面。画面上两角饰对角回纹，画面内容分别为四组口号文字："早上工""晚收工""月亮底下""比英雄"，下腹一周简化莲瓣纹。

附 2-75　篦纹"保卫世界"口号坛【A5-172】

口径 13.3 厘米、底径 15 厘米、通高 39.5 厘米。

夹细砂红陶，质坚，外上化妆土，施釉，坛内未上釉。

敛口，平沿，圆唇，束颈，斜折肩，深直腹，下收，平底。

肩部四组"双括号"形地纹，括号内书"保卫祖国"四字，腹部由双细线绘出长方形边框，形似四开光，内题四组口号文字："提高生产""搞好生活""保卫世界""加强劳动"，下腹近底素面。

器型完整，釉色泛黄，无光泽，肩局部有麻面。从该器的质料、装饰和烧造可以看出，这一时期马口窑陶器整体工艺处于退化阶段，文字由篦状齿作笔完成。

附 2-76　"节约一把米"口号坛【A5-199】

口径 11 厘米、底径 13 厘米、通高 26.5 厘米。

泥质红陶，胎质坚致，外上化妆土，施灰釉，坛内无釉。

敛口，平沿，尖圆唇，束颈，斜折肩，直腹，下渐收，平底略凹。

肩部四只蝙蝠纹，上题"永久和平"四字，肩腹间一周双线弦纹，上、下腹各一周双线弦纹，腹部以双行宽直线将其分成四幅画框，画框内再以双细线勾画出长方形四开光画面。画面上两角饰对角回纹，四幅画面内容分别为口号文字："一人节约""一把米""一年节约""了不起"，下腹一周莲瓣纹。

唇尖有磕伤，釉面光洁，制作工整，书法流畅。

1955 年 8 月 5 日，国务院批准《市镇粮食定量供应暂行办法》，实行市镇居民粮食"四证三票"制度，1994 年，全国各地陆续取消粮票，实行了近 40 年的城镇居民粮食供应制度（即统销制度）被取消，标志着一度与大多中国人形影不离的、有"第二货币"之称的粮票退出中国历史舞台和一个票证时代的终结。口号记载了当时在粮食定量供应且不充裕的情况下，政府号召大家要注意节约。

附 2-77 "反对美帝"口号坛【A5-462】

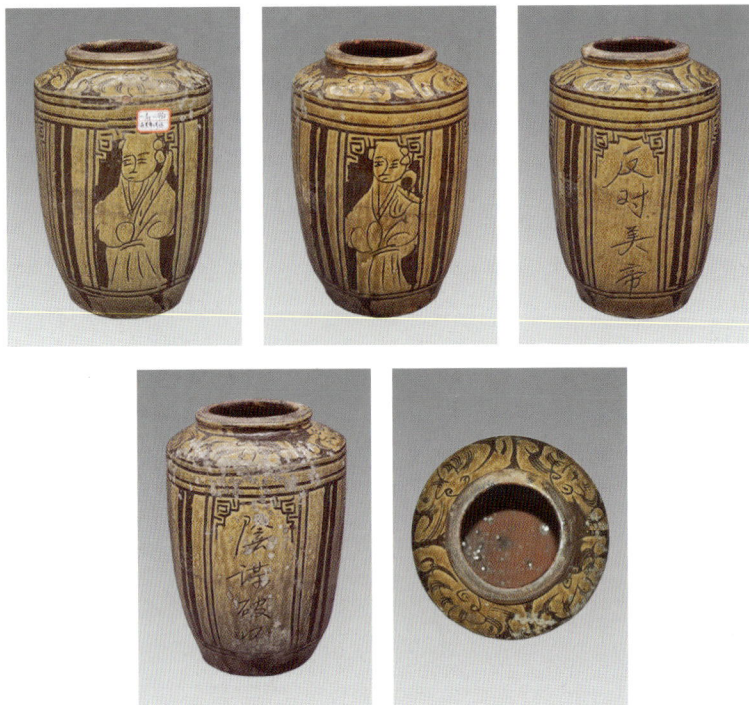

口径 12.2 厘米、底径 14.7 厘米、通高 29.5 厘米。

泥质红陶，质坚，外上化妆土，施釉，坛内无釉。

敛口，平沿，短颈内束，斜折肩，直腹，下缓收，平底。

肩部四只蝙蝠纹，上、下腹各一周双线弦纹，腹部以双行宽直线将其分成四幅画框，画框内再以双细线勾画出简约式长方形四开光画面，画面上两角饰对角回纹。画面内容分别为两组口号文字："反对美帝""阴谋破坏"，两组八仙人物，下腹至底一周简化莲瓣纹。

器型完整，肩腹间无模印纹，局部釉面有釉泡痕。

附 2-78 牡丹梅花坛【A6-273】

口径 10.5 厘米、底径 11.5 厘米、通高 24 厘米。

泥质红陶，质坚胎匀，坯细腻，内外施釉。

敛口，平沿，方唇，束颈，斜折肩，弧腹渐收，浅圜底。

马口窑——汉川马口窑址群考古工作报告

肩部一周回纹、一周波浪纹和一周云形纹，肩腹间、上腹、下腹各一周双线弦纹，腹部饰牡丹图和梅花图各一组，花卉描绘精细、秀美飘逸。

器型完整，工艺精湛，釉彩明艳光洁，笔法工稳流畅。20世纪70年代末80年代初，马口窑制作了一批供出口的产品质量要求高，每道工序都经过严格把关，这是马口窑生产的最后一批优质产品，装饰由牡丹梅花组合，寓意富贵长寿。

附 2-79 "抗美援朝"口号坛【A5-95】

通高 37 厘米、口径 13 厘米、底径 17.5 厘米。

泥质红陶，胎质坚致，外上化妆土，施灰釉，坛内未上釉。

敛口，平沿，圆唇，束颈，斜折肩，深直腹，下略收，平底内凹。

肩部四组蝠形纹，上题"抗美援朝"四字，上、下腹各不规整的一周双线弦纹，腹部以双行宽直线将其分成四幅画框，画框内再以双细线勾画出长方形四开光画面，画面上两角饰对角回纹；画面内容分别为一组口号文字"打倒美帝，反对侵略"，三组"八仙"人物，下腹一周不规范的莲瓣纹。

器物完整，釉彩光洁明艳，纹饰简练草率。1950年10月，中国人民志愿军入朝参战，抗美援朝运动自此开始。1953年7月，参战各方签订《朝鲜停战协定》，抗美援朝结束，马口窑陶器上也留下了这段史实的记录。

附 2-80 戏剧人物坛【5-32】

口径 15.5 厘米，通高 42 厘米。

泥质红陶，胎质坚致，外上化妆土，内外施釉，内壁酱釉。

直口，平沿，短束颈，斜折肩，深直腹下收，平底。最大径在肩腹间。

肩部数道宽窄不一的细斜线组成的装饰，上、下腹各一周双线弦纹，腹部以双行宽直线将其分成三幅画框。画框内再以双细线勾画出简约式长方形开光画面，画面上两角饰对角回纹；三幅画面内容分别为《红楼梦》中贾宝玉、林黛玉共读《西厢记》的场景，《水浒传》中宋江欲杀阎婆惜的场面，《三国演义》中关羽、周昌夜读《春秋》的故事。下腹一行单线行书款"扬习宁画戏"，对应面有纪年款"1961、10于马口"字样，下腹至底素面。

器型完整，胎质坚厚，釉色均匀，线条简洁，刚劲有力，人物生动，表情栩栩如生，该器有明确的纪年款和陶人款，是一件不可多得的标准器。

(三)圆肩坛(11件)

1. 圆肩弧腹坛(7件)
附2-81　喜鹊登梅花鸟诗文坛【孝博012】

口径11厘米、底径16厘米、通高15.4厘米。

泥质红陶，外上化妆土，内外施釉，内壁酱釉。

圆唇，直口，短束颈，圆肩，弧腹，平底。

肩部六个扇形界面，内四角衬角回纹，其中四窗分别题"福、寿、双、全"四字。另外两窗绘艾叶纹，呈斜坡状的肩腹间为素面，腹部以宽单线条勾画出近方形的五开光画面，窗内四角衬角回纹。画面内容一幅题"乳鸭池塘水浅深，熟梅天气半阴晴"，另二幅分饰折枝花和喜鹊登梅图，下腹至底素面。

器物造型大气规整，釉色均匀，纹饰活泼写实，生活气息浓厚，所题诗文为南宋江湖派诗人戴复古诗作《初夏游张园》中的前两句，表现出人们对美好生活的愿景。

附 2-82　瓜蝶纹坛【孝博 055】

口径 11.8 厘米、底径 17 厘米、通高 29 厘米。

泥质红陶，胎质坚致，外上化妆土，内外施釉，内壁酱釉。

直口，圆唇，短颈，圆肩，弧腹，下收，平底。

肩部由内至外分别为一周联珠纹、一周波浪纹和一周如意纹，肩腹间及下腹各饰两周双线弦纹，腹部满饰瓜蝶纹、瓜叶纹，下腹至底饰一周莲瓣纹。

器物完整，构图流畅丰富，纹饰繁缛，线条纤细。上腹有一道横向窑粘痕。

附 2-83 牡丹花纹坛【A4-323】

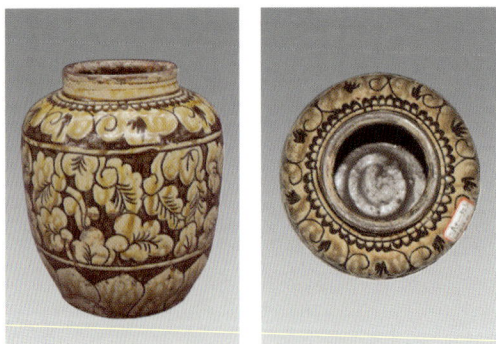

口径 9.4 厘米、底径 12.5 厘米、通高 19.5 厘米。

泥质红陶，胎质坚致，外上化妆土，内外施釉。

敛口，平沿，短直颈，圆肩，弧腹下收，平底。

颈部一周双线浅弦纹，肩部一周双线弦纹、一周短弧线波浪纹和一周如意云头纹，肩腹间一周双线弦纹，腹部饰整幅牡丹花叶纹，下腹至底一周双线弦纹、一周莲瓣纹。

器物完整，釉彩明艳光洁，制作精致，花卉刻画工细活泼，牡丹花大而美，枝叶繁茂，画面充满富贵吉祥之意。

附 2-84 "清泉石上流"鱼虾诗文坛【A4-430】

通高 18 厘米、口径 7.8 厘米、底径 11 厘米。

泥质红陶，胎质坚致，外上化妆土，内外施釉。

直口，平沿，短直颈，圆肩，弧腹下内收，平底。

肩部一周如意纹，上、下腹各一周双线弦纹，腹部以单线将其分成四幅画框，画框内再以单细线勾画出长方形四开光画面，画面四角饰简单对角回纹；画面内容分别为：一组诗文"清泉石上流"，另三组分别为鱼戏图、虾戏图和把莲纹，下腹至底一周莲瓣纹。

虾戏图喻节节高升之意，诗文出自唐代诗人王维《山居秋日冥》："明月松间照、清泉石上流。"全诗将空山雨后的秋凉、松间明月的光照，和谐完美地融合在一起，像一支恬静优美的抒情乐曲，生动表现了幽清明净的自然美。

附 2-85　舞剧红色娘子军坛【A6-509】

通高 24.5 厘米、口径 11.2 厘米、底径 13 厘米。

泥质红陶，质坚胎匀，细腻，外上化妆土，内外施釉。

敛口，平沿，圆肩，肩腹不显，圆弧腹，下收，平底。

腹部绘制样板戏芭蕾舞剧《红色娘子军》人物两组，一组为党代表洪常青作飞燕式挥舞大刀的动作造型，一组为吴清华作弓步亮相、冲出牢笼的造型动作，底部一周单线弦纹。

革命现代芭蕾舞剧《红色娘子军》为中国"文革"时期八个样板戏剧之一，以此为标志，中国芭蕾舞剧迈入了创建民族风格的进程。有评价说它是中国芭蕾史上的一座里程碑，《红色娘子军》的价值和内涵已经超越了时代和意识形态的局限，是人类文化遗产的一部分。

附 2-86　菊花纹坛【A4-274】

通高 26 厘米、口径 10.5 厘米、底径 15 厘米。

泥质红陶，胎质坚致，器外半施化妆土，内外施釉，釉不及底。

侈口，圆唇，短束颈，圆肩，肩腹不显，弧腹，下渐收，平底。最大径在肩腹间。

绕肩、腹部饰两组菊花纹，腹部显数周拉坯弦纹。

器物完整，釉质浓润，釉面光洁，花纹流利挺秀。菊花清高雅致，经霜不凋，被誉为历劫不靡、贞守晚节的象征。菊花在旧历九月盛开，民间常用来象征长寿和长久。

附2-87　"读书、耕田"坛【5-54】

口径9.2厘米，通高16.5厘米。

泥质红陶，胎质坚致，外上化妆土，内外施釉，内壁酱釉。

直口，平沿，短颈，溜肩，弧腹下收，近底外撇，平底。最大径在肩腹间。

肩部依次一周回纹、一周双线弦纹、一周波折纹和一周如意纹，肩腹间一周双线弦纹，上、下腹各一周双线弦纹，腹部由宽直线将其分为方形三开光画面，画面上两角饰简化云纹；三个画框其中一幅书"二件事：读书、耕田"文字，另两幅为花形不同的折枝花纹，下腹至底一周莲瓣纹。

器型完整，釉色浓润，纹饰精细工整，读书入仕，农耕为本，多明义理，修身养性，这是中国古代士大夫最为推崇的田园耕读生活。简短的文字，表达了在传统农耕社会里，种好田与读好书才是人们心目中最重要的大事。题款中蕴涵着深邃的哲理，令人深思。

2. 圆肩瓜棱腹坛(4件)

附2-88　瓜棱模印朵花纹坛【孝博087】

口径 15.8 厘米、底径 18 厘米、通高 37.5 厘米。

泥质红陶，胎质坚厚，内外施酱釉，釉不及底。

直口平沿，束颈，圆肩，鼓腹，下急收，平底内凹。

腹部修整成瓜棱形，在每个瓜棱面上部模印一枚圆形朵花纹，其余部位素面。

器物形体硕大厚重，保存完好，较为少见。

附 2-89　财源广进六棱坛【孝博临-3】

口径 15.5 厘米、底径 19.5 厘米、高 23.8 厘米。

泥质红陶，胎质坚厚，外上化妆土，内外施釉，内壁酱釉。

直口，平沿，方唇，短直颈，圆肩，七瓣瓜棱腹，下收，平底。

肩部绕颈一周饰"一笔画"朵花纹，肩腹间一周不规则单线弦纹，腹部分别装饰六个画面框，两幅题字，分别为"福寿""财源广进"，另外两面绘折枝花及朵花纹，下腹至底素面。

纹饰粗犷，器物形制较为少见。保存完好。

附 2-90　瓜棱形深腹坛【5-28】

口径 24 厘米、通高 41 厘米。

泥质红陶，胎质坚致，内外施釉。

直口微敛，唇部凹槽，束颈，圆肩，深弧腹下收，平底。最大径在腹部。

整个器身从肩部至腹中部，用略弧的工具将器表刮削成浅凹槽状的条形块面，每相邻两块间突起脊，呈现出瓜楞状，下腹一周弦纹，大部素面，下腹至底素面。

釉面呈绿黄色，肩部有数个支钉痕。

附 2-91　六方折枝花鸟纹斜肩坛【5-51】

口径 13.5 厘米、通高 34 厘米。

泥质红陶，胎质坚厚，外上化妆土，内外施釉，内壁酱釉。

直口，沿略卷，圆唇，溜肩，方腹较直，六方体，平底。

肩饰两组三角形涡纹、两组菊花纹，腹部六方体，形成六个长方形面，每面皆由宽线条勾绘出长方形画面，分别为荷花飞鸟纹、兰菊组合图、飞雁凌波图、喜鹊登梅图、翠鸟拈花图、飞鹰展翅图，下腹至底素面。

器型完整，釉色浓润，褐黄色略泛红，纹饰构图精美，令人目不暇接；绘图皆以水花法完成，用笔流利挺秀，足见匠师的功力，是马口窑水花法的代表之作。

(四)溜肩坛(13 件)

1. 溜肩圆腹坛(7 件)

附 2-92 "西游记三打白骨精"溜肩弧腹坛【孝博 023】

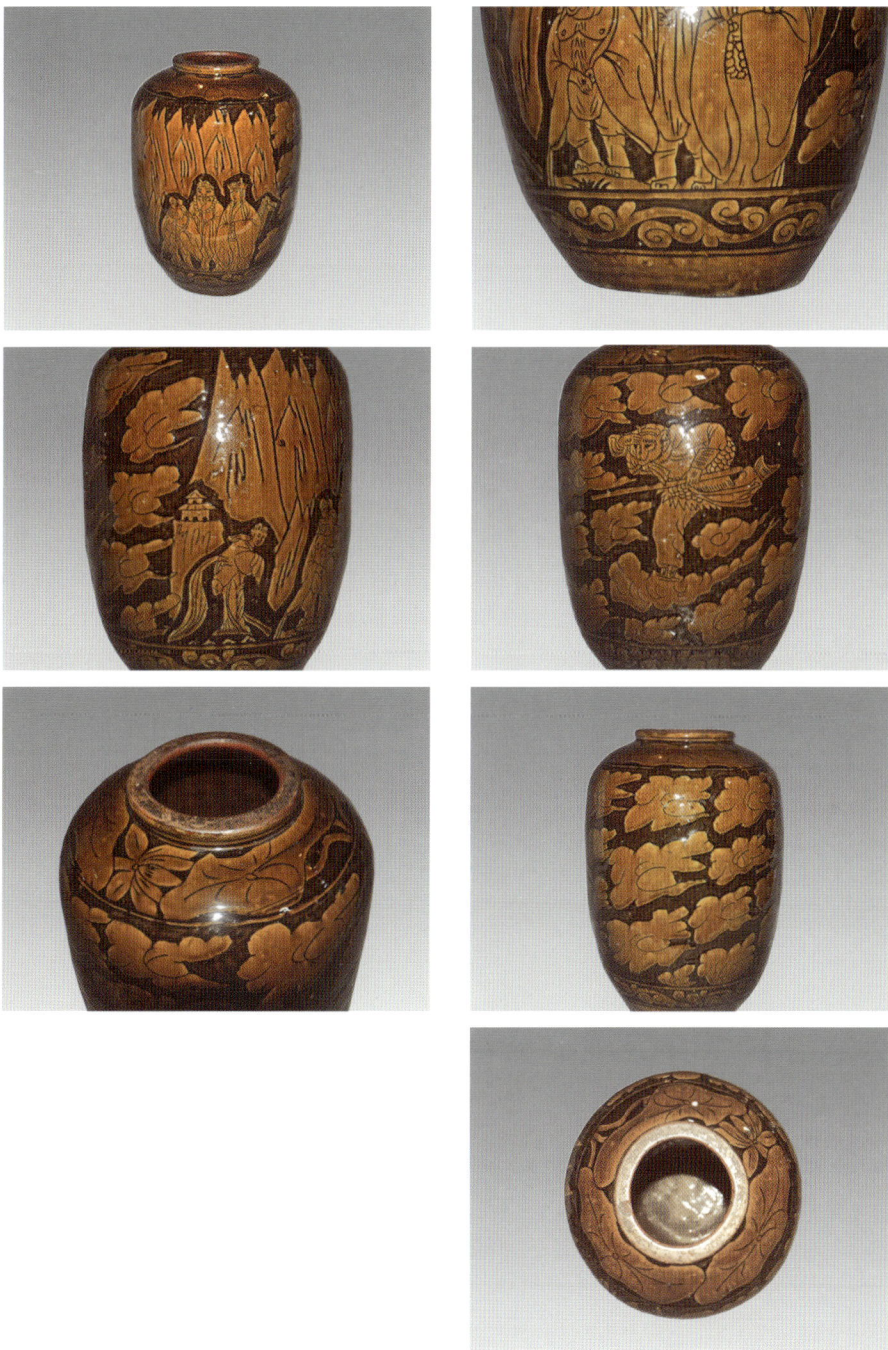

口径 12 厘米、底径 15 厘米、通高 35.5 厘米。

泥质红陶,胎质坚致,外上化妆土,内外施釉,内壁酱釉。

直口,圆唇,平沿,短束颈,溜肩,肩腹不显,圆腹,下内收,平底略凹。最大径在肩腹部。

肩部装饰由三片荷叶映衬一支盛开的荷花组成的把莲纹,肩腹间一周双线弦纹,腹饰整幅《西游记》

图，描绘的是"孙悟空三打白骨精"的场景。画中奇峰峻岭，云飞雾绕，一幢寺庙隐现山中。唐僧、八戒、沙僧、白龙马一行伫立山间；八戒咧嘴、合掌、哈腰，与女妖搭讪；白骨精妖媚作态引诱他们出界，令人悬念顿生。故事主角在画面一侧，孙悟空脚踏白云，手握金箍棒，一手齐眉远眺，一脚腾空飞起，从远方风驰般赶来。故事情节生动，人与妖、正与邪、行与止，对比鲜明，云彩、服饰极富动感，栩栩如生。下腹两周弦纹、弦纹之间一周花卉拐子纹。

器体浑圆，品相完整，纹饰流畅，构图精美，富有光泽，扣之有如金属之声，砰然悦耳。

附 2-93　模印寿纹钱花纹坛【孝博 024】

口径 14.5 厘米、底径 15.5 厘米、通高 27 厘米。

泥质红陶，胎质坚厚，器外满釉不及底，器内无釉。

直口，平沿，短颈，溜肩，圆腹，下收，平底。最大径在肩腹间。

肩部两周模印仰瓣莲纹，腹部一周寿纹、一周模印钱花纹，图案分别由中间一个寿字和一个钱花纹作主体纹饰，外饰一周圆形、一周菱形加四方形边框，边角填三角形重叠纹组合构成，寿字四周分别为乾、震、坎、离四个八卦纹卦象。下腹一周模印仰瓣莲纹。

模印纹饰清晰，不上化妆土。

附 2-94 "松鹤朝阳"坛【孝博 047】

口径 9 厘米、底径 12.5 厘米、通高 22 厘米。

泥质红陶，胎质细腻坚致，外上化妆土，内外施釉，内壁酱釉。

子母口，溜肩，圆弧腹，下收，平底，肩腹不显。最大径在上腹。

肩部两组菊花纹，肩腹间一周双线弦纹，一周花瓣纹，腹部一侧题"松鹤朝阳，一九七二年十一月刻"，另一侧绘松鹤延年图，下腹一周双线弦纹，下腹至底素面。

器型浑圆，纹饰规整，釉面光洁莹润，题款提供了准确的生产年代。

口径 8.8 厘米、底径 14 厘米、通高 19.5 厘米。

泥质红陶，胎质坚致，外上化妆土，内外施釉，内壁酱釉。

子母口，盖缺，敛口，圆鼓腹，近球体，平底略凹。

口沿边饰一周缠枝花纹，上、下腹各饰一周双线弦纹，腹部主体纹饰为四组飞鸟立于花草之上的花鸟纹，下腹至底为素面。

器物保存完整，纹饰精美。口沿外侧有磕口。

附 2-96　百花坛【A6-336】

通高 25 厘米、口径 8.5 厘米、底径 10.7 厘米。

泥质红陶，质坚细腻，外上化妆土，内外施釉。

子母口，圆肩，圆弧腹，下收，平底。肩腹不显。

肩饰朵花纹，其间间隔四朵小花，肩腹间一周双线弦纹，腹部满饰百花图，花形有牡丹、菊花、玉兰花、桃花、喇叭花、芙蓉花、美人蕉、兰花等，图案均以无叶朵花构图为主，下腹一周双线弦纹。

器型完整，釉面光洁明艳，构图丰满，纹饰优美，百花盛开，处处充满生机，形容春天到来、气象万千的盛大喜悦。

附 2-97　三打白骨精坛【A6-272】

通高 29.5 厘米、口径 10.5 厘米、底径 14 厘米。

泥质红陶，质坚胎匀，外上化妆土，内外施釉。

子母口，短颈，丰肩，肩腹不显，圆鼓腹，下急收，平底。

颈部一周单线弦纹，肩部一周祥云纹，肩腹间一周单线弦纹，腹部整幅绘"孙悟空三打白骨精"故事图案，下腹一周双线弦纹。

器物完整，釉彩光洁明艳，构图丰富，画面优美，制作精致。画面选自《西游记》中最有代表性的场景，人物形象鲜明生动。西游记坛是马口窑代表性产品之一。

附 2-98　"柴米油盐酱醋茶"坛【5-47】

口径 9.8 厘米、通高 23.5 厘米。

泥质红陶，胎质坚致，外上化妆土，内外施釉，内壁酱釉。

子母口，内敛，球腹，平底内凹，呈球体，最大径在腹部。

肩饰一周缠枝花纹，腹部以双线圈勾绘出四幅圆形开光画面，画面上分别题文字"柴米油盐酱醋茶""琴棋书画诗酒花""当年朝朝不离他""于(如)今七事都改变"四句打油诗，圆形画面外的间隙分别填两组瓶花纹和两组缠枝花纹，下腹至底一周莲瓣纹，底部有"拾贰年"款字样。

器型完整，釉色不匀，纹饰圆润，造型简洁，字里行间可以窥见一段历史。

2. 溜肩小平底坛(6 件)

附 2-99　模印圆圈纹坛【A9-160】

口径 11.8 厘米、底径 12.6 厘米、通高 36.8 厘米。

泥质红陶，胎质较细，厚重坚致，无化妆土，内外施釉，釉不及底。

敛口，斜平沿，尖唇，短束颈，斜肩，圆鼓腹，肩腹不显，下急收，底内凹。

肩饰模印圆圈纹，印浅，纹饰不清晰。局部麻面，有冲纹。

附 2-100　荷花缠枝纹小平底坛【A1-506】

口径 15 厘米、底径 14.6 厘米、通高 48 厘米。

泥质红陶，胎质坚致厚重。

敛口，沿面平弧，短直颈，颈下一周凸棱，广肩，斜腹，下急收，尖状平底。

肩部两周单线凹弦纹，弦纹中间一周单线缠枝花纹，腹部以堆贴塑工艺装饰四组由荷花、莲叶和骨朵构成的荷花缠枝纹，下腹一周附加堆纹捏花边和两周凸弦纹。

器型完整，工艺精致，堆贴的荷花缠枝纹极富立体感。

附 2-101　模印风轮纹坛【A1-507】

口径 17 厘米、底径 12.5 厘米、通高 46.5 厘米。

泥质红陶，胎质坚致。

直口略敛，圆唇，短束颈，广肩，斜腹，下急收，尖状平底。

颈下一周拉坯弦纹，肩腹部从上至下排列 10 周圆形模印纹，模印呈风轮旋转状组合构图。

器型完整，部分模印有重叠。

附 2-102　"万紫千红总是春"诗文坛【B6-53】

口径 11.5 厘米、底径 11.5 厘米、通高 24.5 厘米。

泥质红陶，胎体坚致，肩、上腹挂化妆土，施釉，釉不及底。

敛口，方唇，平沿外斜，颈部一周双唇形边，溜肩，肩腹不显，鼓腹，下腹急收，平底略凹。

腹部一周刻有诗文"等闲识得春风面，万紫千红总是春"，无规律排列于上腹。

器物有磨口，釉面不光洁，书法流畅。诗文出自宋代理学家朱熹作诗《春日》对春天的描写，春天的面容与特征很容易辨认，万紫千红的景象总是由春光点染而成。匠人将此诗文装饰在陶器上，字里行间依然可以感受到柔和明媚的春光，表现了制陶人自得其乐的心情和文化素养。

附 2-103　模印方块纹坛【5-30】

口径 17 厘米，通高 40 厘米。

泥质红陶，胎质坚厚，未施化妆土，内外施釉，釉呈酱褐色。

侈口，圆唇，束颈，溜肩，深弧腹下急收，尖状小平底。最大径在腹部。

从肩部至腹部呈竖行排列图案相同的模印方块纹，横向不整齐，深浅不一，模印由双线、齿状及圆点组成，方形外框，正中为花冠菱形。

附 2-104　附加堆纹坛【5-56】

口径 17.5 厘米，通高 48 厘米。

泥质红陶，胎质坚厚，外上化妆土，内外施釉，内壁酱釉。

直口微敛，宽沿外斜，尖唇，束颈，溜肩，鼓腹下急收，呈尖底状，小平底。最大径在上腹部。

肩部两周单线弦纹，弦纹间绕肩一周刻"同治七年酒坛乙个作价小四百三十文包装"文字款，肩腹间一周凹槽和一周索状附加堆纹，上腹四组"波浪形"附加堆纹，堆纹间饰模印方形网状纹，腹中部一周凸棱和一周索状附加堆纹，下腹釉胎，有数周拉坯旋痕。

器型丰满，釉色土黄，工艺独特，构图流畅而有韵味。

（五）双唇口坛（2件）

附2-105　熊猫吃竹喜鹊登梅坛【孝博临-7】

外口径24.8厘米、内口径11厘米、底径15.5厘米、高25.5厘米。

泥质红陶，胎质坚致，外上化妆土，内外施釉，内壁酱釉。

双唇口，内敛口，外口微侈略直，呈大盘口状，圆肩，鼓腹，下收，平底。

肩部一周短曲线波折纹，肩腹间一周双线弦纹，腹部三幅彼此相对独立的图案，两幅为熊猫食竹，一幅为喜鹊登梅，下腹各一周双线弦纹，近底素面。

器物造型美观，纹饰刻划生动有趣，釉色明亮，保存完整。

附2-106　花草纹双唇口坛【B8-131】

口径 9.8 厘米、底径 12.5 厘米、通高 28 厘米。

泥质红陶，质坚，外上化妆土，内外施釉。

双唇口，内直口，外口略侈，束颈，腹微鼓，长弧腹渐收，平底。

腹部两幅花草纹，花似彩蝶飞舞，釉彩匀润，釉呈黄绿色，纹饰疏朗流畅，刻划生动。

(六)斜肩直腹坛(2 件)

附 2-107　"汉川细菌肥料"坛【5-29】

口径 15.5 厘米、通高 47 厘米。

泥质红陶，胎质坚厚，无化妆土，内外施釉。

小口微敛，宽平沿略外斜，短束颈，斜折肩，直腹下内收，平底。最大径在肩腹间。

通体无装饰纹样，腹部有不明显的细线斜楞，一面刻"汉川县细菌肥料厂，自生固氮菌剂，一九五×年×月×日制"字样，其中年、月、日前的空白处明显是需待灌装后再填写，另一面有"谨防潮湿高温，请勿靠近农药"提示警语。

该坛为替农药生产厂专门制作，品相完整，制作精美，质量上乘。

附 2-108　人物动物鱼纹坛【5-38】

口径 14 厘米、通高 38 厘米。

泥质红陶，胎质坚厚，外上化妆土，内外施釉，内壁酱釉。

直口，圆唇，短束颈，斜肩，直腹下收，平底。

肩部一周回纹、一周波浪纹和一周如意纹，肩腹间一周棱形纹装饰带，装饰带纹样为不同的棱形花冠纹呈间隔排列，腹部用单线勾绘出四幅圆形开光画面；画面内容均以一棵大树衬底，另配以不同的花草、山石作场景，突出的主题分别为人物、马、鹿和鱼等，圆形开光画面之外全部满饰万字锦纹，下腹一周回纹，近底一周莲瓣纹，底部有"1963 年 8 月"纪年款。

器型完整，胎质坚厚，釉色浓润金黄，纹饰古朴，线条流利，是为精雕细刻之作。

二、罐类(35 件)

(一)圆肩鼓腹罐(9 件)

附 2-109　寿字纹罐【B11-343】

口径 13 厘米、底径 15.5 厘米、通高 24 厘米。

泥质红陶，胎质较轻，较疏松，内外施釉。

直口，平沿，短直颈，圆肩，肩腹不显，圆鼓腹，下急收，平底。

肩部一周朵花纹，腹部以单线描绘出多边形六开光画面，内饰寿字纹，花朵寿字纹皆用化妆土绘制。

器物完整，釉色为褐黄色，绘画笔法精致工稳，长方形寿字纹样寓意"长寿"，配上朵花，寓含富贵长寿之意。

附 2-110　鸡冠花水禽罐【B3-189】

口径 16 厘米、底径 28 厘米、通高 34.3 厘米。

夹细砂红陶，胎质坚厚，内外施釉，釉不及底。

浅口，平沿，短直颈，圆肩，圆弧腹，下渐收，平底略凹。

肩部一周弦纹、一周如意纹，腹部以单线描绘出柿蒂纹四开光画面。画面内容为一幅鸡冠花图，一幅桂树图，两幅水禽图：其一为鹈鹕振翅，在柳树旁捕鱼，其二是一只水禽头部扬起，双翅紧缩，在芦丛里奔走。画面动感强烈，呼之欲出，花鸟图采用白色化妆土贴塑工艺装饰，呈堆塑状凸起于器表。

器型完整，制作精致，造型丰满大气，釉彩浓厚光洁，构图自然生动。

附 2-111　花鸟纹罐【孝博 001】

口径 26 厘米、底径 23 厘米、通高 31.6 厘米。

泥质红陶,胎质坚厚,外上化妆土,内外施釉,内壁酱釉。

直口,平沿,短直颈,颈下一周凸起棱,弧肩,圆鼓腹,下收,平底内凹。

肩部一周回纹、一周波浪纹,肩腹间一周如意纹,上、下腹各一道双线弦纹,腹部满饰花鸟纹、折枝花纹,间隙饰万字锦纹,下腹至底饰一周莲瓣纹。

器型硕大,保存完好,花纹繁缛,富丽堂皇,釉层肥厚,釉色润泽,鸟纹振翅欲飞,鸟腹题一草书"牛"字,纹饰生动,工艺精湛。

附 2-112　连续十字花纹罐【孝博 003】

口径 24 厘米、底径 23 厘米、通高 32.4 厘米。

泥质红陶,胎质坚厚,外上化妆土,内外施釉,内壁酱釉。

直口,平沿,短直颈,颈下一周凸起棱,弧肩,圆鼓腹,下急收,平底内凹。

肩部一周回纹、一周波浪纹,肩腹间一周如意纹,上、下腹各一周双线弦纹,腹部满饰连续十字花纹,下腹近底饰一周莲瓣纹。

器体硕大,釉色肥厚、润泽明亮,保存完好,工艺精湛。

口径 22.4 厘米、底径 22 厘米、通高 30 厘米。

泥质红陶，胎质坚厚，外上化妆土，内外施釉，内壁酱釉。

直口，平沿，短直颈，颈下一周凸起棱，弧肩，圆鼓腹，下急收，平底内凹。

肩部以双行细线界出椭圆形面，内题"丁未年梁义顺号"，椭圆形界面空隙间填充瓜叶纹、万字锦纹，肩腹间一周缠枝花纹，上、下腹各一周双线弦纹，腹部以双行细线分成方形七开光画面。窗内四角衬角回纹，其中三窗绘人物、余四窗为缠枝花、瓜叶纹、折枝花等，下腹近底一周卷曲莲瓣纹。

器物一侧略扁斜变形，纹饰基本上为细笔刻划，纹饰工整，生动有趣，烧造工艺精湛。

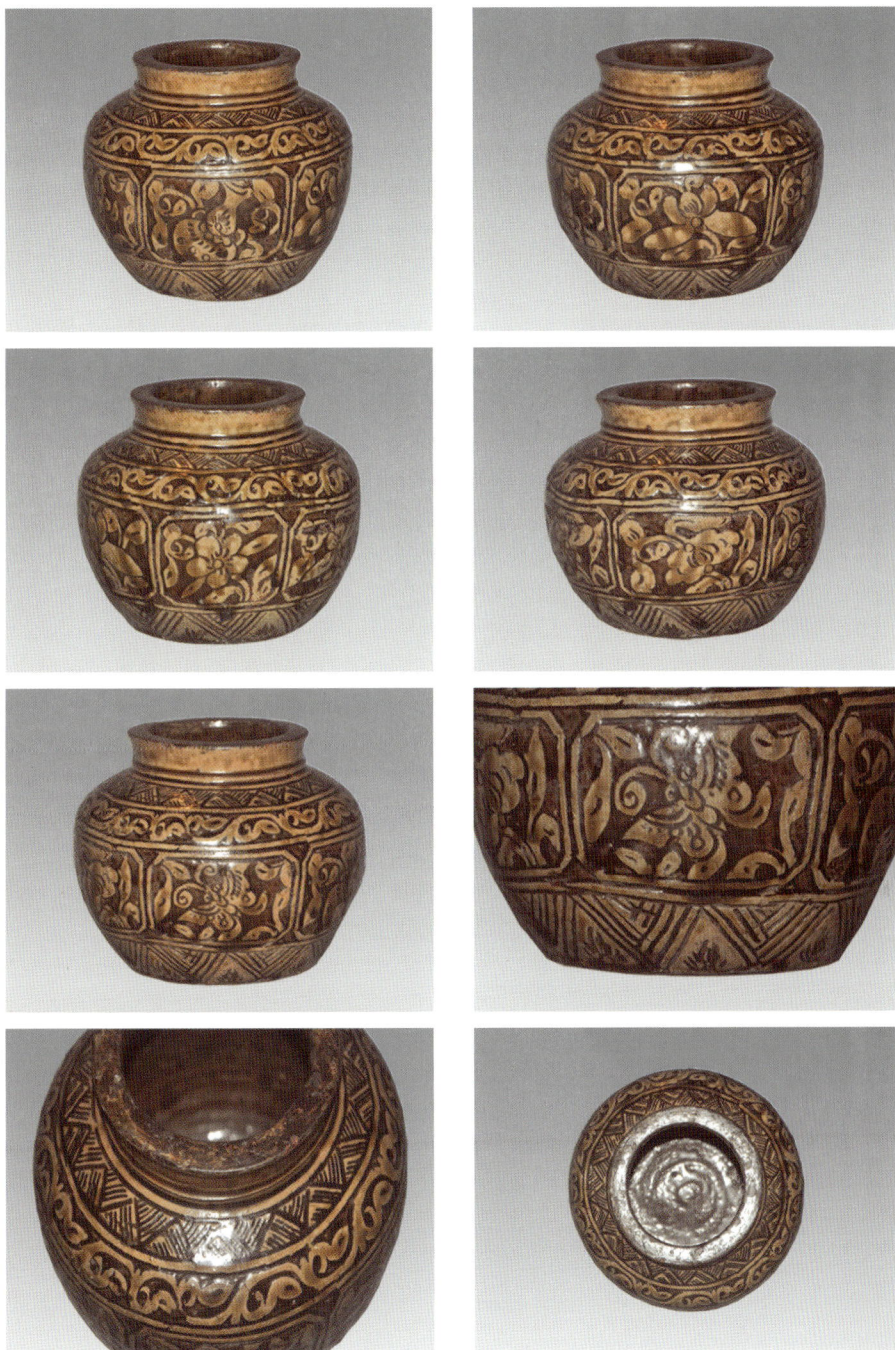

口径 11.5 厘米、底径 12 厘米、通高 14 厘米。

泥质红陶，胎质坚厚，外上化妆土，内外施釉，内壁酱釉。

直口略敛，平沿，短颈，颈下一周凸棱，斜肩，扁圆腹，下收，平底内凹。

颈至肩腹间用三周双线弦纹绘出二层界面，上层一周短斜线构成的三角形纹，下层一周缠枝花纹，上、下腹各一周双线弦纹，腹部以中粗线条分成方形六开光画面，内饰宝瓶纹、金瓜纹、葫芦纹、蝴蝶纹、缠枝花纹等，下腹至底一周三角形花边纹。

器物玲珑小巧，保存完整，釉面莹润，纹饰繁缛，构图丰富。

附 2-115 "打倒蒋匪"口号罐【孝博 028】

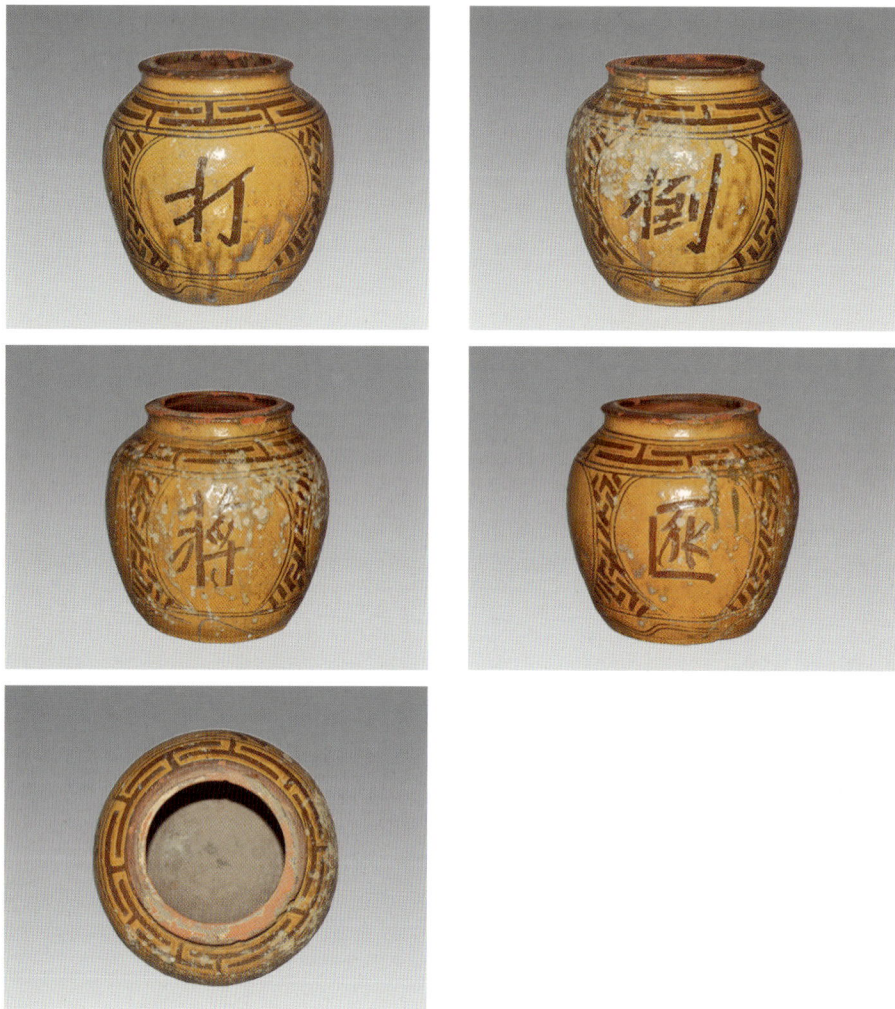

口径 16 厘米、底径 16.4 厘米、通高 22.5 厘米。

泥质红陶，胎质坚厚，外上化妆土，内外施釉，内壁酱釉。

直口，平沿，短颈，溜肩，鼓腹，下收，平底内凹。

肩部一周回纹，上、下腹各一周双线弦纹，腹部以双细线勾画出近圆形四开光画面，画面内容分别为"打、倒、蒋、匪"四字，窗外以锦纹满腹填充，下腹至底饰一道双线水波纹。

部分釉面脱釉，时代特征明显。

附 2-116　"保家卫国"口号罐【孝博 030】

口径 16 厘米、底径 17 厘米、通高 20 厘米。

泥质红陶，胎质坚厚，外上化妆土，内外施釉，内壁酱釉。

直口，平沿，短颈，溜肩，鼓腹，下收，平底。

肩部一周回纹，上、下腹各一道双线弦纹，腹部以双线勾画出椭圆形四开光画面，内题"保、家、卫、国"四字，下腹至底一周双曲线波浪纹。

纹饰趋于草率，时代特征明确，"抗美援朝，保家卫国"是 20 世纪 50 年代初新中国最为流行的口号。

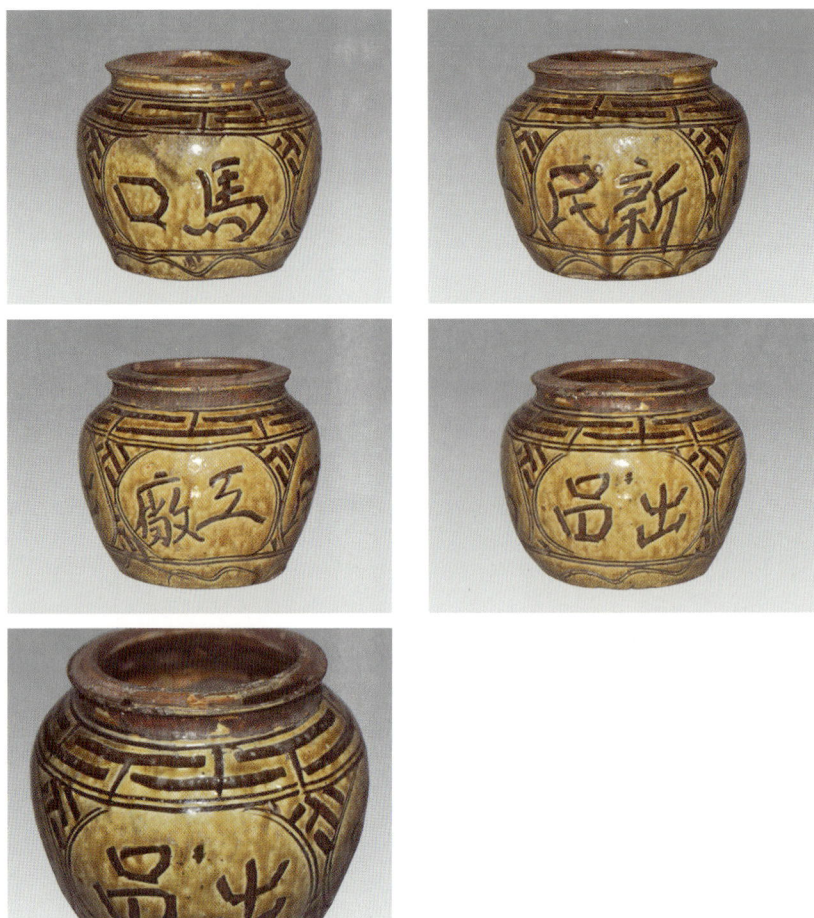

口径 14.8 厘米、底径 14.5 厘米、通高 15.6 厘米。

泥质红陶，胎质坚致，外上化妆土，内外施釉，内壁酱釉。

直口，平沿，短颈，溜肩，鼓腹，下收，平底。

肩部一周简易回纹，上、下腹各一道不规则双线弦纹，腹部以双弧线勾画出椭圆形四开光画面，内题"马口、新民、工厂、出品"八字，开光画面间隙填万字锦文，下腹至底一周双曲线波浪纹。

器物完整，釉面光洁莹润，文字刻划粗犷有力，为 20 世纪 50 年代产品。

(二)平肩鼓腹罐(2 件)

附 2-118　花卉鱼鸟纹罐【B3-182】

口径 17 厘米、底径 28 厘米、通高 36 厘米。

夹细砂红陶，胎质坚厚，内外施满釉。

浅口，圆唇，短颈，平肩，圆弧腹，下收，平底略凹。

肩部一周如意纹，腹部以粗线描绘出柿蒂纹四开光画面，画面内容分别为两组寿石花卉图，一组鱼乐图，一组水禽捕鱼图，纹饰采用白色化妆土贴塑工艺装饰。

器型完整，硕大丰满，釉彩光洁，装饰工艺精湛，器内壁布满陶拍小圆点，表明陶坯经过充分拍打塑型而成。

附 2-119　吉牛、春燕罐【B1-500】

口径 17.5 厘米、底径 27.5 厘米、通高 34.5 厘米。

夹细砂红陶，胎体坚厚，内外施釉。

口略外撇，沿面平弧，短颈内束，广肩，圆弧腹，下渐收，平底内凹。

肩部一周如意纹，腹部以粗线描绘出柿蒂纹四开光画面，画面内容分别为吉牛图、春燕图、花卉图、山水风景图各一组；柿蒂纹内上侧饰狮子云头纹，纹饰采用化妆土贴塑工艺装饰，下腹至底为素面。

器物形体浑圆饱满，水牛四肢粗壮，气宇轩昂，充满力度。

(三)丰肩扁腹罐(8 件)

附 2-120　拍印罐【B5-22】

口径 11 厘米、底径 15 厘米、通高 15 厘米。

泥质红陶，夹细砂，胎骨坚致，内外施釉。

浅口，圆唇，束颈，丰肩，扁圆腹下收，平底。

肩部两周旋痕轮廓线，腹部见拉坯痕，有陶拍压打出的不规则块面。

器物完整，釉层浓厚，遗留拉坯痕与拍打工艺相结合，形成独特的装饰效果。

口径 15 厘米、底径 17 厘米、通高 23 厘米。

泥质红陶，胎体坚致，外上化妆土，内外施釉，釉不及底。

敛口，平沿内斜，颈下一道唇形边，丰肩，扁鼓腹，下急收，平底。

肩腹部两组对称的折枝花水花纹，间隙衬两组小型折枝花水花纹。

器物完整，釉色浓润，釉面光洁，大气工整，水花生动，线条委婉流畅，构图清新淡雅。

附 2-122　团寿纹罐【B5-238】

口径 21.5 厘米、底径 21.5 厘米、通高 27 厘米。

泥质红陶，胎体坚致厚重，外上化妆土，内外施釉，釉不及底。

敛口，平沿，短直颈，颈下一周凸棱，丰肩，扁鼓腹，下急收，平底。

肩至上腹饰对应四组团寿纹，团寿纹分别为三种不同的变体。

造型大气，典雅丰满，制作工整，工艺精湛，釉面肥厚，器表光洁，金黄润泽，给人以富丽堂皇之美感。图案圆润和谐，统一中有变化，寓意团团圆圆、富贵长寿。

附 2-123　朵花团寿纹罐【孝博 075】

口径 17 厘米、底径 18 厘米、通高 23.7 厘米。

泥质红陶，胎质坚致，外上化妆土，内外施釉，内壁酱釉，外壁施釉不及底。

子母口，颈下一道双唇形边，丰肩，扁鼓腹，下急收，平底略凹。

肩部一周有九朵花纹，腹部以粗线条勾画出多边形六开光画面，每幅画框内饰一个变体的团寿字纹，纹饰系由化妆土直接在胎体上装饰而成。

器物工艺精湛，手法娴熟，保存完好。

附 2-124　寿字纹罐【孝博 002】

口径 16 厘米、底径 19 厘米、通高 27 厘米。

泥质红陶，胎质坚致，外上化妆土，内外施釉，内壁酱釉，外壁施釉不及底。

子母口，直口，圆唇，短束颈，颈部有一道双唇形边，丰肩，扁鼓腹，下急收，平底内凹。

肩部一周回纹，腹部以单线条勾画出多边形六开光画面，每幅画框内饰一个长寿字纹，纹饰系由化妆土直接在胎体上装饰。

器物完整，制作工整，釉色褐黄，绘画笔法精致。长方形寿字纹寓意"长寿"。

附 2-125　双喜鹊花鸟纹罐【5-50】

口径 17.5 厘米，通高 22 厘米。

泥质红陶，胎质坚致，外上化妆土，内外施釉，内壁酱釉。

直口，平沿，圆唇，丰肩，扁鼓腹，下急收，平底内凹。

肩及上腹饰两组喜鹊纹、两组折枝花纹，两只喜鹊，笔法恣肆，构成一幅充满生命力的图景，下腹及底露胎。

品相完整，造型丰满，工艺精湛，釉面肥厚，润如堆脂，通体富丽绚烂，颈部聚釉成蓝色窑变，为马口窑中的精品。

附 2-126　菊花纹罐【5-55】

口径 10.5 厘米、通高 13 厘米。

泥质红陶，胎质坚致，外上化妆土，内外施釉，内壁酱釉，器表釉不及底。

直口，平沿，短颈，颈中部起棱，丰肩，扁圆腹，下急收，平底略凹，最大径在肩腹间。

肩部一周细密波折纹、一周莲瓣纹，肩腹间与腹部装饰三组花形各异的菊花纹，下腹露胎。

肩部剔刻莲瓣纹，莲瓣突出，显现出别具一格的装饰效果。

附 2-127　模印寿字纹罐【5-49】

口径 19.4 厘米、通高 24 厘米。

泥质红陶，胎质坚致，内外施釉，内壁酱釉，器表釉不及底。

直口，圆唇，束颈，圆肩，扁圆腹下内收，平底内凹。

肩部一周模印"寿"字纹，腹部呈纵向排列模印朵花纹，朵花纹模印图案外框四边形，内由中间似花蕊的圆点与周边含苞待开的花瓣及叶片组成，下腹至底素面。

器型完整，胎质细腻，釉呈黄绿色，釉面稍薄，制作精致，模印清晰。

(四)溜肩圆腹罐(12件)

附2-128　天仙配人物罐【孝博040】

口径10.5厘米、底径10.2厘米、通高19厘米。

泥质红陶，胎质坚致，外上化妆土，内外施釉，内壁酱釉。

侈口，方唇，平沿，束颈，溜肩，圆鼓腹，下收，作假圈足状，平底。

颈部、肩腹间、下腹各一周双线弦纹，肩部一周粗弦纹，腹部分作两幅相对应的画面。第一幅"男耕女织图"，图案为牛郎牵着水牛，七仙女手捧织锦，迎接牛郎回家；第二幅为"鹊桥相会图"，图案牛郎用箩筐担着一双儿女，与手捧织锦的织女在鹊桥上七夕相会。人物四周装饰流动的浮云，似亦真亦幻的仙境，下腹至底素面。

器型规整，胎料细腻，施釉均匀，富有光泽，人物形象鲜明，纹饰流畅，"牛郎织女"为中国著名民间神话故事，黄梅戏《天仙配》家喻户晓，孝感因董永的故事天下闻名。

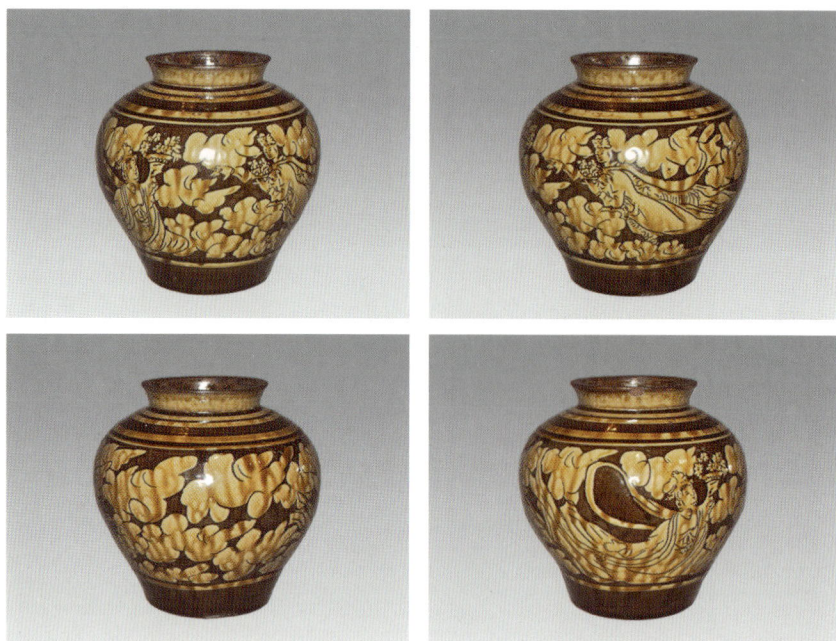

口径 11 厘米、底径 11 厘米、通高 18.8 厘米。

泥质红陶，质坚细腻，外上化妆土，内外施釉，内壁酱釉。

侈口，方唇，平沿，束颈，溜肩，圆鼓腹，下收，作假圈足状，平底。

颈部、肩腹间、下腹部各一周双线弦纹，肩部一周粗弦纹，腹部两组天女散花图，隙间填充祥云纹，装饰画面铺满整个腹部，呈现出花团锦簇的效果。

器物完整，釉面光洁莹润，天女散花，袅袅祥云，寓意美好的春天降临人间。

附 2-130 模印团花纹罐【孝博 059】

口径 16 厘米、底径 16 厘米、通高 29 厘米。

泥质红陶，胎质坚致，外上化妆土，内外施釉，内壁酱釉。

侈口，圆唇，短束颈，溜肩，鼓腹，下收，平底内凹。

肩腹间饰一周双线弦纹，上腹一周单线弦纹，腹部排列四周模印椭圆形纹，椭圆形纹中间内凹，饰三点连珠，外饰椭圆形边框，下腹至底素面。

器物完整，纹饰规整，工艺精湛。

附 2-131　"清明时节雨纷纷"花草诗文罐【孝博 013】

口径 11.5 厘米、底径 13.2 厘米、通高 28.5 厘米。

泥质红陶，胎质坚致，外上化妆土，内外施釉，内壁酱釉。

平沿，敛口，短直颈，溜肩，圆弧腹，下收，平底。

肩部依次一周回纹，一周波浪纹，一周如意纹，上、下腹各一周双线弦纹，腹部以双行宽直线将其分成四幅画框，画框内再以双细线勾画出长方形四开光画面，画面上两角饰对角回纹。画面内容分别为一组诗文"清明时节雨纷纷"，三组金瓜纹、朵花纹，下腹至底一周莲瓣纹。

器物完整，釉面莹润光洁，纹饰清晰。《清明》是唐代文学家杜牧的诗作，此诗描写清明春雨中所见，色彩清淡，心境凄冷，历来广为世人传诵。

附 2-132　"进士香坛有一对"诗文罐【孝博035】

口径 8 厘米、底径 13.8 厘米、通高 24 厘米。

泥质红陶，胎质坚致，外上化妆土，内外施釉，内壁酱釉。

直口，平沿，短颈，溜肩，圆腹，渐收，平底。

肩部依次一周波浪纹、一周如意纹，上、下腹各一周双线弦纹，腹部以双行宽直线将其分成四幅画框，画框内再以双细线勾画出长方形四开光画面，画面内四角饰简化对角回纹，正中间为一个圆形框，圆形框周边剔刻出云纹，框内分别为两幅古诗文："进士香坛有一对""一年好景君须季"。另两幅为画竹及"福"字，下腹至底部一周莲瓣纹。

"一年好景君须季"的"季"应是"记"之误，该诗出自北宋诗人苏轼的《赠刘景文》，比喻人到壮年，虽已青春流逝，但也是人生成熟、大有作为的黄金阶段，勉励友人珍惜这大好时光，乐观向上、努力不懈，切不要意志消沉、妄自菲薄。器物造型规整，纹饰精美，口部有磕缺。

口径 10.5 厘米、底径 17 厘米、通高 23 厘米。

泥质红陶，胎质坚致，外上化妆土，内外施釉，内壁酱釉。

直口，方唇，溜肩，圆腹，渐收，平底。

肩部依次一周回纹，一周波浪纹，一周如意纹。上、下腹各一周双线弦纹，腹部以双行宽直线将其分成四幅画框，画框内再以双细线勾画出长方形三开光画面，画面内上两角饰对角回纹。画面内容为：一幅题"山川锦绣出奇人"，另两幅刻画折枝花纹，下腹至底一周莲瓣纹。

器物品相完好，釉色润泽。

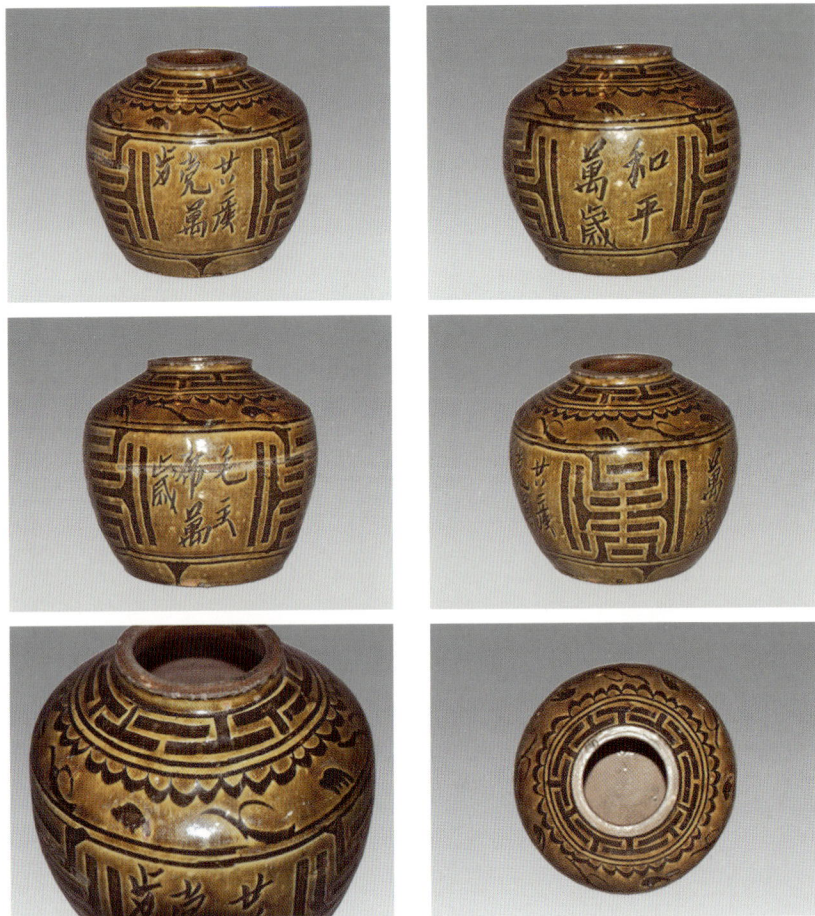

口径 10.2 厘米、底径 16 厘米、通高 20 厘米。

泥质红陶，胎质坚致，外上化妆土，内外施釉，内壁酱釉。

直口，方唇，溜肩，圆腹，平底内凹。

肩部从内至外依次饰一周回纹，一周波浪纹，一周如意纹，上、下腹各一周双线弦纹，腹部以双行宽直线将其分成四幅画框，为三寿纹，寿纹之间题"共产党万岁""毛主席万岁""和平万岁"三句口号，下腹至底饰一周莲瓣纹。

该坛书法隽秀，具有十分鲜明的时代特色，腹部有一长条窑粘痕。

附 2-135 "月移花影上栏杆"诗文罐【B11-128】

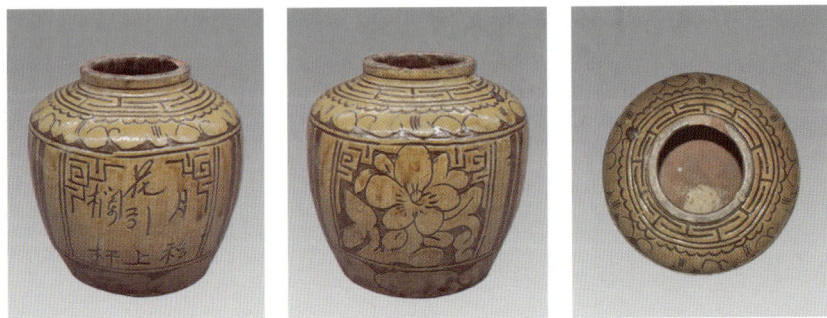

口径 10.5 厘米、底径 16 厘米、通高 19.8 厘米。

泥质红陶，质坚，外上化妆土，施釉，器内壁无釉。

直口略内敛，平沿，短直颈，斜肩，圆弧腹，下收，平底。

肩部一周回纹、一周短弧线波浪纹，肩腹间一周如意云头纹，上、下腹各一周不规则双线弦纹，腹部以双行宽直线将其分成三幅画框，画框内再以双细线勾画出长方形三开光画面，画面上两角饰对角回纹，内饰一组诗文："月移花引(影)上栏杆"，两组折枝花，下腹至底一周莲瓣纹。

器物较粗糙，口略残，釉面稍薄，纹饰简洁。诗文出自宋代王安石《夜直》："春色恼人眠不得，月影花移上栏杆。"诗中描写的是春天拂晓时的景象，借用爱情诗含蓄地表达自己春风得意之情。

附 2-136 "牧童遥指杏花村"诗文罐【B11-294】

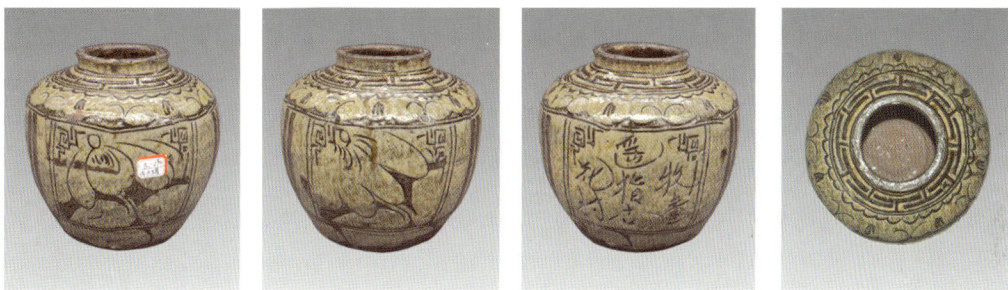

口径 11 厘米、底径 16.5 厘米、通高 21.2 厘米。

泥质红陶，胎质坚致，外上化妆土，施釉，内无釉。

敛口，平沿，短直颈，溜肩，圆鼓腹，下收，平底微凹。

肩部一周回纹、一周短弧线波浪纹、一周如意云头纹，上、下腹各一周不规则双线弦纹，腹部以双行宽直线将其分成三幅画框，画框内再以双细线勾画出长方形三开光画面，画面上两角饰对角回纹；内饰诗文一组"牧童遥指杏花村"，两组花叶纹，下腹至底一周莲瓣纹。

器物完整，釉色明艳，釉质较薄，花卉采用局部夸张放大构图方式，画面简洁大气。诗文出自晚唐著名诗人《清明》，写清明春雨中所见，色彩清淡，心境凄冷，历来广为传诵。

附 2-137 福禄寿星罐【B11-296】

口径 9.8 厘米、底径 17.5 厘米、通高 24.5 厘米。

泥质红陶，胎匀质坚，外上化妆土，内外施釉。

敛口，平沿，短直颈，广肩，弧腹近直，下收，平底。

颈部一周单线弦纹，肩部一周回纹、一周波浪纹、一周如意云头纹，上、下腹各一周双线弦纹，腹部以双行宽直线将其分成四幅画框，画框内再以双细线勾画出长方形四开光画面，画面上两角饰对角回纹；下两角饰简易对角回纹，内饰寿星图、蝙蝠纹、金瓜纹和折枝花纹各一组，下腹至底一周莲瓣纹。

器物完整，釉质浓润，色彩明艳，器面光洁，工艺精湛，纹饰祥瑞，用笔流利挺秀，画面中用金瓜、蝙蝠、仙鹤、老翁组合成福、禄、寿之寓意，表达了人们的美好祝愿。

附 2-138　西王母巡游图罐【6-13】

口径 8.2 厘米、通高 18.2 厘米。

泥质红陶，胎质坚致，外上化妆土，内外施釉，内壁酱釉。

直口，圆唇，短颈，溜肩，圆腹下收，平底。

肩部一周云纹，上腹一周双线弦纹，腹饰整幅"西王母巡游"图，西王母乘坐六首三身的龙辇，遨游在祥云缭绕的五彩天穹。龙辇前有众仙女手持宫灯、仪仗，弹奏琵琶开道，有的手捧八宝、仙果殿后呼应。仙女们云冠羽衣、络缨缤纷、徐步趋前；四周仙鹤，缭绕翩飞。下腹三周双线弦纹、一周宽带纹，底部题有"鄂川马口陶瓷厂"款。

品相完整，胎质坚致，纹饰精湛秀逸，釉色莹润晶亮，画面构思奇巧，为匠师的神来之笔。民间传说王母娘娘操有不死之药，能赐福赐子，化险消灾，受到老百姓的信仰和崇拜。

附 2-139　"贾岛醉来非假倒"花草诗文罐【6-7】

口径 10.5 厘米、通高 21 厘米。

泥质红陶，胎质坚致，外上化妆土，内外施釉，内壁酱釉。

直口，平沿，高颈，溜肩，圆腹下收，平底。最大径在肩腹间。

颈部一周回纹，肩部一周花卉瓜叶纹，花卉纹间对称排列有"永兴和号"四字，上腹一周双线弦纹，腹部为整幅画面，上题诗句"贾岛醉来非假倒、刘伶饮尽不留零"，文字间伴瓜叶纹，诗句后有"乙巳夏至侯题"款，题款边饰一组瓜瓞纹，下腹一周莲瓣纹。

器物造型美观大气，题字书法飘逸，书写流畅，纹饰精美。

(五)深腹罐(3件)

附2-140　模印圆圈纹罐【孝博038】

口径19.5厘米、底径13.5厘米、通高27.7厘米。

泥质红陶，胎质坚致，外上化妆土，内外施釉，内壁酱釉。

敛口，平沿，短束颈，斜折肩，鼓腹，下急收，平底。

上腹部一对半圆形横耳，腹部通体模印圆圈纹，五道圆圈有重叠现象，似泛起的水波涟漪，下腹至底饰数道弦纹。

器物制作规整，保存较好。

附2-141　模印棱形纹罐【5-63】

口径 22.5 厘米、通高 29 厘米。

泥质红陶，胎质坚致，外上化妆土，内外施釉，内壁酱釉。

直口微敛，圆唇，束颈，深腹，肩腹不显，上腹微鼓，下腹渐收，平底内凹。

肩饰三周弦纹，腹部满饰模印菱形纹，模印纹外框为八角菱形，中为朵花状，分上下七周整齐密集排列，基本上没有重叠现象。

器型完整，釉色匀润，纹饰规整。

附 2-142   "状元"花鸟罐【6-12】

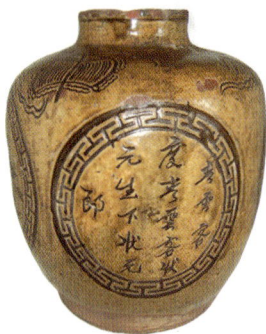

口径 9 厘米、通高 26 厘米。

泥质红陶，胎质坚致，外上化妆土，内外施釉，内壁酱釉。釉不及底，近底涩胎。

直口，平沿，方唇，高领，溜肩，深弧腹下收，平底。最大径在上腹部。

肩部装饰四组形状不同的图案，分别为两个灯笼造型、两面小旗，一面旗内有"状元"二字，腹部四幅由回纹圈组成的圆形画面，第一幅题"春云客度春云客、状元生下状元郎"十四字诗文，第二幅为石榴花，第三幅为白鹤，第四幅为凤凰图案。

器物纹饰精美，品相较为完整，口部有磕缺。

(六)双耳回纹罐(1 件)

附 2-143   双耳罐 1 件【5-11】

口径 20.5 厘米、通高 22 厘米。

泥质红陶，胎质坚致，腹部以上施化妆土，施釉，内壁酱釉。

口微敛，宽平沿外斜，束颈，斜肩，肩附两个对称的圆泥条拱形耳，肩腹不显，弧腹下收，平底。最大径在上腹部。

颈部一周双线弦纹，肩部一周波折纹，腹部一周带状回纹，下腹及底涩胎。

纹饰较粗犷，釉层多起泡，应是在加工过程中混入了杂质导致。

三、壶类（32 件）

（一）四系壶（11 件）

附 2-144　"酒香"花卉纹四系盘口壶【孝博 132】

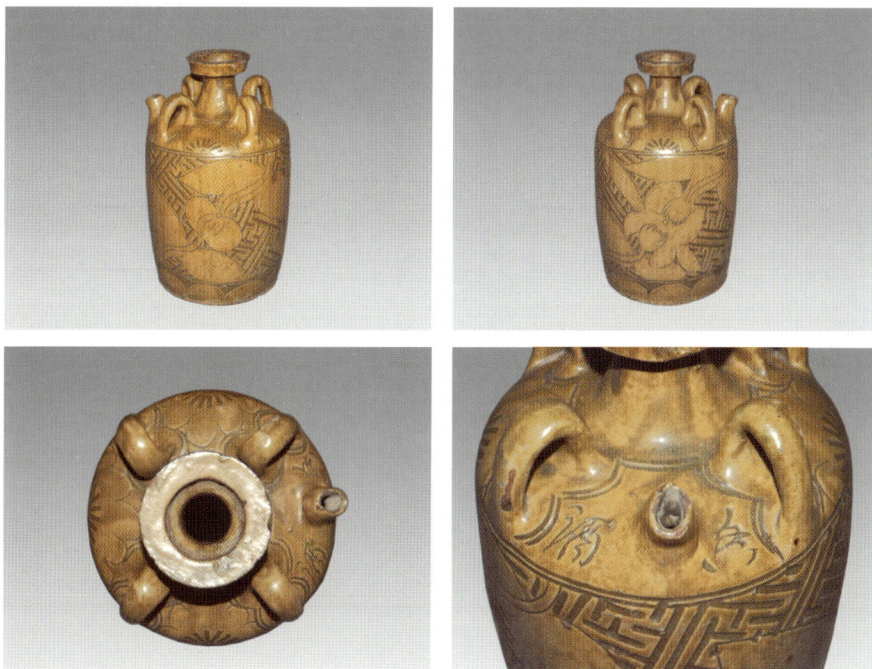

口径 8.3 厘米、底径 18 厘米、通高 31.5 厘米。

泥质红陶，胎质坚致，外上化妆土，内外施釉。

盘口，平沿，方唇，细颈，斜肩，肩部置四个对称的拱形系，一侧设冲天流。深直腹，平底内凹。流旁题"油香"二字，绕颈和四系一周双线轮廓线，四系间饰水花纹，腹部主体纹饰为金瓜纹、折枝花纹，空隙填充万字锦纹，下腹至底一周莲瓣纹。

造型规整，釉色明亮，纹饰大气，构图自然端庄。该器曾于 2016 年参加武汉美术馆《马口窑珍品陈列展》。

口径 16 厘米、底径 18.4 厘米、通高 44.6 厘米。

泥质红陶，胎质坚厚，外上化妆土，施釉，釉不及底。

盘口，平沿，方唇，束颈，斜肩，肩部置四个对称的拱形系，一侧设冲天流。肩腹不显，长弧腹，下内收，平底。肩至上腹两组折枝花纹，腹部一周宽带回纹。

器型完整，工艺精湛，釉面肥厚，莹润光洁，剔花粗犷遒劲，奔放有力。该器可见上化妆土施釉的素面、无化妆土施釉的釉胎和无化妆土无釉的涩胎三种不同色彩在同一种器物烧成后的效果。

附2-146 "万古长空挂"花卉诗文四系盘口壶【孝博096】

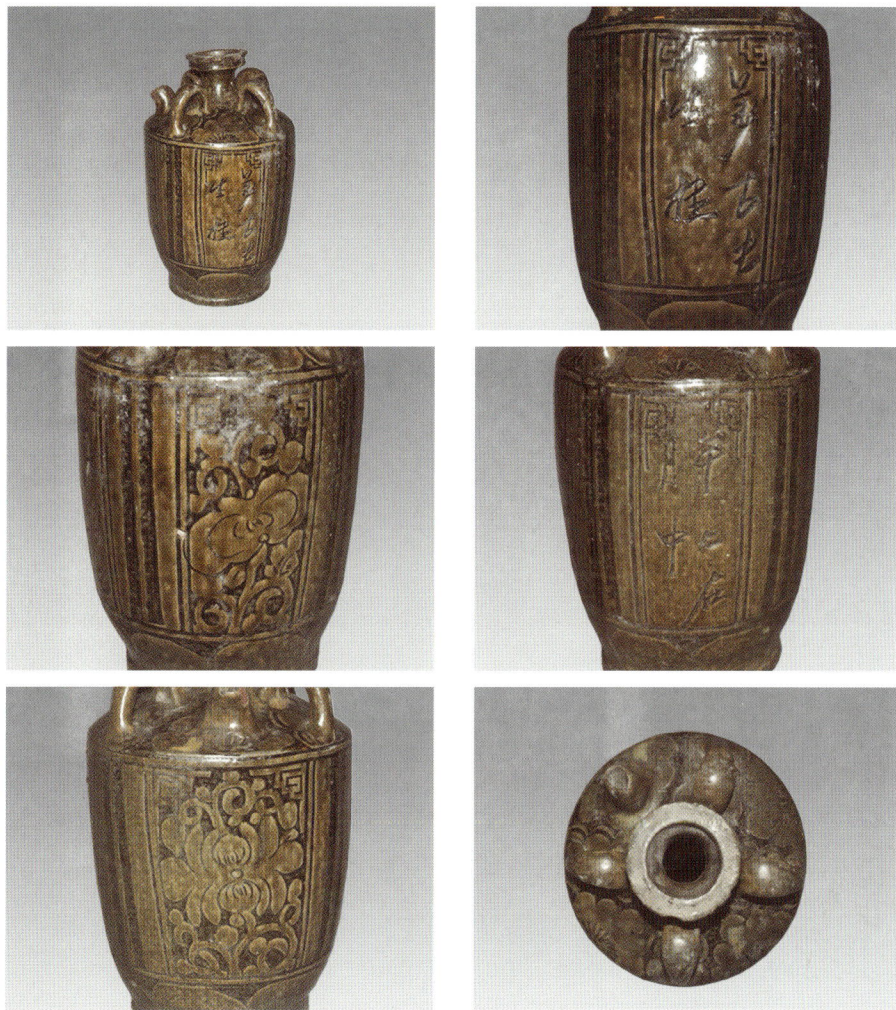

口径 7 厘米、底径 12.6 厘米、通高 28 厘米。

泥质红陶，胎质坚致，外上化妆土，内外施釉，内壁酱釉。

盘口，平沿，方唇，细束颈，斜肩，肩部置四个对称的拱形系，一侧设冲天流。长弧腹，下内收，平底。肩饰两组折枝花纹，上、下腹各一周双线弦纹，腹部以双行宽直线将其分成四幅画框，画框内再以双细线勾画出长方形四开光画面，画面上两角饰对角回纹。画面内容两幅诗文分别为"万古长生挂""年年在月中"，另两幅饰金瓜纹盒折枝花纹，下腹至底一周莲瓣纹。

器物釉色较暗，书法流畅传神。

口径 11 厘米、底径 17.2 厘米、通高 26.4 厘米。

泥质红陶，胎质坚致，外上化妆土，内外施釉，内壁酱釉。

盘口，粗颈，斜肩，肩部置四个对称的拱形系，一侧设冲天流，圆腹，下收，平底内凹。四系间饰刻花纹，上腹一周带状回纹，腹部主题装饰为花朵纹，花朵纹间填万字锦纹，形成满腹纹饰，下腹至底一周莲瓣纹。

器型端庄，纹饰丰满，釉色纯正，局部有脱釉。

附 2-148 回纹四系盘口壶【孝博 107】

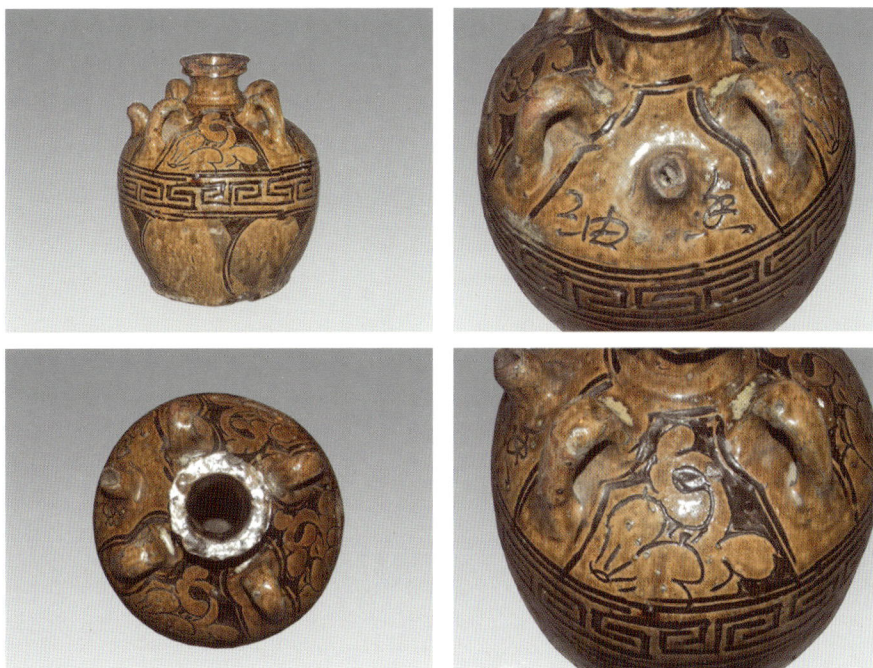

口径 7.2 厘米、底径 14.6 厘米、通高 23.6 厘米。

泥质红陶，胎质坚致，外上化妆土内外施釉，内壁酱釉。

盘口，平沿，方唇，细颈，溜肩，肩部置四个对称的拱形系，一侧设冲天流，鼓腹下收，平底略凹。四系间饰刻花纹，上腹一周略宽的带状回纹，下腹至底一周较突出的莲瓣纹。

器物装饰构图随意，下腹以莲瓣纹作主题装饰是其特色，局部磕缺、脱釉。

附 2-149 "喜"字四系盘口壶【C4-66】

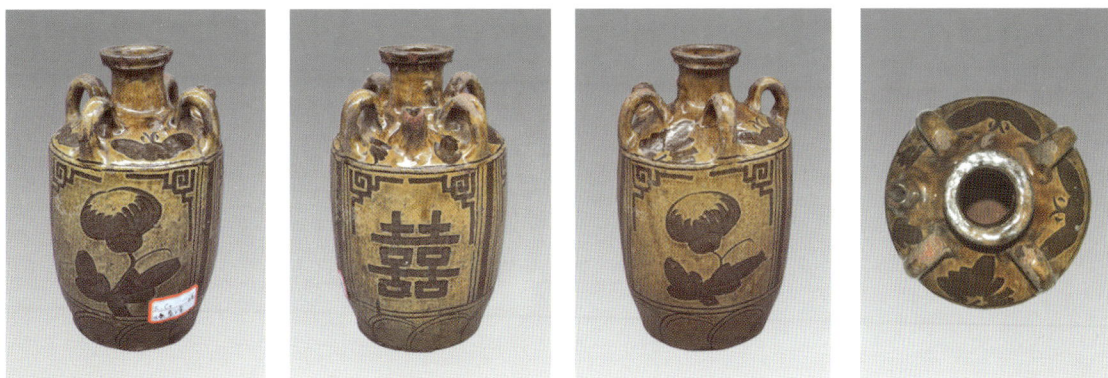

口径 6.5 厘米、底径 12.5 厘米、通高 26 厘米。

泥质红陶，胎质坚致，外上化妆土，内外施釉。

盘口，平沿，方唇，细束颈，斜折肩，肩部置四个对称的拱形系，一侧设冲天流，直腹，下收，平底。流、系间饰叶纹和蝴蝶纹，上、下腹各一周双线弦纹，腹部以宽直线将其分成三幅画框，画框内再以双细线勾画出长方形三开光画面，画面上两角饰对角回纹，画面内容为一组双喜纹、两组菊花折枝花纹，下腹一周莲瓣纹。

制作、画工、书写极为工整，器型端庄，釉面浓厚光洁，装饰以剔花工艺为主，肩部蝶形纹、腹部菊花纹，寓意延年益寿。

附 2-150　折枝花四系盘口壶【C4-148】

口径 13.8 厘米、底径 17.5 厘米、通高 40 厘米。

泥质红陶，胎质坚厚，外上化妆土，施釉，釉不及底。

盘口，平沿，方唇，束颈，斜肩，肩部置四个对称的拱形系，一侧设管状冲天流，肩腹不显，长弧腹，下内收，平底。肩至上腹饰两组折枝花纹，腹部一周宽带状回纹，下腹素面。

器型完整，釉面光洁，剔花粗犷遒劲，奔放有力，可以看到既上化妆土又施釉的素面、无化妆土施釉的釉胎和无化妆土无釉的涩胎三种不同形式同在一器的效果。

附 2-151　锦地朵花纹四系壶【C4-438】

口径 9 厘米、底径 13 厘米、通高 18.5 厘米。

泥质红陶，质坚，外上化妆土，内外施釉。

敛口，平沿，短颈外撇，圆肩，肩部置四个对称的小钮作系，一侧设管状流，弧腹渐收，平底。肩部一周回纹、一周短弧线波浪纹、一周如意云头纹，上、下腹各一周双线弦纹，腹部装饰不分幅，主题纹样为两组朵花纹和半幅式花叶纹，间隙填万字锦纹，形成满腹纹饰，下腹至底一周莲瓣纹。

器体工整，釉色呈纯正鳝鱼黄色，纹饰疏密有致，工细活泼。

附 2-152 折枝花四系盘口壶【C4-61】

口径 10 厘米、底径 14.8 厘米、通高 22 厘米。

泥质红陶，胎质坚致，外上化妆土，内外施釉，釉不及底。

盘口，平沿，方唇，粗颈，溜肩，肩部置四个对称的拱形系，一侧设冲天流，肩腹不显，圆鼓腹，下急收，平底。腹部两组折枝花纹，一周双线弦纹。

保存完整，釉彩浓润，金黄明艳，折枝花大气奔放，一气呵成，剔花工艺精湛娴熟，刀法刚劲有力。

附 2-153 "笑问客从何处来"四系盘口壶【5-57】

口径 9.2 厘米、通高 16.5 厘米。

泥质红陶，胎质坚厚，外上化妆土，内外施釉，内壁酱釉。

盘口，平沿，束颈，斜肩，肩附四个对称拱形系，一侧有短管状冲天流，直腹，下略收，平底。

肩部流两侧绘双轮廓线，四系间饰三组蝶形剔花纹，上、下腹各一周双线弦纹，腹部由宽直线将其分成三幅画框，画框内再用双行细线勾画出长方形三开光画面，画面上两角衬对角回纹。主画面题诗文"笑问客从何处来"，另两幅一为折枝菊花纹、一为阔笔草书的"福"字，下腹一周双线莲瓣纹。

器形完整，釉色浓润，纹饰古朴，书法流畅，诗里行间充溢着浓郁的乡情。

口径 14 厘米、底径 23.5 厘米、通高 30.5 厘米。

泥质红陶，胎质坚厚，外上化妆土，内外施釉，内壁酱釉。

侈口，圆唇，粗颈，溜肩，肩部置四个对称的拱形系，一侧设冲天流，肩腹不显，扁圆鼓腹，下收，平底。流旁题"油香"二字，绕颈和四系皆双线轮廓线，间隙刻划折枝花纹。上、下腹各一道双线弦纹，腹部饰大块空白的花卉纹，花卉间填万字锦纹，呈满幅纹饰效果；下腹至底一周莲瓣纹。

器型硕大，保存完整，釉彩浓润，构图简洁，极具夸张效果，花纹流畅。

（二）三系壶（5件）

附 2-155　花草纹三系壶【孝博 101】

口径 12.8 厘米、底径 13.5 厘米、通高 14.3 厘米。

泥质红陶，胎质坚致，外上化妆土，内外施釉，内壁酱釉，卜腹近底涩胎。

直口，短直颈，斜肩，肩上置三个拱形系，其中两系斜置，斜置系间与另一系相对应处设短管状冲天流，扁圆腹，平底。流下饰草叶纹，系与系之间饰一朵折枝花；腹部一周宽带回纹，下腹至底素面。

器型扁圆，流旁两系斜置，形似螃蟹，民间称此类型壶为螃蟹壶。

附 2-156　缠枝花三系壶【C3-47】

口径 10.5 厘米、底径 12.5 厘米、通高 13 厘米。

泥质红陶，质坚，外上化妆土，施釉，釉不及底。

直口，短直颈，斜肩，肩上置三个拱形系，其中两系斜置，斜置系间与另一系相对应处设短管状冲天流，扁圆腹，平底。肩部、沿、流和三系处皆绘轮廓线，其中的两系之间，一侧饰金瓜缠枝纹，另一侧为缠枝花纹，上腹一周宽带回纹，下腹一周莲瓣纹。

器型稳健，纹饰朴拙，肩部有釉泡粘疤，全器造型扁圆，流旁两系斜置，形似螃蟹，民间亦称此类型壶为螃蟹壶。

附 2-157　折枝花三系壶【C3-98】

口径 9.5 厘米、底径 13.5 厘米、通高 14.8 厘米。

泥质红陶，质坚致，外上化妆土，内外施釉。

敛口，窄沿，短颈，斜肩，肩上置三个拱形系，其中两系斜置，两斜置系间与另一系相对应处设短管状冲天流，扁鼓腹下收，平底略凹。肩部两系之间分饰一组云纹和一组折枝花纹，下腹数周拉坯旋痕。

器型稳健，釉面光洁浓润，剔花工艺，纹饰简洁。

附 2-158　"日暮客愁新"三系捏口壶【C3-247】

口径 11 厘米、底径 10.5 厘米、通高 18 厘米。

泥质红陶，质坚致，肩部上化妆土，内外施釉，壶面半釉，釉不及底。

直口，一侧捏流，平沿，方唇，短束颈，斜肩，肩上置三个拱形系，对应一系设捏流，鼓腹，下急收，平底略凹。

肩部题诗文："移舟泊烟渚，日暮客愁新。"全器素面，下腹露胎。

器物造型简单，制作粗糙。诗文出自唐代诗人孟浩然的《宿建德江》，意思是说小船停靠在烟雾迷蒙的小洲，日暮时分，新愁又涌上客子心头。描述了诗人羁旅夜泊、日暮添愁，下文马上写到宇宙广袤宁静，明月伴人更亲，将诗人内心的愁绪写得淋漓尽致。

附 2-159　"油香"三系扁腹壶【5-69】

口径 12.5 厘米、通高 15 厘米。

泥质红陶，胎质坚致，外上化妆土，内外施釉，内壁酱釉，釉不及底。

直口，尖圆唇，矮领，丰肩，肩部置三个拱形系，对应其中一系设一短管状流，扁腹下收，平底。肩部三系间用水花法画出两组菊花折枝纹，流两侧有"油香"二字，腹部素面无纹。

器型完整，有拉坯旋痕，釉色金黄浓润，富有光泽，纹饰朴拙苍劲，线条简洁凝练，给人以空灵通透之气韵。

(三)双系壶(1 件)

附 2-160　折枝花横竖双系壶【孝博 106】

口径 14 厘米、底径 17 厘米、通高 26.3 厘米。

泥质红陶，质坚致，肩部上化妆土，内外施釉，壶面半釉，釉不及底。

敛口，平沿，短颈，溜肩，肩部置对称的一横一竖两个拱形系，横系下设一略显弯曲的管状冲天流，鼓腹，下急收，平底。

肩部以双细线勾画出梯形画框，画框上部为波浪纹，下两角为水波纹，主题纹样为折枝花纹，下腹至底素面，下腹露胎。

器型稳健，釉面光洁，剔花工艺简洁流畅，纹饰飘逸潇洒，局部脱釉。

(四) 单系壶(4 件)

附 2-161　单系盘口壶【孝博 108】

口径 5.8 厘米、底径 9 厘米、通高 15 厘米。

泥质红陶，胎质坚致，外上化妆土，内外施釉。

小盘口，平沿，方唇，细颈，溜肩，肩部竖置拱形单系，与系对应处设一略显弯曲的管状冲天流，鼓腹下收，平底。

颈下、肩腹间、下腹各一周双线弦纹，系和流侧以双线勾画出轮廓线，肩部、腹部个饰满幅朵花纹，朵花纹间填万字锦纹，下腹至底露胎。

器型稳健，装饰花纹简单草率，口沿略残。

口径 8.5 厘米、底径 8.5 厘米、通高 14 厘米。

泥质红陶，质坚致，肩部上化妆土，内外施釉，壶面半釉，釉不及底。

敞口，一侧捏流，圆唇，束颈，斜肩，与流对应设单个桥形系，桥形系连接口沿与肩部，鼓腹，下急收，平底。

肩部饰两条较为简单的一笔花花草纹，下腹露胎。

口径 9 厘米、底径 9 厘米、通高 13.2 厘米。

泥质红陶，质坚致，肩部上化妆土，内外施釉，壶面半釉，釉不及底。

直口微敞，一侧捏流，圆唇，短颈，斜肩，与流对应处设单个桥形系，桥形单系连接口沿与肩部，弧腹，渐下收，平底。

肩部一侧题"西望长安不见家"七字诗文，另一侧饰花草纹。

示意性的刻划，随意率性，装饰简洁，有大写意的风格。

诗文出自唐代诗人李白的《黄鹤楼闻笛》，说的是诗人在政治上受到打击，但并没有忘怀国事。在流放途中，他不禁"西望长安"，既有对往事的回忆，又有对国运的关切和对朝廷的眷恋。然而，长安万里迢迢，对迁谪之人是多么遥远啊！望而不见，不免感到惆怅。听到黄鹤楼上吹奏《梅花落》的笛声，感到格外凄凉，仿佛五月的江城落满了梅花。

附 2-164　单柄菊纹壶【C1-50】

口径 6 厘米、底径 10.5 厘米、通高 13 厘米。

泥质红陶，质坚致，上腹上化妆上，施黄釉，釉不及底。

侈口，卷沿，束颈，斜肩，肩一侧设短管状冲天流，与流对应的另一侧置单柄拱形把手。肩腹不显，圆鼓腹，平底。流、柄两侧各一组菊花折枝纹，下腹露胎。

釉层均匀，呈淡黄色，装饰以剔花工艺为主，剔刻遒劲而流利，一气呵成，枝干以单细线连接花叶，粗犷中显现出纤细，线条富有活力，表现出强烈的大写意风格。

(五)提梁壶(9 件)

附 2-165　"太白赌酒"寿纹提梁壶【孝博 111】

口径 4.6 厘米、底径 14.2 厘米、通高 30.8 厘米。

泥质红陶，质坚致，外上化妆土，通体黄釉。

顶部圆鼓形，顶端置圆泥条拱形提梁，一侧圆形捏口、短颈，对应的一侧设略曲的短管状冲天流，平折肩，直腹渐收，平底。

绕提梁、口、流等处衬装轮廓线，顶面题"太白赊酒"四字，间隙饰网格纹，上、下腹各一周宽带回纹，腹中部整体为满幅的一周连续寿字纹，下腹至底一周莲瓣纹。

器物造型规整，纹饰精美繁缛，釉色明亮，保存完好。

附 2-166　"本喻丙记"款寿纹提梁壶【孝博 127】

口径 4.2 厘米、底径 13 厘米、通高 23.8 厘米。

泥质红陶，胎质坚致，外上化妆土，施釉。

顶部圆拱形，顶端置圆泥条拱形提梁，丰肩，一侧圆形捏口、短颈，对应的一侧设短管状冲天流，肩腹不显，圆弧腹下收，平底。

绕提梁衬装轮廓线，顶面题"本喻丙记"四字，间隙饰网格纹，肩腹间、腹中部各一周连续寿字纹，形成满幅画面效果，下腹至底一周莲瓣纹。

器物保存完好，制作精细，釉质浓润，构图丰满，纹饰古拙。

附 2-167　"香茶可口"菊花纹提梁壶【孝博 133】

口径 9.5 厘米、底径 12 厘米、通高 27 厘米。

泥质红陶，胎质坚致，外上化妆土，内外施釉，内壁酱釉。

直口，圆唇，短颈，溜肩，肩上置一扁泥条拱形提梁，肩部提梁连接处下方设一短管状冲天流，圆鼓腹，下收，平底内凹。

绕颈部一周锯齿纹，腹部题"香茶可口"四字，另一侧刻划菊花纹，下腹至底素面。器物制作精美，保存较好。

附 2-168　折枝花纹提梁壶　【孝博临-1】

口径 9.8 厘米、底径 15.2 厘米、通高 18.5 厘米。

泥质红陶，胎质坚致，外上化妆土，内外施酱釉。

子母口，圆唇，斜折肩，肩部置两个小桥形耳，腹中部置长管状冲天流。直腹，平底。

腹饰两朵折枝花纹。

口径 8.8 厘米、底径 14 厘米、通高 20.5 厘米。

泥质红陶，质坚，外上化妆土，内外施釉。

直口，平沿，短直颈，肩腹间置略显曲状的短管状流，肩部管状流上方和对应一侧置双小桥形耳，耳上各有两个小圆形孔，用作安装配置其他质地的提梁，丰肩，弧腹渐收，平底略凹。

颈部一周双线弦纹、一周短线波浪纹，肩部一周如意纹，上、下腹各一周双线弦纹，腹部以宽直线分割成四个画框，画框内再用细线勾画出长方形四开光画面，画面内四角衬花瓣纹，开光画面内饰一组竹纹、一组鸟纹、两组折枝花纹，下腹一周莲瓣纹。

釉面匀润光洁，竹纹、花鸟以刻划工艺为主，用笔纤细，构图鲜活生动。

附 2-170　"张还号记"提梁壶【C1-308】

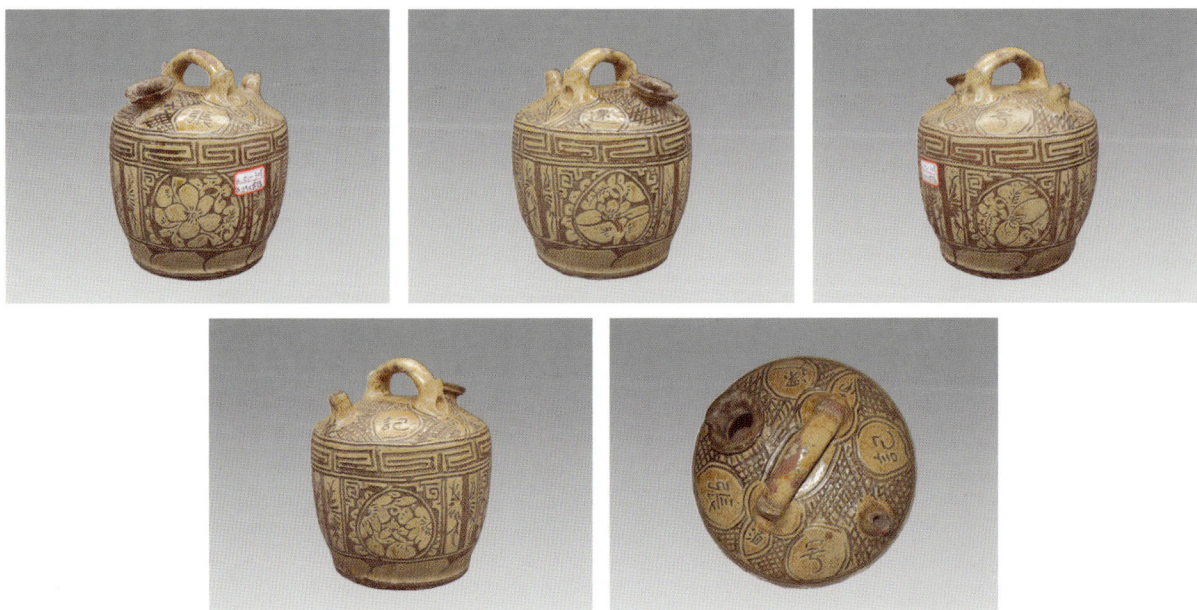

口径 5.5 厘米、底径 15 厘米、通高 22 厘米。

泥质红陶，质坚致，上腹上化妆土，施黄釉，釉不及底。

顶部浑圆，斜折肩，顶端置一扁泥条短拱形提梁，一侧小盘口，短束颈，与口对应的一侧有短管状冲天流，弧腹下收，平底。

顶部绕提梁装饰轮廓线，提梁两端题"南酒"二字，顶面题"张还号记"四字，间隙填网格纹，上腹一周宽带回纹，腹部以宽直线分割成四个画框，宽直线两侧饰草叶纹；画框内再用细线勾画出长方形四开光画面，画面上两角衬角回纹，内用双细线画出圆形框，框内各绘花卉图，下腹一周莲瓣纹。

器型规整，釉色匀润，构图丰满，口沿有残。

附 2-171　连续寿纹提梁壶【C1-309】

口径 4.4 厘米、底径 15.5 厘米、通高 24.5 厘米。

泥质红陶，胎质坚致，外上化妆土，施釉。

顶部圆鼓，圆形顶上置一圆泥条拱形提梁，一侧圆形捏口，短颈，与口对应的一侧有短管状流肩腹不显，圆弧腹下收，平底。

顶部绕提梁装饰双轮廓线，顶部及提梁两侧绘菊花、金瓜、花卉缠枝纹，上腹一周宽带回纹，腹部一周连续寿字纹，满饰整个腹部，下腹一周莲瓣纹。

釉质浓润，构图丰满，纹饰古拙浑穆，连续寿字在民间称为"长寿"，寓"寿享天年"之意。

附 2-172 "梁元央汗记"提梁壶【5-21】

口径 5.8 厘米、通高 20 厘米。

泥质红陶，胎质坚厚，外上化妆土，内外施釉。

圆顶，顶部居中附圆泥条龙形提梁，一侧小圆口，沿略外翻，对应的另一侧设曲形短管状流，溜肩，弧腹下收，平底。

顶部绕提梁装饰双行轮廓线，上有布局五个圆形画框，分别题"梁、元、央、汗、记"五字，间隙填网格纹，上、下腹各一周双线弦纹，腹部为整幅"八仙"人物画面，间饰拐子纹，下腹至底饰一周莲瓣纹。

釉色均匀，纹饰古拙圆润，人物描绘生动、简洁流畅，富有活力，同类器物装饰较少见"八仙"人物齐聚，充满了祥瑞之气，提梁、口部有脱釉。

附 2-173 寿纹瓜棱提梁壶【5-62】

口径 10 厘米、通高 26.5 厘米。

直口，平沿，短直颈，圆肩，肩附拱形提梁，提梁的一端设短管状流，鼓腹下急收，平底，有笠形盖。

盖顶饰四组三角回形纹，周边一周双线弦纹，流与提梁两端绘双轮廓线，肩部一周带状回纹，腹部为十瓣瓜棱状，每组瓜棱的凸起面上有 10 个长条形"寿"字纹装饰。

釉色匀润，富有光泽，纹饰规整，古朴典雅，已破碎，为修复器。

（六）扁腹壶（2件）

附 2-174　扁壶【6-11】

底座长 13 厘米、宽 7 厘米、通高 23 厘米。

泥质红陶，胎质坚致，外上化妆土，内外施釉。

全器呈扁圆形，上有小口，正视为圆形加底座，侧视呈扁薄状，长方形台座。

腹部两幅画面为不同的装饰图案，以贴塑法完成，其一为鹿衔花图，一只口衔花卉的梅花鹿作回首凝望状，绕花卉边置一圈乳钉装饰；其二为瓶花造型，一只方凳上摆放花瓶，瓶中插着花卉，腹部边缘用贴塑法堆起简化"二龙戏珠"式图案的环状装饰带。双腹结合部再以泥条堆塑出附加堆纹，上饰交叉线缝装饰，起加强两腹粘连之作用。

此壶仿游牧民族常用的皮制背水壶造型，采用捏片成型法，即先做成器物外形所需的圆形泥片，塑造好腹部装饰后，再将各部分粘合成器，加装边饰。器型完整，釉色浓润，是一件不可多得的器物。

附 2-175　暖水壶【5-43】

口径 3.5 厘米、直径 20 厘米、通高 10 厘米。

泥质红陶，胎质坚致，外上化妆土，内外施釉。

直口，平沿，方唇，细短颈，扁圆腹，圜底。

肩部装饰分别由一周单线弦纹和两周双线弦纹分隔成三个圈带，主题纹样为一周连续卷草纹，下腹两周双线弦纹，弦纹之间一周卷草纹。

器型完整，釉色均匀明亮，纹饰精美，线条流畅简洁。

四、钵、盆、缸类(16件)

(一)钵(9件)

附 2-176　花叶纹钵【孝博 039】

口径 24 厘米、底径 17.5 厘米、通高 19 厘米。

泥质红陶，胎质坚致，外上化妆土，内外施釉，内壁酱釉。

直口，圆唇，宽平沿，直腹，下收，平底略凹。

口下一周双线弦纹，颈部一周回纹，腹部主体纹饰为花叶纹，花叶纹间隙填万字锦纹，下腹一周双线弦纹，至底一周莲瓣纹。

该器装饰以水花法从容剔刻，笔调简约，从底至口部有裂纹。

附 2-177　"汉阳陶器厂"四系钵【孝博 058】

口径 13 厘米、底径 11 厘米、通高 12 厘米。

泥质红陶，外上化妆土，内外施釉，内壁酱釉。

敛口，平沿，方唇，窄斜折肩，上腹设对称四半圆钮，钮上有圆形小孔，作系绳用，斜直腹，下收，平底。

肩腹间、上、下腹各一周不规则的双线弦纹，四钮边绘双轮廓线，系下并列四道竖线，形成四个方形框，方框内分别题"汉阳陶器厂""美味可口""努力生产""五味调和"文字，下腹至底一周双曲线纹。

文字、装饰非常草率，制作粗糙。汉阳和汉川在民国时期及以前都是隶属于汉阳府的辖县，两地人相近、地相连，联系十分紧密，从"汉阳陶器厂"款，可以看到马口窑陶器生产的影响，似可归入马口陶系列。

口径 16 厘米、底径 10.5 厘米、通高 17 厘米。

泥质红陶，质坚致，上化妆土，内外施釉，壶面半釉，釉不及底。

侈口，方唇，宽平沿略外斜，束颈，肩腹不显，弧腹，渐收，平底。

肩部横置两个半圆形泥条双系，肩部双系间各题一"福"字，两边衬简化叶形纹，腹中部一周宽带回纹，下腹露胎。器型完整，黄釉亮丽，纹饰粗放随意。

附 2-179 "1964 年 11 月王汉勋"双系钵【孝博 057】

口径 14.5 厘米、底径 13 厘米、通高 17 厘米。

泥质红陶，质坚，外上化妆土，内外施釉，内壁酱釉。

敛口，圆唇，平沿，上腹置两个对称的近方形小钮，钮中间有小圆孔以便于穿绳，直弧腹，渐收，平底略凹。

上腹一周回纹，上、下腹各一周双线弦纹，腹部以单线分隔出五开光画面，其中的一个小窗内题"1964年11月王汉勋"，其余四窗内分饰四组金瓜纹、折枝花，下腹至底一周双曲线纹。

釉面光洁，纹饰朴拙，整个腹部呈现满幅装饰效果。

附 2-180　杂技人物钵【孝博 046】

口径 14.5 厘米、底径 11 厘米、通高 20 厘米。

泥质红陶，质坚细腻，上化妆土，内外施釉。

直口，平沿，圆方唇，短束颈，窄斜折肩，斜直腹，渐收，平底。

腹部绘三组杂技人物图案，第一组为蹬缸，第二组为转碟，第三组为杂技演员作单臂头顶花瓶状，一位女演员单臂撑立花瓶之上，双脚倒立作飞燕式造型。下腹一周双线弦纹。

器物保存完整，釉面光洁，人物造型生动。

附 2-181　"一九七八年 胡必海"钵【B13-267】

口径 14 厘米、底径 12.5 厘米、通高 19 厘米。

泥质红陶，质坚细腻，外上化妆土，内外施釉。

敛口，平沿，短颈外斜，弧腹，下急收，平底略凹。

腹部装饰未分幅，属整幅画面，主题纹样为一组牡丹花，花旁题口号与文字："自力更生，丰衣足食，一九七八年，胡必海。"

器型完整，制作精致，花卉、文字流畅，刻划细腻优美，釉略呈酱色，明艳光洁，题款有明确的制作生产年代和作者姓名，是鉴定标准器。

附 2-182　花叶纹钵【E5-265】

口径 21.5 厘米、底径 17 厘米、通高 18.5 厘米。

泥质红陶，质坚致，外上化妆土，内外施釉。

敛口，平沿，短直颈，颈下一周凸棱，斜折肩，弧腹下收，平底。肩部一周回纹，一周双线弦纹，腹部一组花叶纹，间隙填万字锦纹，近底一周双线弦纹。

器型完整，工艺娴熟，釉面浓润，明艳光洁，纹饰简洁流畅，花叶构图极度夸张，枝叶简化，放大抽象成大块面，近底处的莲瓣纹简化省略。器型近于罐，只是据口径与高度的细微差别归入钵类器。

附 2-183　"江城五月落梅花"四系钵【E6-107】

口径 22.5 厘米、底径 16.8 厘米、通高 25.5 厘米。

泥质红陶，胎体坚致，外上化妆土，内外施釉，釉不及底。

直口内敛，宽平沿，短颈，溜肩，肩部置四个对称小拱形系，肩腹不显，弧腹，下收，平底。

肩部一周回纹，上、下腹各一周不规则的双线弦纹，腹部用双弧线勾画出近圆形四开光画面，画面内容分别为诗文："起头：江城五月落梅花""一色香花红十里""黄鹤楼中吹玉笛""西望长安不见家"，画面间隙填网格纹。

釉层较薄，色泽不均，纹样刻划较草率，诗文中有改错痕迹，书写时前面提示"起头"，诗文前后倒置、无规律，这也正是它的有趣之处。

附 2-184　"福、禄、寿、喜"钵【5-58】

口径 15 厘米、通高 12 厘米。

泥质红陶，胎质坚厚，外上化妆土，内外施釉。

敛口，厚方唇，束颈，肩腹不显，上腹微鼓，下腹略收，平底。

肩部一周宽带状回纹，上、下腹各一周双线弦纹，腹部由两行宽直线将其分为四个画框，每框内再以双行细线勾画出长方形四开光画面，窗内上两角饰对角回纹，每幅题一字，分别是"福、禄、寿、喜"，下腹至底一周简化莲瓣纹。

器型完整，釉层较薄，少光泽，纹饰粗扑。

（二）盆（1 件）

附 2-185　大口盆【5-27】

口径 50 厘米、通高 19 厘米。

泥质红陶，胎质坚厚，内外施釉，器表釉不及底。

直口微敛，宽沿，圆唇，直腹，平底，最大径在口部。

通体素面无纹，未施化妆土，呈黑褐色，内壁见数周拉坯旋痕，造型不太规整，民间多用于作盛食。

（三）缸（6 件）

附 2-186　梅竹纹缸【孝博 027】

口径 19.6 厘米、底径 16 厘米、通高 24.6 厘米。

泥质红陶，质坚细腻，外上化妆土，内外施釉。

内敛口，双圆唇，平沿，直弧腹，渐收，平底。

颈部一周弦纹、两周波浪纹，腹部主体纹饰为梅竹、花鸟纹，形成满幅装饰效果，下腹一周双线弦纹，近底素面。

器物保存完好，釉色明亮润泽，花、鸟纹饰逼真有趣，富有韵味。

附 2-187　模印几何纹缸【F2-151】

口径 24 厘米、底径 16 厘米、通高 30 厘米。

夹细砂红陶，色浅，质坚，内外施釉，外壁呈黄色，缸内酱色。

敛口，圆唇，束颈，弧腹下收，平底内凹。腹部模印方块状几何纹，不清晰。

器型完整，造型小巧，模印纹较浅，仅见印痕，釉彩浑浊。

附 2-188　模印棱形纹缸【F1-368】

口径 33.5 厘米、底径 32 厘米、通高 32 厘米。

夹细砂红陶，质坚，外上化妆土，内外施釉。

敛口，桶形直腹，平底内凹。上腹三周单线弦纹，下腹五列排列较整齐的模印纹。模印为长方形边框，中间为三角棱形组合的图案，纹样不清。

器物完整，釉色浑浊，局部釉面呈灰色，腹部一侧有天蓝色窑变，模印有重叠现象。

附 2-189　龙凤纹鼓形缸【A6-508】

通高 42 厘米、口径 27 厘米、底径 26 厘米。

泥质红陶，质坚厚，施酱黄釉。

平顶盖，盖顶上有橄榄形内凹的双孔，似把手，顶盖上饰两组朵花纹。子母口，圆鼓形弧腹，平底内凹，颈部九枚乳钉，腹部以贴花工艺饰龙凤呈祥装饰。龙为四爪腾空，凤展双翼飞舞，两相呼应，下腹一周凸起的弦纹。

器型完整，釉色浓润，工艺精致。

口径 74 厘米、通高 83 厘米。

夹砂红陶，胎质坚厚，外上化妆土，内外施釉，内壁酱釉。

八方体，俯视近圆形，敛口，平沿，斜肩，肩腹间一周凸棱，上腹微鼓，下折腹急收，平底。

肩、腹部分为八个折棱面，肩部画面为横长方形。画面中心一个菱形图案，两侧各一只展翅欲飞的仙鹤，间隙填以云纹，以合体的"福禄寿"三字嵌入菱形图案中，其余七幅饰相同的菊花折枝花纹。腹部画面呈上宽下窄状，主画面为"福禄寿"三个人物画像，间隙绘有松树、寿石、水波、太阳纹等，与主画面相对应的一幅为八仙人物图：铁拐李乘坐宝葫芦渡海，附加装饰有云纹、寿石以及由宝葫芦遐想出的仙山琼阁等，其余六幅分别绘梧桐树、寿石与大象、柳树、草地和骏马等。下腹一周莲瓣纹，近底饰如意纹。

釉呈黄褐色，整体泛绿，品相完整，构图凝练，纹饰明快娴熟，作品蕴涵着丰富的吉祥寓意，令人回味。

附 2-191　七方寿缸【6-3】

口径 87.5 厘米、通高 74 厘米。

泥质红陶，胎质坚厚，外上化妆土，内外施釉，内壁酱釉。

七方体，直口，厚方唇，短束颈，斜腹下收，平底。

颈部两周凹弦纹、两周附加堆纹，附加堆纹之间一周带状回纹，腹部七幅上宽下窄的梯形画面，其中四幅为姿势不同的骏马，或奔跑、或嬉戏、或饮水等，装点以柳絮枝条，另三幅皆以迎风招展的柳树为主题，间隔骏马图案。下腹一周莲瓣纹、一周如意纹。

器型厚重，装饰繁缛，纹饰生动，富有动感。

五、杯、尊、瓶类（13 件）

(一)杯(2 件)

附 2-192　单柄敛口杯【孝博临-25】

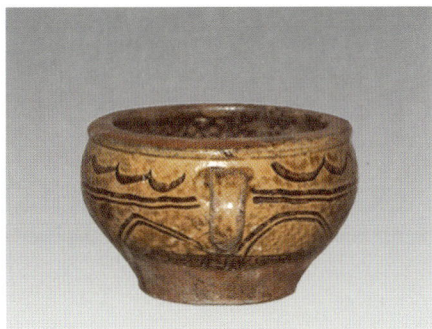

口径 12.5 厘米、底径 7.6 厘米、高 8.3 厘米。

泥质红陶，胎质坚致，外上化妆土，内外施釉，釉不及底。

敛口，平沿，束颈，圆肩，腹微鼓，下收，平底。

腹部一侧置半环状单柄，肩部一周波折纹，肩腹间一周双线弦纹，下腹一周双线波浪纹。

口径 12 厘米、底径 7.5 厘米、通高 8 厘米。

泥质红陶，胎质坚致，外上化妆土，内外施釉，釉不及底。

敛口，圆唇，束颈，溜肩，扁鼓腹，下急收，平底。

腹部一侧置半环状单柄，肩部一周波折纹，沿单柄两侧至肩腹间绘一周双线轮廓线，腹部一周上下连锁的卷草纹。

器体完整，釉呈酱黄色，纹饰粗朴自然。

(二) 尊形器(9 件)

附 2-194　瓜蝶纹尊形器【孝博 042】

口径9厘米、底径12.5厘米、通高18.3厘米。

泥质红陶，胎质坚致，外上化妆土，内外施釉，内壁酱釉。

直口，平沿，短直颈，斜肩，弧腹，下急收，假圈足，平底，下腹至足底外撇，最大径在肩腹间。

肩部一周带状回纹，腹部满饰瓜蝶纹，蝴蝶作上下展开，在瓜叶中穿梭飞舞，下腹和假圈足部各一周双线弦纹，中间一周二方连续式祥云纹。

造型规整，釉彩润泽亮丽，工艺精致，图案花团锦簇，采为剔刻工艺制作，纹饰清晰，优美流畅。

附2-195　花鸟纹尊形器【B7-291】

口径9.3厘米、底径11.5厘米、通高22.5厘米。

泥质红陶，胎质坚致，外上化妆土，施釉，内壁无釉。

侈口，平沿，短直颈，溜肩，圆弧腹，下急收，底略外撇，平底微凹。

肩部一周回纹、一周短弧线波折纹、一周如意云头纹，肩腹间和下腹各一周双线弦纹，腹部由两行宽直线将其分为四个画框，每框内再以双行细线勾画出长方形四开光画面，画面内四角饰对角回纹。画面中绘四组花鸟图，分别为形似树形构图的桃花、梅花、金瓜纹和鸟啄梅图案各一组，下腹至底一周卷曲形仰瓣莲纹。

口沿局部有磨口，釉色明艳，纹饰流畅，构图丰富，画面清晰明快。

附2-196　锦地杂宝纹尊形器【B7-57】

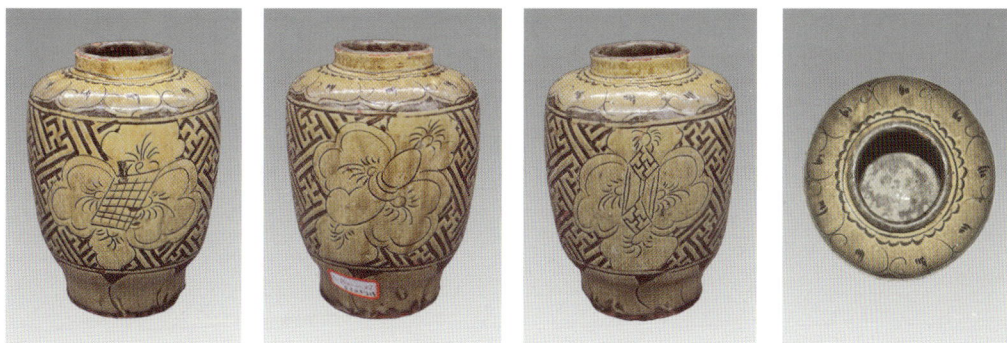

口径9.7厘米、底径13厘米、通高25.8厘米。

泥质红陶，胎质坚致，外上化妆土，内外施釉。

直口，窄沿，短直颈，斜肩，直腹渐收，下腹至底急收，平底。

颈、肩腹间各一周双线弦纹，肩部一周短圆弧波折纹，一周如意云头纹，上、下腹各一周双线弦纹，腹部三组杂宝纹，间隙填万字锦纹，腹部装饰作满花纹。

器物造型稳健端庄，釉彩亮丽明艳，纹饰精细流畅。腹饰三组杂宝纹，象征功名有成、生活安逸。

附2-197　戏曲人物尊形器【B7-367】

口径9.5厘米、底径11厘米、通高19.5厘米。

泥质红陶，质坚，外上化妆土，内外施釉。

直口略敛，平沿，短直颈，斜肩，弧腹，下内收，平底。最大径在上腹部。

肩部一周缠枝花纹，上、下腹各一周双线弦纹，腹部由两行宽直线将其分为四个画框，每框内再以双行细线勾画出长方形四开光画面，画面内上两角饰对角回纹。画面中一组为绘有山坡和古亭台的风景图，其他为三组人物：其中两组单人，身着明式交领襦裙、头戴双翅官帽；一组为双人形象，人物故事待考。下腹至底一周莲瓣纹。

器物完整，釉面发涩，纹饰古朴，明代男式襦裙多交领。

附2-198　寿纹尊形器【B7-311】

口径 8.5 厘米、底径 11.5 厘米、通高 17.5 厘米。

泥质红陶，胎质坚致，外上化妆土，施釉。

直口，平沿，短直颈，斜肩，弧腹，下急收，底外撇，平底略凹。

颈下一周双线弦纹、一周短弧线波折纹、一周如意云头纹，肩腹间一周双线弦纹，腹部一周寿字纹，下腹至底一周双线弦纹、一周莲瓣纹。

器物完整，釉质匀润，制作精致，长方形的寿字纹样寓意长寿。

附 2-199   金瓜锦地纹尊形器【B7-331】

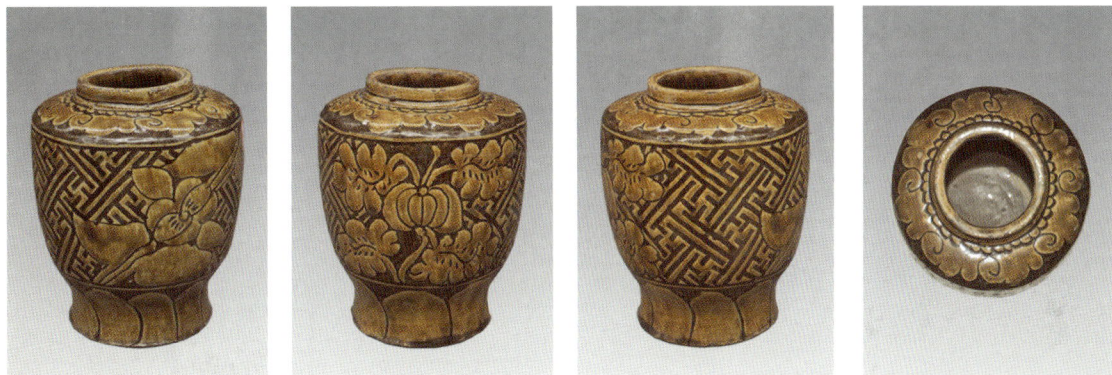

通高 20.6 厘米、口径 9 厘米、底径 12.5 厘米。

泥质红陶，胎质坚致，外上化妆土，内外施釉。

敛口，平沿，短直颈，平肩，弧腹，下急收，足外撇，平底。

颈部至肩腹间依次一周双线弦纹、一周短圆弧波浪纹、一周如意云头纹，上、下腹各一周双线弦纹，腹部主题纹样未分幅，分两组：一组折枝花，一组绘金瓜纹，皆以万字锦纹衬底，构成满花纹，下腹近底一周莲瓣纹。

器物完整，釉层肥厚润泽，工艺精致。

附 2-200   空雕龙纹尊形器【5-44】

口径 9.8 厘米、通高 19 厘米。

此类器物俗称"空雕龙纹坛"，泥质红陶，胎质细腻坚致，外上化妆土。

子母口微敛，尖圆唇，短颈，圆肩，肩腹不显，圆鼓腹，腹部分内外两层，器里设有能够活动的内胆，下急收，圜底，底中间有一圆形小孔，喇叭形圈足。最大径在腹部。

通体施墨绿色釉，腹部主题纹样为一条堆塑的龙纹，金黄色的龙体绕器身一周，龙体堆塑在镂空的墨绿色菱形网格上，肩、腹部点缀缭绕的云纹，下腹一周水波纹。

全器造型生动，纹饰精美，色彩对比突出，颇富立体感。

附 2-201　瓜蝶纹尊形器【5-59】

口径 8.5 厘米、通高 23 厘米。

泥质红陶，胎质坚致，外上化妆土，内外施釉。

直口，平沿，方唇，直领，溜肩，鼓腹，下内收，假圈足外撇，平底。

肩部和腹部由三只蝴蝶与瓜瓞纹缠绕，构成满幅的蝴蝶瓜瓞纹图画面，下腹一周莲瓣纹和一周回纹。

釉色匀润，富有光泽，纹饰剔刻刀法凝练，构图丰满，繁缛而华丽。

附 2-202　瓜瓞纹尊形器【6-9】

口径 13 厘米、通高 28 厘米。

泥质红陶，胎质坚厚，外上化妆土，内外施釉。

直口，方唇，束颈，斜折肩，折腹，圈足，圜底。

沿下一周齿状花边，肩部有间断按压的齿状附加堆纹，肩腹间一周内凹弦纹，上腹一周索状附加堆纹带饰，下腹两周形状不同的齿状附加堆纹带饰，腹部以竖线分为四开光画面，画面内的不同部位分饰变体圆形对角回纹。四幅开光画面中第一幅为喜鹊登梅图，第二幅为瓜瓞纹，第三幅、第四幅皆为花叶纹。圈足部一周索状附加堆纹，堆纹上下各一周弦纹。

全器品相完整，以贴花手法装饰制作，纹样突出，立体感强；釉面呈鳝鱼黄色，光润柔和，富有光泽。

（三）瓶（2件）

附 2-203　鹿鹤同春瓶【孝博 131】

口径 3.5 厘米、底径 9.8 厘米、通高 20.5 厘米。

泥质红陶，质坚细腻，外上化妆土，内外施釉，器内满釉。

直口较小、短直颈、丰肩，肩附四个对称小桥形钮，圆腹鼓，下收，平底。

绕颈和四钮绘装饰轮廓线，间隙绘祥云纹，肩腹间和下腹各一周双线弦纹，腹部为整幅鹿鹤同春寿星图。画面内容为老寿星手拄拐杖，一手捧着仙桃，在云端款款行走，身边祥云隙绕，仙鹤飞舞，鹿影瑶光，一派祥瑞之气。

器物完整，工艺精湛，构图丰富，纹饰祥瑞柔和生动，"鹿鹤同春"又名"六合同春"，寓意天地和东南西北，天地四方，万物欣欣向荣。

附 2-204　鱼耳瓶【11-299】

口径 10.8 厘米、底径 8.7 厘米、通高 24.5 厘米。

泥质红陶，质细腻，胎体较轻，外上化妆土，施酱黑釉，局部有缺釉现象。

口外撇，束颈，溜肩，肩部置两个对称金鱼形耳，体修长，鼓腹下渐收，平底。器体流线型，造型端庄优美，"金鱼"与金玉谐音，寓意"金玉满堂"。

六、筷笼、烘笼(6 件)

(一) 筷笼(5 件)

附 2-205　竹枝纹筷笼【孝博 120】

口径 9 厘米、高 17 厘米。

泥质红陶，质坚，外上化妆土，通体施釉，器内无釉。

直口，椭圆形垂腹，下稍宽，正面弧形，背部较平，上有两个作系绳悬挂用的穿孔，圜底，底部有数个圆形漏水孔。

圆弧形面上部以两道平行双直线勾画出带状纹，纹带内填波纹，腹部主题纹饰为竹枝图，背面素面。

造型规整，竹枝纹饰刻划工艺成熟。

附 2-206　折枝花纹筷笼【孝博 121】

口径 10.4 厘米、高 17 厘米。

泥质红陶，质坚，内外均上化妆土，通体施釉，器内酱釉。

直口，椭圆形直腹，正面圆弧形，背部较平，上有两个作系绳悬挂用的穿孔，圜底，底有数个圆形漏水孔。

弧形面以粗直线分隔出两个开光画面，窗内四角衬角回纹，二窗内各绘一朵折枝花，底部饰圆寿纹，背面素面。

质地坚硬，通体施黄釉，保存完好。

口径 9 厘米、通高 17 厘米。

泥质红陶，质坚，外上化妆土，内外施釉，器内酱釉。

直口，椭圆形垂腹，正面圆弧形，背部较平，上有两个做系绳悬挂用的穿孔，圜底，底有数个圆形漏水孔。

弧形面满饰瓜蝶纹和葫芦花朵纹，背面素面。

保存完好，纹饰精美。

附 2-208 　福囍纹筷笼【孝博 123】

口径 9.4 厘米、通高 17 厘米。

泥质红陶，质坚，外上化妆土，内外施釉，器内酱釉。

直口，椭圆形直腹，正面圆弧形，背部较平，上有两个作系绳悬挂用的穿孔，圈底，底有数个圆形漏水孔。

上下腹各一道双线弦纹，腹部以粗直线分隔出两个长方形框，两框内再以双细线勾画出两开光画面，画面内上两角衬角回纹，下两角为云气纹，窗内分别题"福""囍"二字。

器型完整，一个"福"字、一个"囍"字，给生活增添了希望。

附 2-209 　提篮式筷笼【孝博临-4】

口径 19.5 厘米、底径 9.5 厘米、高 21 厘米。

泥质红陶，胎质坚致，外上化妆土，内外施釉，器内酱釉，器外施釉不及底。

敞口，方唇，扁腹，平底，底部数个圆形漏水孔，口沿上置一拱形提，器身内外多道拉坯形成的暗旋痕，下腹至底素面。

(二)烘笼(1件)

附 2-210　缠枝花纹烘笼【孝博 134】

口径 18 厘米、底径 12.5 厘米、通高 18 厘米。

泥质红陶，质坚，外上化妆土不到底，器表釉不及底，器内无釉。

口内敛，厚圆唇，沿上立扁泥条拱形提梁，斜腹下收，平底。

提梁正面两侧各一道曲线装饰，上腹一周宽带回纹，下腹一周二方连续式卷草纹。

器物完好，纹饰流畅，粗犷随意。

七、签筒、笔筒、烛台(6件)

(一)签筒(4件)

附 2-211　折枝花蝙蝠纹签筒【孝博 129】

口径 12 厘米、底径 10.5 厘米、通高 18.5 厘米。

泥质红陶，质坚厚，外上化妆土，器表施釉。

喇叭状造型，敞口，平沿，高颈，腹部突起呈扁圆形，假圈足略外撇，平底略凹。

口沿下及颈腹结合部各一道双线弦纹，分别用两道宽直线与二道双线弦纹相连，分成两幅画框，每框内再以单线勾画出方形开光画面，画面内饰一朵折枝花，扁圆腹部饰抽象蝙蝠纹一对，假圈足部起两周凸棱。

器形完整，胎质坚厚，釉色浓润光泽，呈古铜色，纹饰精美，线条挺括，韵致清纯。

附 2-212　寿字牵牛花纹签筒【孝博 130】

口径 12.8 厘米、底径 11.8 厘米、通高 21.6 厘米。

泥质红陶，质坚厚，外上化妆土，器表施釉。

喇叭状造型，敞口，平沿，高颈，腹部凸起呈扁圆形，假圈足略外撇，平底内凹。

口沿下一周宽带回纹，颈部中间四个圆形古寿字图案，颈下部饰一周二方连续式牵牛花纹带，假圈足部饰一周双线三角形纹，再下一周单线弦纹。

器型完整，釉色浓润光泽，纹饰精美，线条流畅，韵致清纯。

附 2-213　福、禄、寿签筒【6-6】

口径 12.5 厘米，通高 24 厘米。

泥质红陶，胎质坚厚，外上化妆土，内外施釉。

敞口，圆唇，筒状高直颈，扁鼓腹突出，假圈足，平底。

口沿下一周带状回纹，颈部以双行宽线分成四幅画框，每幅画框内再以双行细线勾画出长方形四开光画面，画面内上两角饰对角回纹。画面内容为一幅花卉拐子纹图，以及三幅寓意福、禄、寿三星的吉神图像，图像头戴官帽、身着长袍。

凸起的扁圆腹上，用堆塑法做出形似中国结的盘长纹和万字纹图案，假圈足上饰波状附加堆纹。

器型完整，釉色深浅不一，做工不精。

附 2-214　堆金积玉签筒【5-61】

口径 12 厘米、通高 20.2 厘米。

泥质红陶，胎质坚厚，外上化妆土，内外施釉。

敞口，平沿，直颈，圆肩，鼓腹下收，近底外撇，平底。

口沿下一周带状回纹，颈部上、下各一周双线弦纹，颈部以双行宽线分成三幅画框，每幅框内再用双线勾画出长方形三开光画面，画面内上两角衬对角回纹，开光画面其中一幅题"堆金积玉"四字。其他两幅为折枝花纹，肩部一周简化波折纹和间断的曲线纹，腹部一周规整的宽带回纹，近底一周莲瓣纹。

器型完整，纹饰朴拙，题字充满了美好的愿景。

(二)笔筒(1 件)

附 2-215　寿字纹笔筒【5-35】

口径 10 厘米、通高 10.5 厘米。

泥质红陶，胎质坚厚，外上化妆土，内外施釉。

直口微敛，沿略折，束颈，折肩，折腹下收，呈双腹状，假圈足，平底。

口沿下一周索状花边附加堆纹饰带，肩部一周变形花瓣纹，腹部满饰连续"寿"字纹，假圈足上三组折枝花纹。

器物造型稳健，釉色均匀，纹饰古朴，制作精美。

(三)烛台(1 件)

附 2-216　浮雕人物烛台【5-36】

长 10 厘米、宽 4 厘米、高 7.5 厘米。

泥质红陶，胎质坚致，器表施釉。

通体呈矩形，内空，顶部有插烛的圆孔，正面边缘凸起，形成一幅长方形画面，画面上一身着官袍、双手正在将画轴展开的浮雕财神像，画轴上阴刻"三多"二字吉言，寓福多、寿多、子多，烛台正面施釉，呈黄绿色，侧面无纹。

局部有脱釉，人物表情生动，喜形于色，惹人喜爱，应是焚香拜烛专用之物。

八、枕、灯、虎子、痰盂(10 件)

（一）枕(5 件)

附 2-217　如意蝙蝠菊花纹枕【孝博 113】

长 32.5 厘米、宽 14 厘米、高 12 厘米。

泥质红陶，胎质坚致，手工加工成型，上化妆土，施釉。

整体呈半圆筒形，两端面平直，两端为半圆形微隆，中空，底部平，中间开一圆形气孔。枕面主体为长方形画面，四角衬角回纹，中间饰如意纹，边框外一周回纹，两侧饰菊花纹，前后各一对蝙蝠纹。两端面以双线画出半圆形框，下两角衬角回纹，框内分别饰菊花纹和金瓜纹。

釉彩金黄明艳，制作规整，纹饰吉祥，寓意福寿双全。

附 2-218　缠枝花福禄寿纹枕【孝博 114】

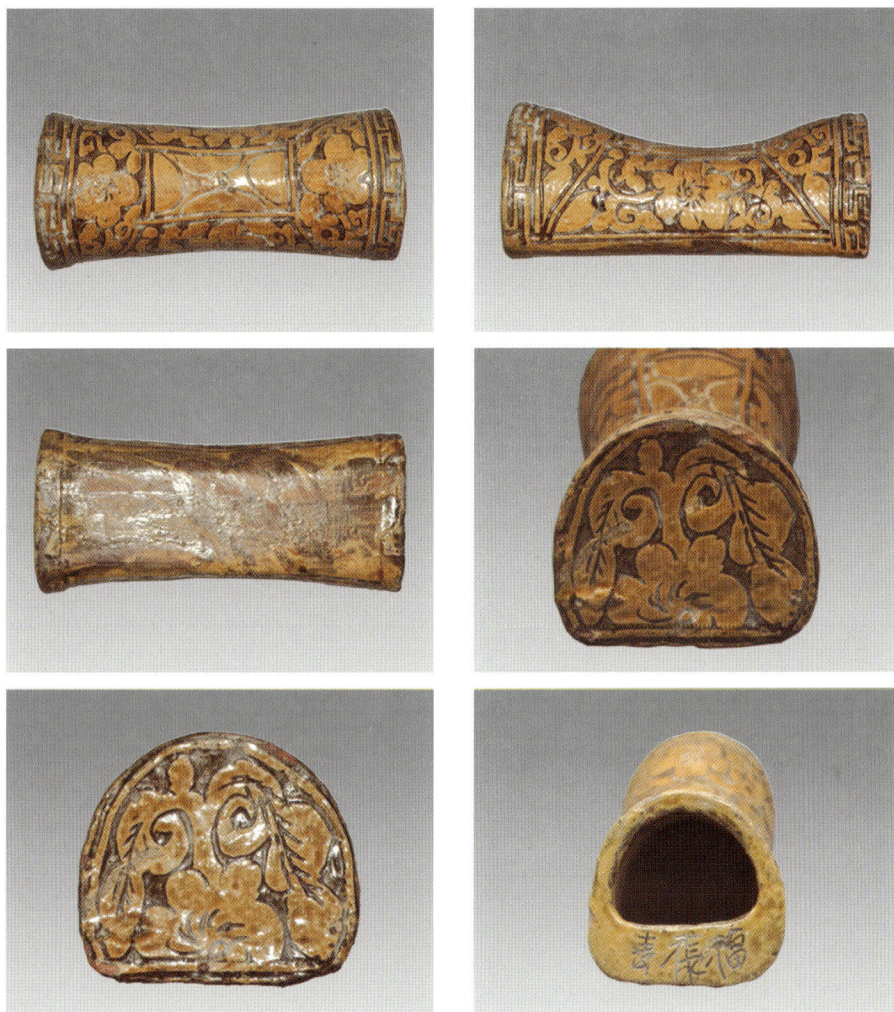

长 25.8 厘米、宽 11.5 厘米、高 11 厘米。

泥质红陶，胎质坚致，外上化妆土，施釉。

整体呈半圆筒形，两端为半圆形微隆，面平直，中空，其中一个端面上半部有半圆形孔洞，底近平。枕面主体为长方形画面，内饰四枚花瓣纹，两端饰回纹，前后和左右两侧饰缠枝花纹，两个端面一侧饰折枝花，半圆形窗口下刻"福禄寿"三字。

器物制作规整，釉面光洁，剔刻技艺娴熟，纹饰丰满。

长 28.5 厘米、宽 14 厘米、高 11.8 厘米。

泥质红陶，胎质坚致，手工成型，上化妆土，施釉。

整体呈半圆筒形，两端面平直，两端为半圆形微隆，中空，底近平，中间开一圆形气孔，器内有一小陶球。

枕面主体为长方形画面，四角衬角回纹，两侧饰二方连续式牵牛花纹，左右两端各饰折枝花纹，两端面下两角饰对角回纹，中饰一朵折枝花纹。

釉彩浓润，釉面光洁，制作规整，纹饰清晰，笔法恣肆流畅。

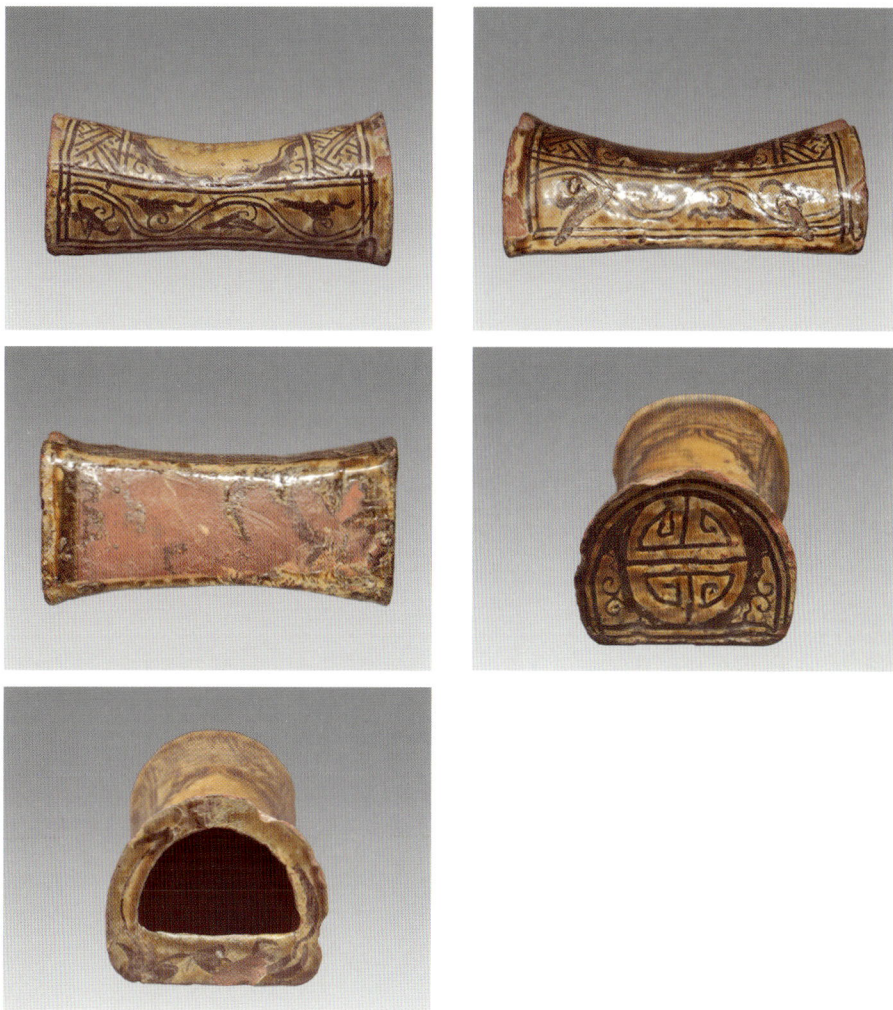

长 28.2 厘米、宽 13.2 厘米、高 11.5 厘米。

泥质红陶，胎质坚致，手工成型，上化妆土，施釉。

整体呈半圆筒形，两端面平直，两端为半圆形微隆，中空，一个端面上半部有半圆形孔洞，底较平。

枕面主体为长方形画面，中间饰如意纹，四角衬祥云纹，两侧饰二方连续式牵牛花纹，两边饰万字锦纹，两端面一侧饰圆形变体寿纹，下两角衬祥云纹，窗口面饰缠枝花纹。

枕边有磕残，釉彩浓润光洁，工艺精致，纹饰祥瑞。

长 29.5 厘米、宽 12.8 厘米、高 11 厘米。

泥质红陶，胎质坚致，手工加工成型，上化妆土，施釉。

整体呈半圆筒形，两端略上翘，枕面主体为长方形画面，前后及两侧剔刻缠枝花，两端面一侧饰折枝花，一端面开半圆形窗口，窗口下刻"全家福禄"四字。

器物完整，纹饰丰满，喜庆吉祥，一侧面有窑粘痕。

（二）灯（1件）

附 2-222　塔状空心圆柱灯【孝博 135】

盘径 7.2 厘米、底径 7 厘米、通高 22 厘米。

泥质红陶，胎质坚致，器表施釉。

盘形灯盏，中立塔状空心圆柱，盘较浅，圈足状底座。

灯上部为小灯盘，也可以做插烛的灯台，可谓一器两用；粗柱状圈足座，十分稳健，不易倾覆，简单实用，用途较广。

（三）虎子（3件）

附 2-223　花叶纹虎子【孝博 126】

口径 6.8 厘米、底径 15.5 厘米、通高 17 厘米。

泥质红陶，胎质坚致，外上化妆土，通体施釉，釉不及底。

圆形顶，一侧有圆形口，唇外翻，短束颈，顶中部一拱形提梁，斜腹下收，平底，最大径在肩腹间。

绕顶部提梁两侧绘双轮廓线，顶面剔刻花叶纹，上腹一周宽带回纹，下腹一周双曲线纹。器型完整，釉色金黄匀润，纹饰刚健，刀法洗练，刻划有力。

附 2-224　花叶纹虎子【孝博 128】

腹径 20 厘米、底径 14.8 厘米、通高 20.5 厘米。

泥质红陶，胎质坚致，外上化妆土，通体施釉，釉不及底。

圆形顶，一侧有圆形口，唇外翻，短束颈，顶中部一拱形提梁，斜腹下收，平底。最大径在肩腹间。

绕顶部提梁及口两侧饰双轮廓线，顶面剔刻花叶纹，上腹一周宽带回纹，下腹一周莲瓣纹，近底露胎。

口径 6.5 厘米、通高 19 厘米。

泥质红陶，胎质坚厚，外上化妆土，通体施釉，釉不及底。

圆形顶，一侧有圆形口，唇外翻，短束颈，顶中部有拱形提梁，斜腹下收，平底。最大径在肩腹间。

顶部提梁两侧以双轮廓线分作两幅画面，一为鱼纹，一为鸟纹，尾端饰草叶纹，腹部一周宽带状回纹、一周双线莲瓣纹。

器型完整，釉色金黄匀润，纹饰刚健，刀法洗练，笔势有力。

(四) 痰盂 (1 件)

附 2-226　盂【孝博临-9】

口径 19.5 厘米、底径 15 厘米、高 21.2 厘米。

大敞口，圆唇，长颈，溜肩，鼓腹，下收，平底。

泥质红陶，胎质坚厚，外上化妆土，通体施釉。

通体素面，颈、肩部见数周拉坯旋痕，口沿和器身多处磕缺脱釉。

九、桌、(1 件)

附 2-227　圆桌【6-4】

直径 74.5 厘米、通高 71.5 厘米。

泥质红陶，胎质坚厚，桌面上化妆土，施釉。

圆形桌面，较平展，边沿上部平整，下有齿状装饰，桌面下正中有竹节状圆形状立柱，中空，底座为下粗上略细的圆台形体，平底。

桌面装饰以带状素面圈分隔出中心和外缘两个装饰纹带，正中心圆形画面内容为杂技造型——顶碗图，周边分饰形状各异的朵花纹；外缘有八组装饰纹样，每组以单线连弧形纹作画框，画面内容分别是顶碗、走钢丝、单掌倒立、口衔花倒立四种杂技造型动作图。每种动作皆两幅，间隔排列，间隙填以形状各异的朵花纹，画框外饰万字锦纹；柱中部两道凸棱，柱上绘两幅对应的竹林图；底座上三幅图，分别是熊猫、鹿等。

十、构件(5件)

附 2-228　绿釉瓦【采集 26】

通长 20.5 厘米、径 13.5 厘米。

泥质红陶，胎质坚厚，瓦面上化妆土，施绿釉。

半圆形，瓦头略残，瓦内可见数道弦痕。

附 2-229　绿釉瓦当【采集 27】

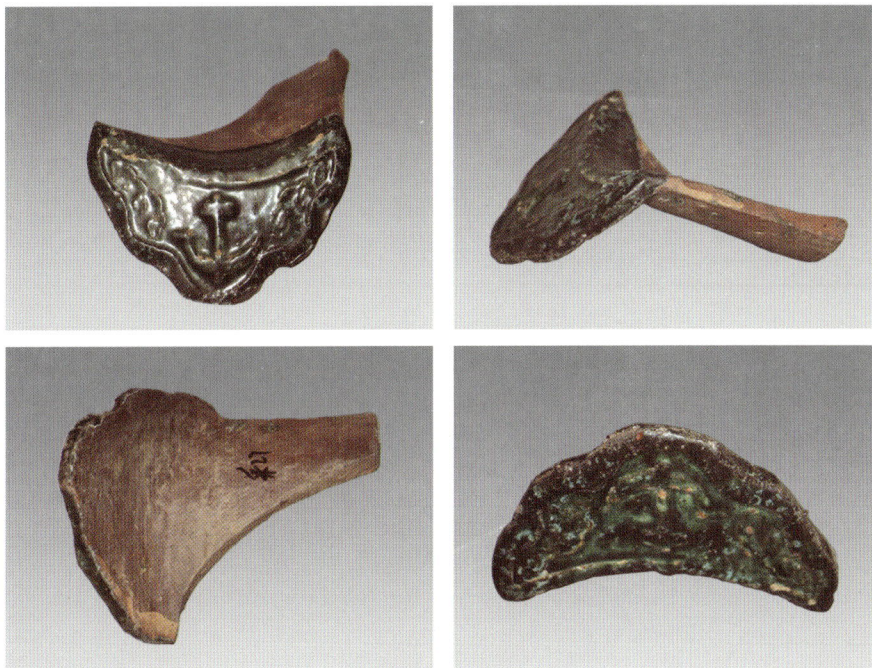

瓦当头横长 17.3 厘米、宽 8.5 厘米、身残长 13 厘米。

泥质红陶，胎质坚厚，当头上化妆土，当身无化妆土，施绿釉。

瓦当正面呈三角形，正中为凸起的镰刀、铁锤图案。

附 2-230　水管【征集 10】

通高 68 厘米、小口口径 28 厘米、大口口径 34 厘米。

直筒形，中空，有用于套接的大小头，大头作字母口状，小头为直口。

夹砂陶，胎质坚厚，使用时为多节依次套接。

附 2-231　建筑构件【5-33】

长 28 厘米、宽 12 厘米、高 24 厘米。

泥质红陶，胎质坚厚，外上化妆土，施釉。

长方体，中空，底略宽，上下各两个圆孔，左右各一个圆孔。

正面和背面有纹样完全相同的镂空装饰，正面中间圆形，四周绕以龙形拐子纹，形成似棂窗格样的回纹装饰，四个侧面皆素面无纹。

器物完整，正面釉色金黄，侧面施釉不匀，局部脱釉。

附 2-232　龙首屋脊构件【6-8】

长 19 厘米、最大宽度 29 厘米、通高 58 厘米。

泥质红陶，胎质坚厚，外上化妆土，施釉。

整器为鱼身龙形雕塑，尾部上翘，两对鳍外侈，双眼凸出，嘴部大张，颌下三缕飘须，腹、身皆施鳞甲状纹，鱼身与底座结合紧密，底座上有一横向对穿圆孔，座下有榫口，通身施黄釉，眼为黑釉珠。

构件是屋脊上的特殊建筑装饰，中国古代建筑屋顶上常使用动物形象装饰，历代官方建筑有严格的等级规定。

十一、制陶工具、半成品、残次品（9件）

附 2-233　脚钵【孝博临-31】

口径 19.3 厘米、底径 13 厘米、高 9 厘米。

夹砂红陶，胎质坚厚。侈口，方唇，平沿，直腹，下收，平底。下腹有四个对穿小孔，底部中心一小孔。胎质坚致、厚重，保存完整，口沿倾斜。

附 2-234　脚坛【孝博临-32】

口径 9 厘米、底径 17 厘米、高 8.3 厘米。

夹细砂红陶，胎质坚厚。敛口，方唇，斜折肩，矮直腹，平底。腹部有四个对穿小孔，底部中心一小孔。器物胎质坚致、厚重，保存完整。

附 2-235　陶盘【孝博临-33】

直径 26.5 厘米、厚 4 厘米。

夹细砂红陶，胎质坚厚。整体呈圆饼形，器物厚重。

直径 20.8 厘米、高 3.5 厘米。

夹细砂红陶，胎质坚厚。整体呈盘形，器物厚重，保存完整。

附 2-237　陶拍【孝博临-35】

长 15 厘米、高 4.5 厘米。

夹细砂红陶，上部为饼形手柄，拍面为椭圆形，面上满饰戳印纹。

附 2-238　陶拍【孝博临-36】

长 17 厘米、高 7.5 厘米。

夹细砂红陶，上部为菌形手柄，拍面呈椭圆形，面上满饰戳印纹，背左右两侧均题"喻志雄"三字，应是陶工名字。拍面上可见修补痕迹，似乎早已损坏，推测陶工在裂隙处重新浇筑了陶土，粘合后再进行烧制。这表现出陶工的勤劳与智慧。

附 2-239　素胎八仙坛【孝博临-37】

口径 9.5 厘米、底径 12.5 厘米、通高 20.6 厘米。

泥质红陶，胎质坚致，外上化妆土。

直口，圆唇，平沿，短束颈，斜折肩，深直腹，下收，平底。

肩部四只蝙蝠纹，肩腹间素面，上、下腹各一周双线弦纹，腹部以双行宽直线分成四幅画框，每幅画框内再以双细线勾画出长方形四开光画面，画面上两角饰对角回纹。四开光画面内分绘张果老、吕洞宾、何仙姑、韩湘子四位"八仙"人物，下腹至底饰一周莲瓣纹。

器物为未上化妆土烧制的半成品，八仙人物刻划不够精细，但却为研究马口窑的制作过程提供了珍贵的实物资料。

附 2-240　素胎坛【孝博临-38】

口径 8 厘米、底径 9.6 厘米、高 16 厘米。

泥质红陶，胎质坚致，外上化妆土。

直口，圆唇，短束颈，斜折肩，深直腹，下收，平底。

通体上白色化妆土，尚未刻划纹饰及施釉，为研究马口窑器物的制作过程提供了参考。

附 2-241　三连钵【孝博临-39】

通高 47 厘米、直径 16.5 厘米。

该器为考古发掘所得，外部为一节陶水管，管内置连续套烧的三个四系钵，由于陶水管烧制变形，导致管内三个四系钵也黏连在一起，成为废品。这件出土物是马口窑套烧的实物证据。

附表一　马口当地与"窑"有关的地名列表
（2017 年统计）

名称	居民姓氏	居住户数(户)	常住人口(人)	属 地
八屋窑	梁姓为主	86	332	八屋窑村
十屋窑	梁姓为主	56	210	八屋窑村
路口窑	梁姓为主	134	554	八屋窑村
刘家窑	刘姓为主	50	190	八屋窑村
老　窑	杂姓	76	288	八屋窑村
坛子窑	杂姓	40	160	八屋窑村
喻家窑	杂姓	40	160	八屋窑村
窑新集				窑新集
窑新路	马口镇朝阳路—新庄坡			窑新路

注：根据《马口镇志》整理

附表二　瓷器与陶器的区别

类别	瓷器	陶器
胎料	富含石英和绢云母等矿物质的瓷石、瓷土或高岭土	普通粘土
烧成温度	1200℃左右	900℃以上
吸水率	0.5%~1%	8%~10%
釉面	表面有经高温烧成的玻璃质釉	多无釉或施低温釉
胎质	坚固致密	粗疏，密度小
声音	叩之，其声清脆	敲击之，其声涩哑

附表三　马口窑址群信息一览表

编号	名称	地理位置	GPS 测点	面积	高度	窑址所属	始建年代	废止时间	备注
01	钱湾窑	新庄村	N：30°33′45.9″ E：113°51′08.1″	1000m²	8m	私营	明末清初		
02	周湖村老窑	周湖村 4 组	N：30°33′58.1″ E：113°51′09.4″	1400m²	7m	合营	明代		
03	徐家窑	窑新村 5 组	N：30°33′53.0″ E：113°51′01.5″	4000m²	10m	私营	明末清初	1953	
04	黄家窑	窑新村 6 组	N：30°33′47.4″ E：113°51′11.9″	1200m²	11m	私营	明末清初	1963	
05	辛家窑	窑新村 5 组	N：30°33′45.9″ E：113°51′08.0″	1100m²	4m				
06	陈家窑	窑新村 5 组	N：30°33′45.0″ E：113°51′02.6″	900m²	3m				
07	困水窑	八屋村 4 组	N：30°33′58.6″ E：113°50′50.3″	1250m²	6m	私营	明末清初	1963	
08	杨家新窑	八屋村 4 组	N：30°33′53.8″ E：113°50′50.8″	1200m²	5m	合营	明末清初		
09	杨家老窑	八屋村 4 组	N：30°33′51.9″ E：113°50′50.6″	800m²	3m	合营	明末清初	杨家老窑	八屋村 4 组
10	张家窑	八屋村 4 组	N：30°33′51.2″ E：113°50′51.9″	800m²	4m	私营	明末清初	1953	张家窑
11	十屋窑	八屋村 4 组	N：30°33′53.9″ E：113°50′44.1″	1500m²	8m	合营	明末清初	十屋窑	八屋村 4 组
12	福新窑	窑新村 3 组	N：30°33′44.0″ E：113°50′55.2″	1300m²	4m				

编号	名称	地理位置	GPS 测点	面积	高度	窑址所属	始建年代	废止时间	备注
13	窑新村八屋窑	窑新村2组	N：30°33′45.2″ E：113°50′59.4″	1000m²	3m	合营	明末清初		
14	孙家窑	八屋村2组	N：30°33′42.0″ E：113°50′54.2″	已毁					
15	坛子窑	八屋村2组	N：30°33′41.2″ E：113°50′50.5″	已毁		合营	明末清初		为3座窑
16	熊家窑	八屋村3组	N：30°33′45.3″ E：113°50′48.0″	800m²	1.5m	私营	明末清初	1953	
17	王家窑	八屋村3组	N：30°33′44.4″ E：113°50′46.5″	已毁		私营	明末清初	1953	
18	八屋窑	八屋村3组	N：30°33′49.4″ E：113°50′42.8″	1100m²	4m				
19	刘家窑	八屋村2组	N：30°33′41.7″ E：113°50′45.9″	已毁		私营	明末清初	1953	为2座窑
20	王宏发窑	马口陶瓷厂内	N：30°33′43.3″ E：113°50′42.9″	1100m²	3m	私营	明末清初	1953	
21	王太记窑	马口陶瓷厂内	N：30°33′43.3″ E：113°50′42.9″	1000m²	3m	私营	明末清初	1953	
22	七屋窑	马口水泥厂内	N：30°33′47.5″ E：113°50′38.2″	已毁		合营	明末清初		
23	九屋窑	马口水泥厂内	N：30°33′43.0″ E：113°50′37.6″	已毁		合营	明末清初		
24	玉丰窑	振兴纺织公司内	N：30°33′36.8″ E：113°50′39.3″	已毁		合营	明末清初		
25	怄气窑	喻家窑村	N：30°33′47.3″ E：113°50′33.2″	已毁		合营	明末清初		
26	礼记窑	老马口陶瓷厂内	N：30°33′40.1″ E：113°50′32.9″	已毁		私营	明末清初	1953	

编号	名称	地理位置	GPS 测点	面积	高度	窑址所属	始建年代	废止时间	备注
27	一记窑	老马口陶瓷厂内	N：30°33′39.9″ E：113°50′33.1″	已毁		私营	明末清初	1953	
28	黄岗窑	八屋村	N：30°33′51.1″ E：113°50′28.5″	1500m²	1.5m	合营	明代		
29	喻家老窑	喻家窑村	N：30°33′43.9″ E：113°50′23.7″	1330m²	4m	合营	明末清初		2窑紧邻
30	喻家新窑	喻家窑村	N：30°33′43.9″ E：113°50′23.7″	1330m²	4m	合营	明末清初		
31	路口窑	马口中学内	N：30°33′57.7″ E：113°50′24.8″	已毁		合营			
32	仁记窑	喻家窑村	N：30°33′38.7″ E：113°50′24.6″	1370m²	5m	私营	明末清初	1953	
33	付记窑	喻家窑村	N：30°33′41.9″ E：113°50′19.9″	1000m²	3m	私营	明末清初	1953	
34	窑新集窑	窑新村1组	N：30°33′32.0″ E：113°50′57.1″	600m²	1.5m				

附表四 马口陶瓷技术人员一览表
（2017 年登记）

姓名	年龄	工作单位	起止时间	从事工种	住址
杨武权	73	原马口陶瓷厂	1956	车　工	马口镇窑新村 4 组
杨生培	78	原马口陶瓷厂	1956	车　工	马口镇窑新村 4 组
杨建仿	73	原马口陶瓷厂	1956	车　工	马口镇窑新村 4 组
杨生桐	73			工　艺	马口镇窑新村 4 组
杨远春	77			车　工	马口镇窑新村 4 组
杨远义	79			车　工	马口镇窑新村 4 组
杨武权	74			车　工	马口镇窑新村 4 组
杨培权	72			盘　工	马口镇窑新村 4 组
杨早权	63			车　工	马口镇窑新村 4 组
杨少阶	59			车　工	马口镇窑新村 4 组
杨水香	68			车　工	马口镇窑新村 4 组
杨贵哇	68			车　工	马口镇窑新村 4 组
喻志强	75	原马口陶瓷厂		做　工	马口镇喻家窑村
喻志雄	78	原马口陶瓷厂		做　工	马口镇喻家窑村
喻中江	83	原马口陶瓷厂		车　工	马口镇喻家窑村
喻中道	76	原马口陶瓷厂		做　工	马口镇喻家窑村
喻中福	80			泥　工	马口镇喻家窑村
喻中启	86	原马口陶瓷厂		做　工	马口镇喻家窑村
喻中南	78	原马口陶瓷厂		做　工	马口镇窑新 4 队杨家湾
胡必钱	76	原马口陶瓷厂		车　工	马口镇八屋窑村
胡云庆	87	原马口陶瓷厂		车　工	马口镇窑新村 2 组
胡昌品	76			车　工	马口镇窑新村 2 组
胡昌福	77			车　工	马口镇窑新村 2 组

姓名	年龄	工作单位	起止时间	从事工种	住址
胡昌禄	75			车 工	马口镇窑新村 2 组
胡家清	70			车 工	马口镇窑新村 2 组
胡胜幼	69			工 艺	马口镇窑新村 2 组
胡胜武	67			车 工	马口镇窑新村 2 组
胡胜文	72			车 工	马口镇窑新村 2 组
胡月生	71			盘 工	马口镇窑新村 2 组
胡洪生	65			车 工	马口镇窑新村 2 组
胡必刚	64			车 工	马口镇窑新村 2 组
胡必元	72			车 工	马口镇窑新村 2 组
胡必全	71			车 工	马口镇窑新村 2 组
胡继炎	73			盘 工	马口镇窑新村 2 组
胡必海	62			烧 装 工	马口镇窑新村 2 组
李清云	78	原马口陶瓷厂		车 工	马口镇窑新村 1 组
张中雨	87	原马口陶瓷厂		车 工	马口镇窑新村 3 组
张中宇	84			车 工	马口镇窑新村 3 组
张中砚	77			车 工	马口镇窑新村 3 组
张中春	70			车 工	马口镇窑新村 3 组
张中艳	76	原马口陶瓷厂		车 工	马口镇窑新村 3 组
张贵生	73	原马口陶瓷厂		车 工	马口镇窑新村 3 组
张四哇	70	原马口陶瓷厂		车 工	马口镇窑新村 3 组
梁秋和	87	原马口陶瓷厂		泥 工	马口镇周湖村 2 组
梁贵哇	90	原马口陶瓷厂		杂 工	马口镇大兴村 4 组
梁书秋	78	原马口陶瓷厂		搬 工	马口镇大兴村 4 组
梁泽润	73			盘 工	马口镇八屋窑村
肖俊堂	85	原马口陶瓷厂	1936	车 工	马口镇喻家窑村
王家铎	78	原马口陶瓷厂	1929	做 工	
王家拓	79			盘 工	马口镇八屋窑村
林松阶	60	马口陶瓷厂		工 艺	
黄齐云	54	马口陶瓷厂		销 售	

姓名	年龄	工作单位	起止时间	从事工种	住址
黄军恒	57	马口陶瓷厂		窑炉热工	
何运洲	56	马口陶瓷厂		配　釉	
周正安	60	马口陶瓷厂		销　售	
祁再喜	52	马口陶瓷厂		销　售	
江火林	76			车　工	马口镇八屋窑村
辛九横	70			车　工	马口镇窑新村3组
刘要汉	83			车　工	马口镇窑新村3组
孙荣华	83			车　工	马口镇窑新村5组
孙水和	70			车　工	马口镇喻家窑村
孙建新	59			车　工	马口镇八屋窑村

附表五　采集征集发掘的马口窑制陶工具及陶器统计表

器类	编号	花纹			釉色			施化妆土无釉	素烧	总数
		刻划纹	模印纹	水划纹	鳝鱼黄	黄、酱色	透明			
棒槌	征9									
削板	征8									
陶拍	征5，AⅡ								✓	
	征7，AⅠ								✓	
	征6，B								✓	
铁笔	征1，A									
	征2，BⅠ									
	征3，BⅡ									
脚钵	T5②：14，BⅠ								✓	
	T5②：12，A								✓	
	采41，BⅡ								✓	
	采8，C								✓	
奎子	采9，A								✓	
	采10，B								✓	
脚坛	采5，A								✓	
	采6，BⅡ								✓	
	T4Y1：16，BⅠ								✓	
牙垫	T5Y1：2，A								✓	
	T3②：1，B								✓	
	T2②：4，B								✓	
砂垫	T4Y1：17，A								✓	
	T4Y1：19，B								✓	
猫果子	T4Y1：18								✓	
支钉	T3Y1：23，A								✓	
	T5②：6，B								✓	
支圈	T4②：8								✓	
眼砣子	T5Y1：1								✓	
轮车	征4									
顶子	采3								✓	

器类	编号	花纹			釉色			施化妆土无釉	素烧	总数
		刻划纹	模印纹	水划纹	鳝鱼黄	黄、酱色	透明			
脚子	采9								✓	
壶	T1Y3：11，AⅠ					✓				
	T2②：3，AⅡ							✓		
	T2Y2：9，B				✓					
	T3Y1：30，C	✓						✓		
	T1②：1，D				✓					
	T3②：4，D				✓					
罐	T5②：11，AⅠ		✓			✓				
	T5②：3，AⅡ	✓				✓				
	T6②：10，AⅡ		✓							
	T5②：8，BⅠ				✓					
	T6②：6，BⅡ	✓			✓					
	T4Y1：15，BⅢ							✓		
	T4Y1：14，CⅠ							✓		
	T5Y1：6，CⅡ	✓			✓					
	T3Y1：20，DⅠ			✓	✓					
	T3②：2，DⅡ			✓	✓					
坛	T6②：2，A	✓			✓					
	T5Y1：5，B	✓			✓					
	T4②：5，C	✓			✓					
瓮	T1②：3，AⅡ			✓	✓					
缸	T6②：9，AⅠ		✓			✓				
	T4Y1：12，AⅡ							✓		
	T3Y1：21，BⅠ						✓			
	T2Y2：5，BⅡ					✓				
	T6②：7，CⅠ		✓		✓					
	T6②：14，CⅡ		✓		✓					
	T5②：9，CⅢ			✓	✓					
	T6②：11，DⅠ		✓					✓		
	T5Y1：8，DⅡ			✓	✓					
盆	T5②：4，A					✓				
	T4②：13，B						✓			
钵	T4②：3，AⅠ				✓					
	T6②：8，AⅡ	✓			✓					
	T2Y2：8，B	✓						✓		
	T4②：12，C				✓					
器盖	T2②：2，A								✓	
	T3Y1：24，BⅠ	✓			✓					
	T5Y1：4，BⅡ	✓			✓					

器类	编 号	花 纹			釉 色			施化妆土无釉	素烧	总数
		刻划纹	模印纹	水划纹	鳝鱼黄	黄、酱色	透明			
碾盘	T5Y1：10，A，								✓	
	采 20，B								✓	
碾槽	采 24								✓	
	T1②：1								✓	
算	T4②：8								✓	
烛台	T1Y3：3，A							✓		
	T3②：8，B							✓		
灯盘	T1Y3：8					✓				
灯台	T3②：15					✓				
器座	T1Y3：1							✓		
下水管	T5②：18，A	✓			✓				✓	
	采 36，B								✓	
烟囱	T2Y2：2								✓	
合计		12	6	5	23	8	2	10	33	99

附表六　考古发掘各遗迹单位马口窑器物统计表

出土地层	器名	花纹			釉色			施化妆土无釉	素烧	总数
		刻划纹	模印纹	水划纹	鳝鱼黄	黄、酱色	透明			
T1②	缸								✓	10
				黄字	✓					1
						✓				1
	罐					✓				2
					✓					1
								✓		6
	器柄				✓					1
								✓		1
	夜壶								✓	1
	器盖								✓	2
	碾盘								✓	1
	陶片						✓			6
	猫果子								✓	5
	砂垫								✓	1
T2②	罐							✓		1
						✓				5
					✓					2
	盆					✓				1
	夜壶					✓				1
	烛台				✓					1
	牙垫								✓	2
	壶咀							✓		1
	碾槽								✓	1

出土地层	器名	花纹			釉色			施化妆土无釉	素烧	总数
		刻划纹	模印纹	水划纹	鳝鱼黄	黄、酱色	透明			
T3②	器盖								✓	1
	壶								✓	1
	缸								✓	2
	罐	✓			✓					1
				✓	✓					1
	钵					✓				1
		✓			✓					1
	碾槽								✓	2
	灯台							✓		1
	烛台				✓					1
T4②	器盖	✓			✓					1
						✓				1
									✓	2
	壶					✓				4
								✓		1
	雷钵								✓	1
	罐	✓			✓					16
									✓	4
	钵				✓					1
	缸					✓				6
						✓				5
							✓			3
			✓						✓	1
	器柄					✓				2
	陶片			✓	✓					2
			黄字		✓					1
						✓				3
	箅								✓	1
	夜壶					✓				1
	灯座					✓				3
	下水管								✓	1
	支圈								✓	1
	猫果子								✓	17
	支钉								✓	1
						✓				2
	砂垫								✓	23
	牙垫								✓	1
	奎子								✓	1

出土地层	器名	花纹			釉色			施化妆土无釉	素烧	总数
		刻划纹	模印纹	水划纹	鳝鱼黄	黄、酱色	透明			
T5②	罐		✓		✓					6
						✓				3
				✓		✓				1
		✓			✓					1
	盆					✓				5
									✓	3
	雷钵							✓		1
	夜壶							✓		1
	壶					✓				2
									✓	1
	器柄								✓	1
	烛台				✓					3
	器盖					✓				2
									✓	2
	碾槽								✓	1
	奎子								✓	1
	砂垫								✓	1
	支钉								✓	2
	眼砣子								✓	1
T6②	盆				✓					1
							✓			2
	器盖								✓	3
		✓			✓					2
	罐							✓		1
						✓				1
	器柄					✓				1
	壶					✓				1
	雷钵						✓			1
	夜壶					✓				1
	灯座					✓				1
	陶片			黄字		✓				2
	脚钵								✓	1
	支钉								✓	1
	支座	刻"程"字							✓	1

| 出土地层 | 器名 | 刻划纹 | 模印纹 | 水划纹 | 鳝鱼黄 | 黄、酱色 | 透明 | 施化妆土无釉 | 素烧 | 总数 |

出土地层	器名	花纹			釉色			施化妆土无釉	素烧	总数
		刻划纹	模印纹	水划纹	鳝鱼黄	黄、酱色	透明			
Y1	器盖	✓			✓					5
		✓						✓		1
							✓			1
	缸				✓					2
								✓		2
						✓				1
							✓			3
								✓		1
	罐	✓			✓					15
			✓		✓					1
				✓	✓					1
					✓					5
							✓			5
								✓		4
									✓	2
	盆								✓	1
	钵								✓	10
	坛	✓			✓					1
	壶								✓	1
	雷钵								✓	1
	碾盘								✓	1
									✓	1
							✓			1
	眼砣								✓	1
	脚钵								✓	2
	牙垫								✓	2
	砂垫								✓	3
	猫果子								✓	2
Y2	罐	✓			✓					5
					✓					2
	缸								✓	1
	钵					✓				10
								✓		3
	壶				✓					3
	下水管								✓	3
	烟囱							✓		3

出土地层	器名	花纹			釉色			施化妆土无釉	素烧	总数
		刻划纹	模印纹	水划纹	鳝鱼黄	黄、酱色	透明			
Y3	钵								✓	7
	罐						✓			2
		✓				✓				8
				✓						2
						✓				3
								✓		1
		✓			✓					3
	缸		寿字			✓				3
						✓				2
									✓	1
								✓		7
							✓			6
	瓮						✓			3
	壶					✓				1
	器柄					✓				1
	器座							✓		1
	灯盘					✓				1
	陶片		寿字				✓			1
									✓	5
合计										394

附表七　附表五黄家窑遗址出土遗物器型、纹饰、釉色统计表

器类	编　号	花　纹			釉　色			施化妆土无釉	素烧	照片
		刻划纹	模印纹	水划纹	鳝鱼黄	黄、酱色	透明			
坛	Y1：5	✓			✓					
	T4②：5	✓			✓					
	T6②：2	✓				✓				
罐	T3②：2			✓	✓					
	T6②：6	✓				✓				
	Y1：15							✓		

器类	编 号	花 纹			釉 色			施化妆	素烧	照片
		刻划纹	模印纹	水划纹	鳝鱼黄	黄、酱色	透明	土无釉		
罐	T6②：10		✓		✓					
	Y3：13				✓					
	Y1：20			✓	✓					
	Y1：14	✓				✓				
	Y2：1	✓			✓					
	Y3：5	✓			✓					
	T5②：11		✓			✓				

器类	编 号	花 纹			釉 色			施化妆	素烧	照片
		刻划纹	模印纹	水划纹	鳝鱼黄	黄、酱色	透明	土无釉		
壶	T2②：3								✓	
	T2②：1				✓					
	Y1：3	✓						✓		
	Y1：6	✓			✓					
	T3②：4					✓				
	Y2：9				✓					
	Y3：11					✓				

器类	编 号	刻划纹	模印纹	水划纹	鳝鱼黄	黄、酱色	透明	土无釉	素烧	照片

器类	编 号	花 纹			釉 色			施化妆 土无釉	素烧	照片
		刻划纹	模印纹	水划纹	鳝鱼黄	黄、酱色	透明			
烛台	T3②：8							✓		
	Y3：3							✓		
灯盘	Y3：8					✓	✓			
灯台	T3②：15					✓				
箅	T4②：8								✓	
支烧 垫圈	T4②：8								✓	

器类	编号	花　纹			釉　色			施化妆土无釉	素烧	照片
		刻划纹	模印纹	水划纹	鳝鱼黄	黄、酱色	透明			
缸	Y1：8			✓						
	Y1：12							✓		
	T6②：7		✓		✓					
	T5②：9				✓					
	T6②：14		✓			✓				
	T6②：9		✓					✓		
	T6②：11		✓			✓				
	Y1：21						✓			
	Y2：5					✓				

器类	编号	花纹			釉色			施化妆土无釉	素烧	照片
		刻划纹	模印纹	水划纹	鳝鱼黄	黄、酱色	透明			
钵	T4②：12				✓					
钵	T4②：13						✓			
	Y2：8	✓				✓				
盆	T5②：4					✓				
支座	T6②：9	✓							✓	
瓮	T1②：3	✓				✓				
杯	T6②：8	✓				✓				

| 器类 | 编号 | 刻划纹 | 模印纹 | 水划纹 | 鳝鱼黄 | 黄、酱色 | 透明 | 施化妆土无釉 | 素烧 | 照片 |

器类	编号	花纹			釉色			施化妆土无釉	素烧	照片
		刻划纹	模印纹	水划纹	鳝鱼黄	黄、酱色	透明			
脚坛	Y1：16								✓	
	采5								✓	
	采6								✓	
脚钵	T5②：12								✓	
	T5②：14								✓	
	采8								✓	
	采41								✓	
奎子	采9								✓	
	采10								✓	

器类	编 号	花 纹			釉 色			施化妆土无釉	素烧	照片
		刻划纹	模印纹	水划纹	鳝鱼黄	黄、酱色	透明			
眼砣子	Y1：1								✓	
牙垫	Y1：2								✓	
	T3②：1								✓	
	Y1：26								✓	
	T2②：4								✓	
砂垫	Y1：19								✓	
	Y1：17								✓	
猫果子	Y1：18								✓	
器类	编 号	刻划纹	模印纹	水划纹	鳝鱼黄	黄、酱色	透明			

器类	编号	花纹			釉色			施化妆土无釉	素烧	照片
		刻划纹	模印纹	水划纹	鳝鱼黄	黄、酱色	透明			
支钉	Y1：23								✓	
碾盘	Y1：10								✓	
	采20								✓	
碾槽	采24								✓	
	T2②：2								✓	
器盖	Y1：4	✓			✓					
	Y1：24	✓			✓					
烟囱	Y2：2	✓							✓	

器类	编号	花纹			釉色			施化妆土无釉	素烧	照片
		刻划纹	模印纹	水划纹	鳝鱼黄	黄、酱色	透明			

器类	编号	花 纹			釉 色			施化妆	素烧	照片
		刻划纹	模印纹	水划纹	鳝鱼黄	黄、酱色	透明	土无釉		
器座	Y3：1							✓		
陶拍	征5								✓	
	征7								✓	
	征6								✓	
三连罐	T5②：18	✓		✓						

后 记

马口窑址群黄家窑遗址的考古工作，起因于为配合(武)汉宜(昌)铁路建设工程，由省、市、县三级文物部门联合组成考古队，对遗址进行了科学系统的调查、勘探和发掘。科学系统的考古工作有助于我们对黄家窑遗址结构的准确了解、文化内涵的深入认识，并使马口窑址群在2008年成功入选第五批湖北省重点文物保护单位。2011年，马口窑手工制陶技艺被列入"湖北省非物质文化遗产目录"。2015年，马口窑作为湖北农耕文化的代表被"搬"进了第十届中国(武汉)国际园林博览会"长江文明馆"。孝感市博物馆曾在老馆设置"湖北民窑-马口窑"展厅，在最近已开放的新馆设置"窑火陶韵马口窑"基本陈列。这些对马口窑的保护传承工作，使马口窑址群的整体保护和研究也随之上了一个台阶。

在此，特别感谢汉宜铁路建设方对窑址调查和勘探发掘工作的支持，并提供发掘资金，留出足够时间，使发掘工作得以顺利圆满完成。

在窑址发掘和整理期间，得到了湖北省文物局、湖北省文物考古研究所、孝感市和汉川市各级政府和相关部门的大力支持。此外，还有多位专家学者到发掘现场指导工作。

湖北省文物考古研究所、孝感市博物馆、汉川市博物馆全程参与了窑址的考古工作，汉川市文化局和博物馆为发掘顺利进行做了大量卓有成效的协调工作。

在此，对以上考察和指导窑址发掘的领导、专家、学者，以及参与遗址调查、勘探和发掘的单位、工作人员一并致以诚挚的谢意。

本书的整理编写始于2008年发掘结束后，其间因各种原因编写工作多次中断，至2020年10月，历时十余年艰辛，本书终于付梓脱稿，是集体劳动成果。先后参加报告整理与编写工作的人员有原湖北省文物考古研究所李桃元，孝感市博物馆馆长蒋俊春，副馆长汪艳明、张明，汉川市博物馆馆长曾文林、文物收藏家何昌义等。

特别感谢武汉大学出版社的工作人员，他们为本书的出版付出了辛勤的劳动。

其他工作人员也对本书提供了诸多帮助，在此一并感谢：

绘图人员：汪艳明、张明、符德明、汪珺、曹汝发、肖志群。

摄影人员：余乐、汪艳明、张明、李桃元、何昌义。

考古调查及发掘工作人员：李桃元、蒋俊春、汪艳明、张明、刘志升、刘军、刘丽丽、肖志群、曾文林、何楚平、沈飞、张重俊、夏丰、黄林强、万元洲、何昌义。

封面器物提供：赵文松。

封面拍摄：李云飞。